肖凌戇的
高中数学教学主张

肖凌戇 ◎ 著

东北师范大学出版社

长 春

图书在版编目（CIP）数据

肖凌戆的高中数学教学主张 / 肖凌戆著. 一 长春：
东北师范大学出版社，2020.8
ISBN 978-7-5681-7076-5

Ⅰ.①肖… Ⅱ.①肖… Ⅲ.①中学数学课—教学研究
—高中 Ⅳ.①G633.602

中国版本图书馆CIP数据核字（2020）第150798号

□策划创意：刘　鹏
□责任编辑：邓江英　刘贝贝　　□封面设计：姜　龙
□责任校对：刘彦妮　张小娅　　□责任印制：许　冰

东北师范大学出版社出版发行
长春净月经济开发区金宝街 118 号（邮政编码：130117）
电话：0431-84568115
网址：http：// www.nenup.com
北京言之凿文化发展有限公司设计部制版
北京政采印刷服务有限公司印装
北京市中关村科技园区通州园金桥科技产业基地环科中路 17 号（邮编：101102）
2022年6月第1版　　2022年6月第1次印刷
幅面尺寸：170mm×240mm　印张：15.25　字数：253千

定价：45.00元

数学教育要以理性思维育人

——我的数学教学主张

数学教学主张是对数学教育的哲学思考,是数学教育思想的具体化,是教师对教学的总体认识,是教师教学行为的基础与依据。笔者秉持"以理性思维育人"的数学教育思想,崇尚"为思维而教"的数学教学观,逐渐形成了自己的教学主张。笔者的数学教学主张,基于多年教学实践的体验与感悟,基于多年变式教学的实践与创新,基于优效教学的探索与反思。

一、教学实践的体验与感悟

教学人生有很多体验与感悟。第一次的体验,记忆犹新;第一次的感悟,弥足珍贵。回想起来,这些体验与感悟是形成教学主张的基础。笔者的数学教学主张,基于公开教学、教学比武、论文发表、成果获奖的体验与感悟。

第一次公开教学的体验与感悟是在 1984 年 12 月,笔者为市级中学数学教学年会上了一节题为"三角形全等的判定"的公开课。这次公开课教学得到了前辈们的肯定和鼓励。自此,笔者坚定了做一名优秀数学教师的追求。

第一次教学比武的体验与感悟是在 1989 年 5 月,来自不同学校的高中数学教师同台竞技"棱柱、圆柱的体积"教学,笔者获得县级高中数学优秀课评选第一名。1990 年 12 月,笔者参加市级高中数学青年教师评优活动,荣获二等奖。通过这次教学比武活动,笔者对如何"创设问题情境,渗透思想方法,培养数学能力"有了较为深刻的体验与感悟。

第一次教学论文发表的体验与感悟是在 1994 年 10 月,笔者的教学论文

《等比数列求和公式的变式教学》《关于等差数列的变式教学》分别发表在《湖南数学通讯》《中学数学（湖北）》的"数学教学""教法探讨"栏目上。自此，笔者立下了每年发表一篇教学论文的目标。教学论文是教学经验的提炼，是教学主张的彰显；撰写教学论文能促进教师主动反思，发表教学论文是教师专业成长的重要标志。

第一次教学成果获奖的体验与感悟是在 1996 年 6 月，笔者的教研成果"高中数学变式教学法初探"获市级中学数学教改教研论文评比一等奖。教学成果是教师教学主张的梳理与反思，教学成果获奖是对教师教学主张的充分肯定与认同。

二、变式教学的实践与创新

参加教育工作的前八年，笔者没有自己的"观点"与"主张"。1984 年 9 月至 1992 年 7 月的教学实践，特别是三年初中毕业班与三年高中毕业班的教学，笔者深受"题海战术"之害，于是开始思考跳出"题海"之法，才有了自己的"观点"。1992 年暑假，笔者阅读了《学会教学——青浦教改实验过程》一书，产生了将变式教学推广到高中的想法。

1992 年 9 月至 1995 年 7 月，笔者开展了为期三年的"高中数学变式教学法"的探索实践。在这次探索中，提炼出"高中数学变式教学法"的操作程序：创设情境—形成范式—研究变式—反馈总结。1995 年 9 月至 1998 年 7 月，笔者主持"高中数学变式教学法"的推广工作，题为《变式教学：数学专题复习的一种模式》的论文发表在《中学数学（湖北）》1996 年第 1 期"教法探讨"栏目上。

1999 年 9 月，适逢国内创新教育的兴起及广州市"第二阶段教学设计与实施活动——优化课堂教学"的启动，笔者将变式和创新相结合，构建了中学数学"变式创新"教学模式，题为《变式创新模式的理论建构》的研究论文发表在《中学数学（湖北）》2000 年第 9 期"教法教研"栏目上。在这篇论文中，笔者阐述了自己的观点和主张：学生能在变式中学习，并且能够自主创新。"变式创新"教学的基本方法是：变式探究，求异思维。"变式创新"教学的基本操作程序是：问题—范式—变式—创新—评价。

2002 年 8 月，笔者主持的"中学数学变式创新模式研究"获得广州市教育科学"十五"规划课题立项。研究成果"中学数学变式创新模式的理论与实践"荣获广州市教育局"第二阶段教学设计与实施活动"优秀成果一等奖，"变式创新教学法在不同数学课型中的运用"被收入《中学数学课型与教学模式研究》，研究论文《从被动接受学习走向变式创新学习——中学数学变式创新学习模式的探索》发表在《中学数学（湖北）》2003 年第 10 期"数学教育与教研"栏目上。2005 年 8 月，研究成果"中学数学变式创新模式研究"荣获广州市第五届教学成果二等奖。

至此，笔者对数学教育有了自己的教学主张——变式创新，形成了"问题驱动、变式探究、优化思维"的教学风格。笔者坚信：教学风格是教学主张的凝聚。

三、优效教学的探索与反思

2006 年 12 月，笔者由数学教师转变为数学教研员。笔者认为，要克服"题海战术"，就必须提高课堂教学的效率与效益，倡导"数学教学的优效性"。基于这一认识，2008 年 9 月，笔者提出了"优效教学"的主张，研究论文《高中数学"优效教学"的研究与思考》发表在《中国数学教育（高中版）》2009 年第 3 期的"教学研究"栏目上。

2010 年 6 月，笔者主持的"高中数学教学方式的探索与创新——从变式教学到优效教学"获得广州市教育科学"十一五"规划课题立项（著作出版专项）。2011 年 12 月出版专著《高中数学教学方式的探索与创新——从变式教学到优效教学》（41 万字），在这一专著中，笔者系统地总结了十余年的教学与研究成果。

2011 年 3 月，笔者主持的"高中数学'优效教学'的探索性研究"获得广东省教育科学"十一五"规划课题立项（2014 年 10 月结题）。

2015 年 6 月，笔者主持的"高中数学'优效课堂'的实证研究"获得广东省教育科学"十二五"规划 2015 年度一般研究项目立项。研究论文《高中数学优效课堂的理论建构》发表在《中国数学教育（高中版）》2015 年第 12 期的"教学研究"栏目上，《数学教学要为思维而教》发表在《中学数学教学参考（上旬）》2016 年第 1/2 期。

2015 年 11 月，笔者的教学专著《高中数学"优效教学"的理论与实践》由陕西师范大学出版总社有限公司出版发行。这一专著凝聚了笔者的"优效教学"主张。

优效教学的探索成果较多，例如，《高中数学概念教学的基本特征与操作模式》《高中数学"优效教学"的规则课型研究——以等差数列性质的探究为例》。

四、数学教育要以理性思维育人

笔者秉持的数学教育思想是数学教育要以理性思维育人。理性思维是一种有明确的思维方向，有充分的思维依据，能对问题进行观察、比较、分析、综合、抽象与概括的思维，即理性思维是一种建立在证据和推理基础上的思维方式。数学是理性思维的科学，数学教育要提高学生的理性思维能力，使学生表达清晰、思考严谨，学会用数学的思维方式解决问题。

"优效教学"的主张，是"数学教育要以理性思维育人"的具体化。"优效教学"主张，不是"独创"，而是"继承"，是在实践、感悟与反思基础上凝练而成的。这一教学主张包括教学理念、基本观点、基本特征、教学策略、课堂结构、评价标准（详见本书"主张2"）。

（本文发表在《中国数学教育（高中版）》2016年第5期，稍作删节）

主张❸ 优效课堂 \ 99

主张❹ 优效备考 \ 189

主张 ❶

　　培养创新意识、创新思维和创新能力是素质教育的关键。变式训练是中国数学教育的主要特征之一，变式教学是双基教学、思维训练和能力培养的重要途径。

　　将变式教学与创新教育相结合，我们提出了"变式创新"的教学主张。该主张的基本观点是：变式是模仿与创新的中介，学生能在变式中学习，并且能够自主创新。

变式创新

关于等差数列的变式教学

发展学生的思维能力是数学教学的根本要求，培养数学思维品质是发展数学思维能力的主要途径，变式教学是培养数学思维品质的重要手段。

本文就"等差数列"的复习教学，谈谈变式教学的几点做法。

一、变式设问，培养思维的深刻性

对等差数列的定义进行变式设问，有利于明确概念的本质属性，剔除非本质属性，进而培养学生思维的深刻性。

在复习等差数列的定义时，可作如下变式设问：

（1）常数数列是等差数列吗？（公差 $d=0$）

（2）等差数列相邻两项有何联系？（$a_{n+1}-a_n=d$）

（3）等差数列相邻三项有何联系？

（$a_{n+2}-a_{n+1}=a_{n+1}-a_n$ 或 $2a_{n+1}=a_n+a_{n+2}$）

（4）已知等差数列 a，b，c 中的三个数都是正数，且公差不为零，那么数列 $\dfrac{1}{a}$，$\dfrac{1}{b}$，$\dfrac{1}{c}$ 成等差数列吗？（根据 1984 年高考文科数学第四大题改编）

（5）已知数列 $\{a_n\}$ 的前 n 项和 $S_n=an^2+bn+c$（a，b，c 为常数，$n\in\mathbf{N}$），这个数列是等差数列吗？（$c=0$ 时是等差数列，$c\neq0$ 时不是等差数列）

二、提炼通法，培养思维的敏捷性

引导学生提炼公式、定理的证明方法，并应用这些方法去解决其他问题，从而达到培养学生思维敏捷性的目的。

等差数列通项公式 $a_n=a_1+(n-1)d$ 的证明，教材采用"归纳法"（称为证法 1），也可按如下方法证明。

证法 2：（构造法）因为 $a_{n+1}=a_n+d$，所以 $a_{n+1}-(n+1)d=a_n-nd$，

所以 $\{a_n - nd\}$ 是常数数列，其首项为 $a_1 - d$，

所以 $a_n - nd = a_1 - d$，即 $a_n = a_1 + (n-1) d$。

证法 3：（累加法）因为 $a_2 - a_1 = d$，$a_3 - a_2 = d$，$\cdots$，$a_n - a_{n-1} = d$，

所以 $a_n - a_1 = (n-1) d$，即 $a_n = a_1 + (n-1) d$。

等差数列求和公式 $S_n = \dfrac{n (a_1 + a_n)}{2}$ 的证明，教材采用"倒加法"。

上述方法是求数列通项及前 n 项和的通法，可让学生做相关习题，以求熟练掌握。

三、逆向探求，培养思维的互逆性

心理学认为，每个思维都具有与它相反的思维过程。通过对定理（公式）的逆向探求，深化结论，有利于培养学生的逆向思维能力。

由等差数列通项公式知：$a_n = nd + (a_1 - d)$，即 a_n 是 n 的线性函数，反之，通项具有线性关系的数列是等差数列吗？逆向探求得到：

命题 1：数列 $\{a_n\}$ 是等差数列的充要条件是 $a_n = dn + c$（其中 d，c 是与 n 无关的常数）。

由等差数列求和公式知：$S_n = \dfrac{n (a_1 + a_n)}{2}$，反之，具有这种和式结构的数列是等差数列吗？于是得到：

命题 2：若数列 $\{a_n\}$ 的前 n 项和为 S_n，则 $\{a_n\}$ 是等差数列的充要条件是 $S_n = \dfrac{n (a_1 + a_n)}{2}$。

命题 2 的充分性即 1994 年新高考文科数学压轴题。下面给出一个异于标准答案的证法：

当 $n \geq 2$ 时，$a_n = S_n - S_{n-1} = \dfrac{n (a_1 + a_n)}{2} - \dfrac{(n-1) (a_1 + a_{n-1})}{2}$，

即 $2a_n = a_1 + na_n - (n-1) a_{n-1}$，

所以 $a_n - a_1 = (n-1) (a_n - a_{n-1}) \ (n \geq 2)$， ①

所以 $a_{n+1} - a_1 = n (a_{n+1} - a_n)$， ②

由①②得 $a_{n+1} - a_n = n (a_{n+1} - a_n) - (n-1) (a_n - a_{n-1})$，

所以 $a_{n+1} - a_n = a_n - a_{n-1} \ (n \geq 2)$，从而数列 $\{a_n\}$ 是等差数列。

由等差数列 $\{a_n\}$ 的求和公式知：

$S_n = na_1 + \dfrac{n(n-1)}{2}d = \dfrac{d}{2}n^2 + \left(a_1 - \dfrac{d}{2}\right)n$，即 S_n 是关于 n 的常数项为 0 的二次型函数。反之，若数列求和公式为 $S_n = an^2 + bn$，数列 $\{a_n\}$ 是等差数列吗？于是得到：

命题 3：若数列 $\{a_n\}$ 的前 n 项和为 S_n，则 $\{a_n\}$ 是等差数列的充要条件是：$S_n = an^2 + bn$（其中 a，b 是常数）。

易证：若数列 $\{a_n\}$ 是等差数列，则数列 $\left\{\dfrac{S_n}{n}\right\}$ 也是等差数列。

逆向探求，若 $\left\{\dfrac{S_n}{n}\right\}$ 是等差数列，问 $\{a_n\}$ 也是等差数列吗？从而得出：

命题 4：设数列 $\{a_n\}$ 的前 n 项和为 S_n，则数列 $\{a_n\}$ 为等差数列的充要条件是：数列 $\left\{\dfrac{S_n}{n}\right\}$ 为等差数列。

四、数形变换，培养思维的创新性

学生思维的创新性主要表现在学习数学的过程中善于独立思考和分析问题，善于发现矛盾、提出问题，有探索和猜想的创新精神。

在等差数列的教学中，从函数观点出发，利用数列的图像，探求等差数列的有关性质，有利于培养学生思维的创新性。

由等差数列通项公式的变式 $a_n = dn + (a_1 - d)$ 可知：等差数列的图像是直线 $y = dx + (a_1 - d)$ 上以 (n, a_n) 为坐标的点。公差 d 是该直线的斜率。以形助数，不难得到：

性质 1：若 a_p，a_q 是公差为 d 的等差数列 $\{a_n\}$ 中的任意两项，则
$a_p = a_q + (p - q)d$。

性质 2：若 a_p，a_q，a_t，a_k 是等差数列 $\{a_n\}$ 中的项，且 $p + q = t + k$，则 $a_p + a_q = a_t + a_k$。

（因为四点 (p, a_p)，(q, a_q)，(t, a_t)，(k, a_k) 共线，由斜率相等获证）

性质 3：若等差数列 $\{a_n\}$ 的第 r，t 项分别是 a_r，a_t，第 p 项是 a_p，则 $a_p = \dfrac{a_r + \lambda a_t}{1 + \lambda}\left(\lambda = \dfrac{p - r}{t - p}\right)$。

（因为 (r, a_r)，(t, a_t)，(p, a_p) 三点共线，由斜率相等获证）

性质 1、2、3 可作为等差数列通项公式的变式。

由等差数列求和公式的变式 $\dfrac{S_n}{n} = \dfrac{d}{2}n + \left(a_1 - \dfrac{d}{2}\right)$ 可知，点 $\left(n, \dfrac{S_n}{n}\right)$ 在直线 $y =$ $\dfrac{d}{2}x + \left(a_1 - \dfrac{d}{2}\right)$ 上，于是可得：

性质 4：若等差数列的前 r 项、前 t 项、前 p 项的和分别是 S_r，S_t，S_p，则

$$\dfrac{S_p}{p} = \dfrac{\dfrac{S_r}{r} + \lambda \cdot \dfrac{S_t}{t}}{1 + \lambda} \left(\lambda = \dfrac{p-r}{t-p}\right) 。$$

$\left(\text{因为} \left(r, \dfrac{S_r}{r}\right), \left(t, \dfrac{S_t}{t}\right), \left(p, \dfrac{S_p}{p}\right) \text{三点共线，由斜率相等获证}\right)$

特别地，$\dfrac{S_{2n}}{2n} = \dfrac{\dfrac{S_n}{n} + \dfrac{S_{3n}}{3n}}{2}$，变形得 $2\left(S_{2n} - S_n\right) = S_n + \left(S_{3n} - S_{2n}\right)$，于是有：

性质 5：若 $\{a_n\}$ 是等差数列，则 $\displaystyle\sum_{i=1}^{n} a_i$，$\displaystyle\sum_{i=n+1}^{2n} a_i$，$\displaystyle\sum_{i=2n+1}^{3n} a_i$ 成等差数列。

由等差数列求和公式的变式 $S_n = \dfrac{d}{2}n^2 + \left(a_1 - \dfrac{d}{2}\right)n$，可知，当公差 $d \neq 0$ 时，点 (n, S_n) 在抛物线 $y = \dfrac{d}{2}x^2 + \left(a_1 - \dfrac{d}{2}\right)x$ 上，于是可得：

性质 6：等差数列 $\{a_n\}$ 的前 n 项和 S_n 在公差 $d < 0$ 时有最大值，并且

（1）当 $d < 0$ 且 $a_1 \leqslant 0$ 时，S_n 的最大值为 a_1；

（2）当 $d < 0$ 且 $a_1 > 0$ 时，使 S_n 取最大值的 n 满足 $a_n > 0$，$a_{n+1} < 0$，即 $-\dfrac{a_1}{d} < n < 1 - \dfrac{a_1}{d}$（$n \in \mathbf{N}$）。

性质 4、5、6 可作为等差数列求和公式的变式。

五、变用公式，培养思维的灵活性

学生思维的灵活性表现在数学学习中善于正向迁移，具有举一反三、随机应变的能力。变用公式是培养学生思维灵活性的重要手段。

下面仅以一道高考题例谈公式的变用。

例：（1992 年高考理科数学第 27 题、文科数学第 28 题）设等差数列 $\{a_n\}$ 的前 n 项和为 S_n，已知 $a_3 = 12$，$S_{12} > 0$，$S_{13} < 0$。

（Ⅰ）求公差 d 的取值范围；

（Ⅱ）指出 S_1，S_2，$\cdots$，S_{12} 中哪一个值最大，并说明理由。

解：（Ⅰ）由 $a_3 = a_1 + 2d = 12$，$S_{12} = 12a_1 + \dfrac{12 \times (12-1)}{2}d > 0$，

$S_{13} = 13a_1 + \dfrac{13 \times (13-1)}{2}d < 0$，可得 $-\dfrac{24}{7} < d < -3$。

（Ⅱ）由（Ⅰ）知 $d < 0$，所以 $a_1 > a_2 > \cdots > a_{12} > a_{13}$。

又 $S_{12} = 6(a_6 + a_7) > 0$，$S_{13} = 13a_7 < 0$，

可得 $a_6 > 0$，$a_7 < 0$，

故在 S_1，S_2，$\cdots$，S_{12} 中，S_6 的值最大。

上述的变式教学，深化了基础知识，培养了思维品质，发展了思维能力，这正是我们刻意追求的目标。

（本文发表在《中学数学》（湖北）1994 年第 12 期，稍作修改）

等比数列求和公式的变式教学

变式教学是双基教学、思维训练和能力培养的重要举措。下面就"等比数列求和公式"的复习教学，谈几点具体做法。

一、变位思考，探求方法

变换思考角度是变式教学的一种重要手段。数学教学要引导学生多方联想、多向探求，多层次地思考问题，寻求一题多解。

教材采用"错位相减法"推导等比数列求和公式（方法1）。若着眼于 S_n（S_n 为数列 $\{a_n\}$ 的前 n 项和）与 a_n 之间的联系以及等比数列的定义，则可得如下推导方法。

方法 2：设等比数列 $\{a_n\}$ 的公比为 q，则

$$\frac{a_2}{a_1} = \frac{a_3}{a_2} = \cdots = \frac{a_n}{a_{n-1}} = q \ (n \geqslant 2),$$

所以 $a_2 = a_1 q$，$a_3 = a_2 q$，$\cdots$，$a_n = a_{n-1} q$，

相加得 $a_2 + a_3 + \cdots + a_n = q \ (a_1 + a_2 + a_3 + \cdots + a_{n-1})$，即

$$S_n = a_1 + q S_{n-1} \ (n \geqslant 2),$$

又 $S_{n-1} = S_n - a_n \ (n \geqslant 2)$，所以 $S_n = a_1 + q \ (S_n - a_n)$，

所以，当 $q \neq 1$ 时，$S_n = \dfrac{a_1 - q a_n}{1 - q} = \dfrac{a_1 \ (1 - q^n)}{1 - q}$。

显见，当 $q = 1$ 时，$S_n = n a_1$。

上述推导方法，从构造和递推式 $S_n = a_1 + q S_{n-1} \ (n \geqslant 2)$ 入手，利用 $a_n = S_n - S_{n-1} \ (n \geqslant 2)$ 得到关于 S_n 的方程，再解方程获证（方程法）。

考虑到 $S_n = \dfrac{a_1 - q a_n}{1 - q} = \dfrac{a_1}{1 - q} - \dfrac{q a_n}{1 - q} \ (q \neq 1)$，故只要证明：当 $q \neq 1$ 时，$S_n + \dfrac{q a_n}{1 - q} = \dfrac{a_1}{1 - q}$。可得如下证法。

方法 3：（构造法）令 $b_n = S_n + \dfrac{qa_n}{1-q}$，则 $b_1 = S_1 + \dfrac{qa_1}{1-q} = \dfrac{a_1}{1-q}$，

$$b_{n+1} - b_n = S_{n+1} + \frac{qa_{n+1}}{1-q} - S_n - \frac{qa_n}{1-q} = a_{n+1} + \frac{qa_{n+1}}{1-q} - \frac{qa_n}{1-q} = \frac{a_{n+1}}{1-q} - \frac{qa_n}{1-q} = 0，$$

所以 $b_{n+1} = b_n$，即 $b_n = b_1$，

故当 $q \neq 1$ 时，$S_n + \dfrac{qa_n}{1-q} = \dfrac{a_1}{1-q}$，获证。

二、逆向思考，深化结论

在高中数学教学中，不仅要培养学生的正向思维能力，还要培养学生的逆向思维能力。逆向思考是培养逆向思维的重要变式手段。

等比数列具有递推式 $S_n = a_1 + qS_{n-1}$（$n \geq 2$）。反之，具有这种和式递推式的数列是等比数列吗？探求得出：

结论 1：设 S_n 为 $\{a_n\}$ 的前 n 项和（下同），数列 $\{a_n\}$ 是公比为 q 的等比数列当且仅当 $S_1 = a_1$，$S_n = a_1 + qS_{n-1}$（$n \geq 2$），其中 $a_1 \neq 0$，$q \neq 0$，a_1，q 为常数。

由等比数列的求和公式知 $S_n = c - cq^n \left(c = \dfrac{a_1}{1-q}，q \neq 1 \right)$。反之，有何结论？

结论 2：非常数数列 $\{a_n\}$ 是等比数列，当且仅当 $S_n = c - cq^n$（c，q 为常数，$c \neq 0$，$q \neq 0$，1）。此时，首项为 $c(1-q)$，公比为 q。

当 $q \neq 1$ 时，等比数列的前 n 项和 S_n 与它的通项 a_n 有如下关系式：

$$S_n = \frac{a_1 - a_n q}{1-q} = \frac{q}{q-1}a_n + \frac{a_1}{1-q}，$$

即 S_n 是 a_n 的线性函数。反之，有何结论？

结论 3：非常数数列 $\{a_n\}$ 为等比数列当且仅当 $S_n = ka_n + b$（$k \neq 0$，1，$b \neq 0$，k，b 为常数）。此时，首项 $a_1 = \dfrac{b}{1-k}$，公比 $q = \dfrac{k}{k-1}$。

由等比数列的定义及 $a_n = S_n - S_{n-1}$（$n \geq 2$），学生不难证明上述结论。

结论 1，2，3 从求和角度深化了等比数列的定义，既抓住了问题的实质，又训练了逆向思维。在上述结论的获取过程中，学生享受到了创造性数学活动成功的喜悦，强化了学习动机，优化了思维品质。

三、逆向变形，双向思维

教材上例题、习题注重了求和公式的正向运用，但我们还应注意公式的双

向运用。

例1：设 $\{a_n\}$，$\{b_n\}$ 分别是等差数列和等比数列，且 $a_1 = b_1 > 0$，$a_2 = b_2 > 0$，试比较 a_n 和 b_n 的大小。

解：设等差数列 $\{a_n\}$ 的公差为 d，等比数列 $\{b_n\}$ 的公比为 q，显见 $q > 0$。

由于 $a_2 = b_2$，所以 $a_1 + d = a_1 q$，所以 $d = a_1 (q - 1)$。

所以 $a_n - b_n = a_1 + (n-1) d - a_1 q^{n-1} = a_1 + (n-1) \cdot a_1 (q-1) - a_1 q^{n-1}$。

当 $q = 1$ 时，$a_n - b_n = 0$，即 $a_n = b_n$；

当 $q \neq 1$ 时，

$a_n - b_n = a_1 + (n-1) \cdot a_1 (q-1) - a_1 q^{n-1} = a_1 (1 - q) \left[\dfrac{1 - q^{n-1}}{1 - q} - (n-1) \right]$

$$= a_1 (1 - q) [1 + q + q^2 + \cdots + q^{n-2} - (n-1)]。$$

若 $q > 1$，则 $1 + q + q^2 + \cdots + q^{n-2} > n - 1$，$1 - q < 0$，

又 $a_1 > 0$，所以 $a_n - b_n < 0$，即 $a_n < b_n$；

若 $0 < q < 1$，则 $1 + q + q^2 + \cdots + q^{n-2} < n - 1$，$1 - q > 0$，

又 $a_1 > 0$，所以 $a_n - b_n < 0$，即 $a_n < b_n$；

综上：$a_n \leqslant b_n$。

在这里，逆用公式 $1 + q + q^2 + \cdots + q^{n-2} = \dfrac{1 - q^{n-1}}{1 - q}$ 是解题成功的关键。逆用公式，既训练了逆向思维，也有利于培养学生的双向思维习惯。

四、变用公式，优化思维

例2：设等比数列 $\{a_n\}$ 有 $n \times k$ 项，公比为 q，作新数列：

$b_1 = a_1 + a_2 + \cdots + a_k$，$b_2 = a_{k+1} + a_{k+2} + \cdots + a_{2k}$，$\cdots$，

$b_n = a_{(n-1)k+1} + a_{(n-1)k+2} + \cdots + a_{nk}$。

问数列 $\{b_n\}$ 是等比数列吗？证明你的结论。

解：当 $q = 1$ 时，显见 $\{b_n\}$ 是等比数列。

当 $|q| \neq 1$ 时，记 B_n 为数列 $\{b_n\}$ 的前 n 项和，S_n 为数列 $\{a_n\}$ 的前 n 项和。

因为 $B_n = b_1 + b_2 + \cdots + b_n = S_{nk} = \dfrac{a_1 (1 - q^{nk})}{1 - q}$，

$B_{n-1} = b_1 + b_2 + \cdots + b_{n-1} = S_{(n-1)k} = \dfrac{a_1 [1 - q^{(n-1)k}]}{1 - q}$，

所以 $b_1 + q^k B_{n-1} = \dfrac{a_1 \ (1 - q^k)}{1 - q} + \dfrac{a_1 \ (q^k - q^{nk})}{1 - q} = \dfrac{a_1 \ (1 - q^{nk})}{1 - q} = B_n$，

又当 $|q| \neq 1$ 时，$b_1 \neq 0$。

由结论 1 知，数列 $\{b_n\}$ 是公比为 q^k 的等比数列。

当 $q = -1$ 时，数列 $\{b_n\}$ 不一定是等比数列。如数列 $\{a_n\}$ 的首项为 1，公比为 -1，取 k 为偶数，则 $b_1 = b_2 = \cdots = b_n = 0$，数列 $\{b_n\}$ 不是等比数列。当 $q = -1$ 且 k 为奇数时，$b_1 \neq 0$，数列 $\{b_n\}$ 是等比数列。

例 3：设 S_n，S_{2n}，S_{3n} 依次是等比数列 $\{a_n\}$ 的前 n 项、前 $2n$ 项、前 $3n$ 项的和。求证：$S_n^2 + S_{2n}^2 = S_n \ (S_{2n} + S_{3n})$。

分析：$S_n^2 + S_{2n}^2 = S_n \ (S_{2n} + S_{3n}) \Leftrightarrow (S_{2n} - S_n)^2 = S_n \ (S_{3n} - S_{2n})$。

证法 1：设公比为 q（$q \neq 0$）。当 $q = 1$ 时，等式显然成立。

当 $|q| \neq 1$ 时，$S_n = \dfrac{q}{q - 1} a_n + \dfrac{a_1}{1 - q} \neq 0$，

$\dfrac{S_{3n} - S_{2n}}{S_{2n} - S_n} = \cdots = \dfrac{a_{3n} - a_{2n}}{a_{2n} - a_n} = q^n$，

$\dfrac{S_{2n} - S_n}{S_n} = \dfrac{q \ (a_{2n} - a_n)}{q a_n - a_1} = \dfrac{q a_1 \ (q^{2n-1} - q^{n-1})}{a_1 \ (q^n - 1)} = q^n$，

所以 $(S_{2n} - S_n)^2 = S_n \ (S_{3n} - S_{2n})$，故等式成立。

当 $q = -1$ 时，若 n 为奇数，则 $S_{2n} = 0$，$S_n = S_{3n} = a_1$；

若 n 为偶数，则 $S_n = S_{2n} = S_{3n} = 0$。

因此，当 $q = -1$ 时，$(S_{2n} - S_n)^2 = S_n \ (S_{3n} - S_{2n})$，

故等式也成立。

证法 2：设公比为 q（$q \neq 0$）。当 $|q| = 1$ 时，同证法 1。

当 $|q| \neq 1$ 时，由结论 2 知，$S_n = c - cq^n \neq 0 \left(c = \dfrac{a_1}{1 - q} \right)$，

$(S_{2n} - S_n)^2 = [\ (c - cq^{2n}) \ - \ (c - cq^n)]^2 = c^2 q^{2n} (1 - q^n)^2$，

$S_n \ (S_{3n} - S_{2n}) = (c - cq^n) [\ (c - cq^{3n}) \ - \ (c - cq^{2n})] = c^2 q^{2n} (1 - q^n)^2$，

所以 $(S_{2n} - S_n)^2 = S_n \ (S_{3n} - S_{2n})$，故等式成立。

五、数形转换，串联知识

在等比数列 $\{a_n\}$ 中，当公比 $q \neq 1$ 时，其前 n 项和 S_n 与 a_n 有线性关系：

$S_n = \dfrac{q}{q-1} a_n + \dfrac{a_1}{1-q}$，故点 (a_n, S_n) 在直线 l：$y = \dfrac{q}{q-1} x + \dfrac{a_1}{1-q}$ 上。

在应用等比数列这一图形特征解题时，可规定 $a_0 = 0$，$S_0 = \dfrac{a_1}{1-q}$。

下面从形的角度给出例 3 的新证法。

证法 3：当 $|q| \neq 1$ 时，因为点 $A(0, S_0)$，$B(a_n, S_n)$，$C(a_{2n}, S_{2n})$，$D(a_{3n}, S_{3n})$ 共线，由斜率相等得 $\dfrac{S_n - S_0}{a_n} = \dfrac{S_{2n} - S_n}{a_{2n} - a_n} = \dfrac{S_{3n} - S_{2n}}{a_{3n} - a_{2n}}$，

即 $S_n - S_0 = \dfrac{S_{2n} - S_n}{q^n - 1} = \dfrac{S_{3n} - S_{2n}}{q^{2n} - q^n}$，

所以 $S_{2n} - S_n = (S_n - S_0)(q^n - 1) = q^n S_n - S_n + S_0(1 - q^n) = q^n S_n$，

$S_{3n} - S_{2n} = (S_{2n} - S_n) q^n = q^{2n} S_n$，

所以 $(S_{2n} - S_n)^2 = S_n(S_{3n} - S_{2n})$。

当 $|q| = 1$ 时，同证法 1。

六、变换命题，探求规律

公式本身固然重要，但推导公式所运用的基本思想、基本方法等更重要。在等比数列求和公式的推导中，运用了"错位相减法"，这是数列求和的基本方法。新课学习中曾处理了数列 $\{n \cdot 2^n\}$ 的求和问题，复习时还要进一步强化这类问题的解题规律。

例 4：设数列 $\{a_n\}$ 的前 n 项和 $S_n = 2a_n + 1$，$b_n = na_n$，求数列 $\{b_n\}$ 的前 n 项和 B_n。

解：因为 $a_1 = S_1 = 2a_1 + 1$，所以 $a_1 = -1$。

又 $a_n = S_n - S_{n-1} = 2a_n - 2a_{n-1}$，即 $a_n = 2a_{n-1}$（$n \geq 2$），

所以 $a_n = -2^{n-1}$，$b_n = -n \cdot 2^{n-1}$，

$B_n = -(1 + 2 \cdot 2 + 3 \cdot 2^2 + \cdots + n \cdot 2^{n-1})$，

$2B_n = -(2 + 2 \cdot 2^2 + 3 \cdot 2^3 + \cdots + n \cdot 2^n)$，

两式相减得 $B_n = 1 + 2 + 2^2 + \cdots + 2^{n-1} - n \cdot 2^n$，

所以 $B_n = 2^n(1-n) - 1$。

尽管数列的结构发生了变化，但求和的方法未变，从而固化了一类题的解题规律：数列 $\{a_n b_n\}$（其中 $\{a_n\}$ 为等差数列，$\{b_n\}$ 为等比数列）的求和可用"错位相减法"。

　　这样的变式教学，训练了技能，丰富了经验，提高了解题能力，同时培养了学生的应变能力。

　　以上变式着眼于"逆向思维"和"变位思维"的训练。变式教学深化了学生对等比数列求和公式的认识，培养了学生的发散思维和探索能力，促进了学生的知识和能力的正迁移，进而优化了思维品质，达到了培养能力的目的。

（本文发表在《湖南数学通讯》1994 年第 5 期，稍作修改）

变式教学：数学专题复习的一种模式

专题复习是高三数学复习的重要阶段。如何搞好这一阶段的复习？我们认为，变式教学是数学专题复习的一种基本模式。本文以"求曲线的轨迹方程"为题，例谈专题复习中实施变式教学的具体做法，供参考。

例： 点 M 到两个定点 M_1，M_2 距离的比是一个正数 m，求点 M 的轨迹方程，并说明轨迹是什么图形。（《平面解析几何》（必修）P143 第 3 题）

解：（直译法）略。

为了挖掘本例的教育功能和教学价值，可实施如下变式教学。

变式 1： 将原题中的"比"改为"和（差）"。

该变式旨在使学生深刻理解椭圆和双曲线的定义，熟悉椭圆、双曲线标准方程的探求过程，强化分类讨论意识，掌握"直译法"求轨迹方程的方法。

变题 1： 点 M 到两个定点 F_1，F_2 的距离的和（差）是一个正数 m，求点 M 的轨迹方程，并说明轨迹是什么图形。

解：（略）。

变题 2： 动点 M 到一定点 F_1 的距离等于到定圆 F_2（F_2 为圆心，半径为 $2r$，定点 F_1 与 F_2 不重合）的最短距离，求动点 M 的轨迹方程，并说明轨迹是什么图形。

解：（定义法）以直线 F_1F_2 为 x 轴，线段 F_1F_2 的中垂线为 y 轴，建立直角坐标系。设点 F_1（$-c$，0），F_2（c，0）（$c>0$），动点 M（x，y）。

（1）当 F_1 在定圆 F_2 之内（$0<c<r$）时，设 F_2M 交圆 F_2 于点 Q（如图 1），依题设有 $|MQ|=|MF_1|$，从而 $|MF_1|+|MF_2|=2r$。

据椭圆定义，动点 M 的轨迹是椭圆，其方程为

$$\frac{x^2}{r^2}+\frac{y^2}{r^2-c^2}=1 \ (r>c>0)。$$

（2）当 F_1 在定圆 F_2 之外（$0<r<c$）时，设 F_2M 交圆 F_2 于点 Q（如图 2）。依题设有 $|MQ|=|MF_1|$，从而 $|MF_2|-|MF_1|=2r$。

据双曲线定义，动点 M 的轨迹是双曲线的左支，其方程为

$$\frac{x^2}{r^2} - \frac{y^2}{c^2 - r^2} = 1 \quad (c > r > 0,\ x \leqslant -r)。$$

（3）当 F_1 在定圆 F_2 上（$c = r > 0$），设 $F_2 M$ 交圆于点 Q（如图3），依题设有 $|MQ| = |MF_1|$，从而点 Q 与 F_1 重合，且点 M 位于点 F_2 左侧，故点 M 的轨迹是 x 轴上点 F_2 左侧的射线，其方程是 $y = 0$（$x \leqslant r$）。

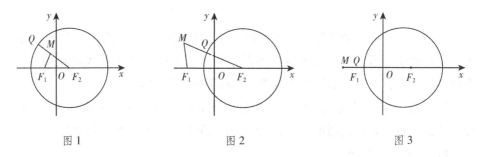

图1　　　　　　　　　　图2　　　　　　　　　　图3

变式2：将原题中的"两个定点"改为"一个定点、一个动点"。

变题3：（1994年新高考文科数学第24题）已知直角坐标平面上点 Q（2，0）和圆 C：$x^2 + y^2 = 1$，动点 M 到圆 C 的切线长与 $|MQ|$ 的比等于常数 λ（$\lambda > 0$），求动点 M 的轨迹方程，并说明它表示什么曲线。

解：过程略。当 $\lambda = 1$ 时，动点 M 的轨迹是直线 $x = \dfrac{5}{4}$。

当 $\lambda \neq 1$ 时，动点 M 的轨迹是圆 $\left(x - \dfrac{2\lambda^2}{\lambda^2 - 1}\right)^2 + y^2 = \dfrac{1 + 3\lambda^2}{(\lambda^2 - 1)^2}$。

将变题3中的轨迹条件稍加变更，得到

变题4：（1994年老高考理科数学第24题）已知直角坐标平面上点 Q（2，0）和圆 C：$x^2 + y^2 = 1$，动点 M 到圆 C 的切线长等于圆 C 的半径与 $|MQ|$ 之和，求动点 M 的轨迹方程，说明它表示什么曲线，并画出草图。

解：略。

变式3：将原题中的"距离的比"改为"有向线段数量的比"。

仿照变题3，得到

变题5：已知直角坐标平面上一点 Q（2，0）和圆 C：$x^2 + y^2 = 1$，点 P 为圆 C 上任意一点，动点 M 在直线 QP 上，且满足 $\dfrac{PM}{MQ} = \lambda$（$\lambda \neq -1$，$\lambda \neq 0$），求动点 M 的轨迹方程。

将变题5中的"圆"换成"椭圆"得到

变题6：从一个定点 Q $(s$，$t)$ 到椭圆 $\dfrac{x^2}{a^2}+\dfrac{y^2}{b^2}=1$ 上任意一点 P 作线段 QP，点 M 分 QP 所成的比为 λ $(\lambda \neq -1$，$\lambda \neq 0)$，求动点 M 的轨迹方程。

若将"椭圆"换成"双曲线或抛物线"，解题思路基本相同（相关点法），结论类似，不赘述。

变式4：将原题中的"两个定点"改为"相关动点"，且将"正数 m"换成"参数"。

变题7：若 l 是定直线，点 F 到直线 l 的距离为 p $(p>0)$，点 M 在直线 l 上滑动，动点 N 在 MF 的延长线上，且满足条件 $\dfrac{|FN|}{|MN|}=\dfrac{1}{|MF|}$，求动点 N 的轨迹方程。

略解：过点 F 作 l 的垂线，垂足为 K，以 F 为原点，直线 KF 为 x 轴，建立直角坐标系（如图4）。设 N $(x$，$y)$，则 $x>0$，直线 l 的方程为 $x=-p$。设直线 MN 的斜率为 k（参数），则 M $(-p$，$-pk)$，N $(x$，$kx)$，可求得 $(p^2-1)x^2+p^2y^2-2px-p^2=0$ $(x>0)$。

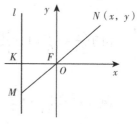

图4

变题8：（1995年高考理科数学第26题）已知椭圆 $\dfrac{x^2}{24}+\dfrac{y^2}{16}=1$，直线 l：$\dfrac{x}{12}+\dfrac{y}{8}=1$，$P$ 是 l 上一点，射线 OP 交椭圆于点 R，又点 Q 在 OP 上且满足 $|OQ| \cdot |OP|=|OR|^2$，当点 P 在 l 上移动时，求点 Q 的轨迹方程，并说明轨迹是什么曲线。

解法1：（直译法）见标准答案。

解法2：（参数法）见标准答案。

解法3：（相关点法）如图5，

由于 $|OQ| \cdot |OP|=|OR|^2$，

于是可设 $\dfrac{|OQ|}{|OR|}=\dfrac{|OR|}{|OP|}=\lambda$ $(0<\lambda<1)$，则

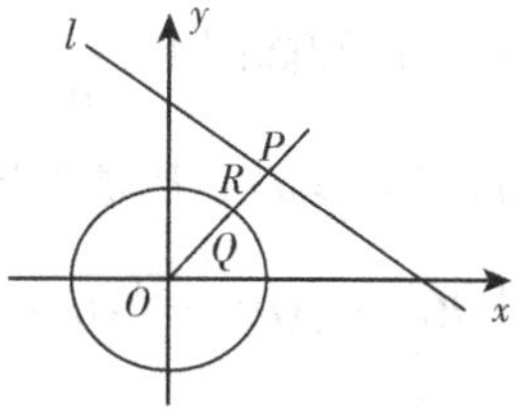

$\dfrac{|OQ|}{|QR|}=\dfrac{|OR|}{|RP|}=\dfrac{\lambda}{1-\lambda}$。

图5

设 Q $(x$，$y)$，R $(x_R$，$y_R)$，P $(x_P$，$y_P)$，则 x，y 不同时为零，由定比分点坐标公式得

15

$$\begin{cases} x = \dfrac{0 + \dfrac{\lambda}{1-\lambda}x_R}{1 + \dfrac{\lambda}{1-\lambda}} = \lambda x_R \\[4mm] y = \dfrac{0 + \dfrac{\lambda}{1-\lambda}y_R}{1 + \dfrac{\lambda}{1-\lambda}} = \lambda y_R \end{cases} \quad \text{及} \quad \begin{cases} x_R = \dfrac{0 + \dfrac{\lambda}{1-\lambda}x_P}{1 + \dfrac{\lambda}{1-\lambda}} = \lambda x_P \\[4mm] y_R = \dfrac{0 + \dfrac{\lambda}{1-\lambda}y_P}{1 + \dfrac{\lambda}{1-\lambda}} = \lambda y_P \end{cases},$$

所以 $\begin{cases} x = \lambda x_R \\ y = \lambda y_R \end{cases}$，$\begin{cases} x = \lambda^2 x_P \\ y = \lambda^2 y_P \end{cases}$，即 $\begin{cases} x_R = \dfrac{1}{\lambda}x \\ y_R = \dfrac{1}{\lambda}y \end{cases}$，$\begin{cases} x_P = \dfrac{1}{\lambda^2}x \\ y_P = \dfrac{1}{\lambda^2}y \end{cases}$。

由于 $\dfrac{x_R^2}{24} + \dfrac{y_R^2}{16} = 1$，$\dfrac{x_P^2}{12} + \dfrac{y_P^2}{8} = 1$，所以 $\begin{cases} \dfrac{x^2}{24} + \dfrac{y^2}{16} = \lambda^2 \\ \dfrac{x}{12} + \dfrac{y}{8} = \lambda^2 \end{cases}$，

消去 λ^2 得 $\dfrac{x^2}{24} + \dfrac{y^2}{16} = \dfrac{x}{12} + \dfrac{y}{8}$（$x$，$y$ 不同为零），

即 $2x^2 + 3y^2 - 4x - 6y = 0$（$x$，$y$ 不同为零），

所以 $\dfrac{(x-1)^2}{\dfrac{5}{2}} + \dfrac{(y-1)^2}{\dfrac{5}{3}} = 1$（$x$，$y$ 不同为零）为点 Q 的轨迹方程。

所以点 Q 的轨迹是以（1，1）为中心，长、短半轴分别为 $\dfrac{\sqrt{10}}{2}$ 和 $\dfrac{\sqrt{15}}{3}$ 且长轴与 x 轴平行的椭圆，且去掉坐标原点。

由解法 3 不难得到如下结论：

已知椭圆 Γ：$\dfrac{x^2}{a^2} + \dfrac{y^2}{b^2} = 1$（$a > 0$，$b > 0$），直线 l：$\dfrac{x}{m} + \dfrac{y}{n} = 1$（其中 $|m| > a$，$|n| > b$），P 是 l 上一点，射线 OP 交椭圆 Γ 于点 R，又点 Q 在 OP 上且满足 $|OQ| \cdot |OP| = |OR|^2$，则当点 P 在 l 上移动时，点 Q 的轨迹方程是：$\dfrac{x^2}{a^2} + \dfrac{y^2}{b^2} = \dfrac{x}{m} + \dfrac{y}{n}$（$x$，$y$ 不同时为零）。

当直线 l 的方程变为 $\dfrac{x}{m} = 1$（或 $\dfrac{y}{n} = 1$）时，点 Q 的轨迹方程变为 $\dfrac{x^2}{a^2} + \dfrac{y^2}{b^2} = \dfrac{x}{m}$（或 $\dfrac{x^2}{a^2} + \dfrac{y^2}{b^2} = \dfrac{y}{n}$）。据此，令 $a^2 = 24$，$b^2 = 16$，$m = 12$，即得 1995 年高考数学文

科第 26 题。

以上的变式教学，主要采用了"命题变换"和"变位思考"两种常见手段。学生在完整、系统地掌握求曲线轨迹方程的基础上，能够灵活自如地运用各种求轨迹的方法解决具体问题，同时提高了解题能力，这正是数学专题复习中刻意追求的目标。

（本文发表在《中学数学》（湖北）1996 年第 1 期，稍作删节）

"变式创新模式" 的理论建构

课堂教学是实施素质教育的主阵地，优化数学课堂教学是实施数学素质教育的突破口。构建优化数学课堂教学的操作序列是实施数学素质教育的关键，是数学教改的严峻课题。本文探讨"变式创新"模式的理论建构。

一、问题提出

"熟能生巧"是中国的教育古训。通过大量练习来学习数学是中国数学教学的主要特征，这对于掌握基本运算能力、逻辑演练能力和常规解题能力确实相当有效。但是，大量的模仿性练习，使得数学教学缺乏创新精神，导致"题海战术"盛行。"题海战术"不利于求异思维和创新思维，学生被动操练，教师忙于批阅，师生苦不堪言。因此，"摒弃题海战术，提高应变能力；优化思维素质，培养创新精神"是构建优化数学课堂教学操作模式的基本要求。

二、理论指导

1. 素质教育的创新观

素质教育的创新观认为，培养创新意识、创新思维和创新能力是素质教育的关键。中学阶段是培养学生创新能力的关键期，在这一阶段的创新教育中，应根据学科教学特点和中学生的心理特征，注重激发学生的求知欲和创新欲，注重培养学生的学习习惯和学习能力，注重培养学生的创新意识和创造性思维能力。

2. 知识分类学习论

知识分类学习论认为广义知识分为陈述性知识、程序性知识和策略性知识三类。知识学习分三个阶段进行，教学过程按"六步三阶段教学"展开。知识分类学习论强调"变式练习是程序性知识由第一阶段的陈述性形式向第二阶段的程序性形式转化的最重要条件"。数学知识大多是程序性知识，这一理论对数学教学具有重要的指导意义。

3. 现代数学教育理论

（1）按照现代认知心理学观点，数学学习过程是学生数学认知结构的变化过程。在这个过程中，学生是认识的主体，是决定学习结果的直接因素。对学生数学认知结构特点及其变化规律的把握是数学教学成败的关键。

（2）按照建构主义的数学教学观，学习是学习者主动的建构活动，而并非对知识的被动接受。教师应成为学生学习活动的促进者，在肯定学生主体地位的前提下，教师又应在教学活动中发挥主导的作用。

（3）波利亚的数学教育思想。

波利亚的数学教育思想源于两个基本观点：①数学具有二重性，即数学既是演绎科学，又是归纳科学；②人类的后代学习数学与人类的祖先认识数学的历史是相似的。据此，波利亚创立了"数学教与学的 3 条原则"和"数学解题教学理论"。他大力倡导"让我们教猜想吧"，他反复强调"变更题目"。

（4）数学素质教育观。

数学素质教育的理论正在形成，下列几点值得重视：①数学素质是由数学意识、数学能力、数学应用和数学交流等基本成分所构成的基本品质。②数学素质是学生在数学活动中获得的，注重数学活动的教学是实施数学素质教育的根本途径。提倡问题解决，注重数学应用，培养数学意识，让学生"数学地思维"。"把问题作为教学的出发点"，让学生主动参与，让学生在"做数学"和"用数学"的过程中掌握数学。③青浦数学教改经验揭示了有效学习的 4 条基本原理（情意原理、序进原理、活动原理和反馈原理），强调了"变式训练是中国数学教育的主要特征之一"。

三、模式构建

在上述理论指导下，注意继承我国数学教育传统，注重变式与创新相结合，我们构建了如下"变式创新模式"的理论框架。

基本观点：学生能在变式中学习，并且能够自主创新。

基本方法：变式探究，求异思维。

基本教学过程：问题—范式—变式—创新—评价。

教师：设计问题—整理范式—创设变式—引导创新—激励评价。

学生：思索问题—联想范式—变式探究—形成观点—自我评价。

上述教学过程包括知识习得过程（获得范式）、知识应用过程（变式训练）和知识创新过程（形成新观点、新方法）。这里的知识泛指数学的概念、命题（公理、定理、法则、性质、公式）和方法。

问题——指"问题情境"，是一种具有一定困难，而又力所能及的学习情境（学习任务）。让问题处于学生思维水平的最近发展区，充分激发学生的好奇心和求知欲。

范式——指"数学传统"（一般指"科学传统"），即数学教材中具体的数学思维成果（含知识结构、典型问题、思维模式等）。

变式——指相对于某种范式的变化形式。即就是不断变更问题情境或者改变思维角度，使事物的非本质属性时隐时现，而事物的本质属性却始终保持不变的变化形式。变式是模仿与创新的中介。变式既是一种重要的思想方法（如"变更问题法"），又是一种重要的教学途径。采用变式方式进行技能和思维训练叫做变式训练；采用变式方式进行教学叫做变式教学。变式教学是双基教学、思维训练和能力培养的重要途径。

创新——指推陈出新。对于中学生来说，凡是发现了自己不知道的知识，只要不是别人告诉的，不是书本上看来的就是创新。本文特指数学知识与方法的"再创造"和创新意识，即就是指在数学学习过程中，善于独立思考和分析，用新的思想和方法发现问题、解决问题，获得"未曾有过"的结论与方法。

评价——指对思维成果的价值评定及对思维过程的自我反思。既包括学生的自我评价，又包括教师的激励评价。通过自我评价与自我反思，形成知识网络；通过激励评价，进一步激发创新欲望，探求新知识。

运用"变式创新模式"进行数学教学，应遵循下列几个原则：

（1）问题性原则。"问题是数学的心脏"，数学教学就是"问题教学"。数学教学要教学生逐步发现问题、提出问题、解决问题，"把问题作为教学的出发点"。精心设计问题情境，"让问题处于学生思维水平的最近发展区"，充分激发学生的好奇心和求知欲。

（2）再创性原则。数学教学的核心是学生的"再创造"，在数学学习过程中，要引导学生根据自己的体验并用自己的思维方式重新去创造出有关的数学知识，即数学学习是一种"重新建构"活动。

（3）过程性原则。数学教学是数学思维活动过程的教学，要重视学生在获取和运用知识的过程中发展思维能力，教学中应注意数学概念、公式、定理、法则的提出过程，知识的形成与发展过程，解题思路的探索过程，解题方法和解题规律的概括过程，使学生在这些过程中展开思维、发展能力、提高素质。

（4）变通性原则。通过"变式教学"，提炼数学的思想方法，优化学生的思维品质，提高学生的综合解题素质，培养应变能力和创新能力。

（本文发表在《中学数学》（湖北）2000 年第 9 期，稍作删节）

从被动接受学习走向变式创新学习

——中学数学变式创新学习模式的探索

改变"被动接受—机械演练"的数学学习方式,构建有利于学生主动学习、自主探究、合作交流,有利于激发学生的学习兴趣,有利于培养学生的创新意识的数学学习模式,已成为高中数学学法研究的一个热点。本文结合笔者主持的广州市教育科学"十五"规划课题"中学数学变式创新模式研究"的学法指导实践,构建"高中数学变式创新学习模式"。

一、变式是模仿与创新的中介,是创新的重要途径

变式是指相对于某种范式(即数学教材中具体的数学思维成果,含基础知识、知识结构、典型问题、思维模式等)的变化形式,就是不断变更问题的情境或改变思维的角度,在保持事物的本质属性不变的情况下,使事物的非本质属性不断呈现的变化方式。

通过变式方式进行学习叫做变式学习。变式学习要求学生主动"变更题目",注重"变式设问"、善于"变位思考",敢于质疑、批判,勇于探索创新。变式学习是培养创新意识和创新能力的重要方式。

二、变式创新学习的基本过程

在上述理念引领下,我们在学法指导实践中,总结出如下"变式创新学习模式"。

基本观点:学生具有创新的潜能和欲望,能在变式学习中自主创新。

基本方法:变式探究,求异思维。

学习过程:知识习得—知识理解—知识迁移与创新。

操作序列:提出问题—整理范式—变式练习—变式探究—形成观点—自我评价。

变式创新学习模式，即"以问题为起点，以变式探究为重点，以培养创新意识为目标"的学习模式。它按照"问题－范式－变式－创新－评价"的学习程序，积累数学活动经验，形成数学知识网络，培养创新意识和创新能力。该模式以变式探究为重点，注重将变式学习与创新学习相结合，体现了数学学习的基本要求。

1. 提出问题

问题是一种具有一定困难的学习情境（学习任务）。问题是数学的心脏，数学学习要善于提出问题。科学巨匠爱因斯坦说过：提出一个问题，比解决一个问题更重要。一个学生若善于提出问题，表现出非凡的"提问"才华，其发展前景将是乐观的。问题既是学习的起点，又是学习的终点（新问题）。提出的问题要有价值，可引导学生就数学基本知识、基本方法、典型问题提出自己的问题。如定理的逆命题是否成立？从教材上的结论能推出哪些新结论？这个题目能推广吗？等等。

2. 整理范式

范式指数学教材中具体的思维成果，含基础知识、知识结构、典型问题、思维模式等。数学学习要善于归纳、整理范式，形成知识网络。

3. 变式练习

在这里指演练教材习题及老师布置的作业题。这些题目大多是教材例题的变式，用于巩固基础知识，形成基本技能，发展认知结构。"动手做"是数学学习的一种重要方法。

4. 变式探究

要探究数学问题的"形式变式""方法变式""内容变式"，多思善变，举一反三，既正向思维，又逆向探求；既发散思考，又收敛思维；多向思考和研究问题，深化对知识的理解。

5. 形成观点

要通过概括、比较，在自主探究的基础上，形成新解法、新命题、新观点，积累数学学习活动经验。

6. 自我评价

新的观点形成后，通过在班级或小组上的交流，反思、评价自己的思维成果，及时纠正错误、弥补错漏，求新求异、审美创造，强化创新意识，发展创新人格。

上述六个环节循环往复，不断发现，不断批判，不断质疑，不断反思，自主创新。

三、变式创新学习的基本内容

1. 形式变式

形式变式，指保留本质属性不变，仅改变表达形式。常见的有语言变式和图形变式。

（1）语言变式。指文字语言、图形语言、符号语言之间的相互转换。数学解题时要十分注重语言变式，将文字语言、符号语言和图形语言及时进行转换。

（2）图形变式。将揭示某一概念的图形由标准位置改变为非标准位置，由基本图形改变为非基本图形。图形变式对突出概念的本质十分必要。以基本图形为"生长点"，通过将其引申变换为组合图形而得到变式题组，从而培养想象能力、变换能力及创新意识。

2. 内容变式

内容变式，指数学内容的多种变化形式。常见的有概念变式、定理变式、公式变式和题目变式。

（1）概念变式。它包括反映该概念本质属性的各种变化形式。如符号表示、等价说法、图形变式及反面实例等。概念学习要注重变式，在变式中掌握概念的本质。

（2）定理变式。数学定理揭示了几个概念之间的某种本质联系，是经过严格论证的数学命题。掌握定理就意味着明确定理的结构特征（条件和结论），弄清定理的来龙去脉、推证方法和适用范围。改变条件或改变结论，会产生怎样的命题？该命题正确吗？探讨定理的逆命题是否成立？探寻定理的等价命题等，都是定理变式。定理变式对理解和掌握定理十分重要。

（3）公式变式。与定理变式相类似，公式更注重符号表示和式子结构。改变公式的式子结构，可得各种变式。

（4）题目变式。即一题多变，其实质是问题结构的变式。从一道例（习）题出发，运用逆向或横向思维，通过改变题目的条件、变化题型、变数字、变字母、变符号、特殊化、一般化等手段，使原来的一道题变成一组变式题。通过研究这组变式题，形成完整的知识结构。题目变式有利于培养问题意识，有利于培养创新品质，有利于提高解题能力。

3. 方法变式

方法变式，指从不同角度寻找解决问题的不同方法。常见的有一题多解变式。一题多解变式，即对同一个题目从不同角度加以思考，探求出不同的解决方案。一题多解的实质是问题解法的变式。一题多解是创新意识的具体运用，其作用有三：一是开拓解题思路、激发探索兴趣；二是寻找解题捷径，培养求简意识；三是创新解题模式，提高创新能力。

4. 辨错变式

辨错变式，指辨认错误，分清实质，自主纠错。常见的有错题分析和错解分析。通过辨错，寻找致错原因，及时修正错误，完善解题过程，获得正确命题或解法。

四、变式创新学习的常用方法

1. 变式设问

变式设问是指围绕数学概念的本质，设计变式题组，以突出本质特征。常见的有深化设问和质疑设问。深化设问常从某个"范式"出发，层层设计问题，将思维由浅入深，有利于培养准确概括的思维能力。

质疑是学习数学的重要方法。有疑是学习进步的标志，是创新的开始。一个学生没有疑问，就难有新的见解；没有新的见解，一切都以书本为经典，就难有创新。学贵有疑，学习过程应沿着"无疑→有疑→无疑→…"去努力，才会学有长进。质疑设问是创新学习的重要途径。

2. 变更题目

变更题目又称问题变换，或命题变换。把一个数学命题（习题）加以改造（或者改变条件、探求结论，或者改变结论、寻找条件，或者改变问题情境，或者改变问题结构，或者改变设问角度，或者一般化、特殊化、等价变更、变换题型，…）获得一组变式题，称为变更题目。变更题目对巩固基础知识、提炼思想方法、优化思维品质、提高创新能力是十分有益的。变更题目的常用方法有等价变更、逆向探求、引申命题、数形变换、变更题型、图形变换等。

（1）等价变更：将原题的条件或结论，甚至整个题目用与之等价的形式替代得到新题。这是由于同一数学问题常有许多不同的表现形式或表达方式而决定的变式。这种变式方法有利于突出数学知识的内部联系，有利于数学知识的融会贯通。

（2）逆向探求：将命题（定理、公式、习题）的条件与结论互换，构造逆命题，检验逆命题是否成立。逆向探求是训练逆向思维的好方法。

（3）引申命题：从一道简单的命题（习题）出发，对命题的条件或结论进行变更，通过"一般化"推广命题，通过"特殊化"获得结论，使命题向纵深或横向发展。引申命题是提出新问题的好方法，有利于提炼通法，有利于创新思维。

（4）数形变换：将代数问题等价地转化为相应的几何问题，或者将几何问题经恰当处理化归为代数问题。数和形作为数学的两个基本对象，是数量关系与空间形式的反映。数形变换将代数问题与几何问题相互转化，有利于发展形象思维，有利于培养创新意识，有利于提高化归能力。

（5）变更题型：所谓"题型"指的是题目的结构形式，也就是在一道题目中，将已知与未知及解题指令中的所有事项相互联结起来的逻辑形式。变更题型，就是将课本例、习题的结构形式进行变更，如将封闭性题变为开放题等。变更题型有助于理解题目的本质属性，开阔解题思路，提高解题能力。

（6）图形变换：以基本图形为"生长点"，通过图形的变换得到变式题组。在几何学习中，加强图形的变式训练，有利于发展空间想象能力和逻辑推理能力。图形变换的作用有二：一是寻找图形的不变性，二是从复杂图形中分解出基本图形。

3. 变位思考

从不同角度思考同一问题，以获得问题的多种解法的变式手段称为变位思考。变位思考的结果是一题多解。一题多解的实质是问题解法的变式，同一问题的几种解法均以不同的论据和论证方式反映了该问题的条件与解题目标之间的同一个必然的本质联系。解题是数学学习的中心环节，变位思考是提高解题能力的一个"法宝"，特别是解题思路受阻时，变位思考犹为重要。常见的变位思考方式有如下六种：

（1）等价转换。将一个问题的条件或结论化归为与之等价的条件或结论，以沟通题设条件与解题目标的联系，或者将一个新问题转化为一个等价的易于求解的问题，称为等价转换。等价转换是解题思考的常用策略。

（2）逆向思考。数学中常用的逆向思维方法，是与正向顺推相反的"倒过来"思考的方法，它着眼于事物间的双向性和可逆性。在数学解题中，"执果索因"的分析法和"正难则反"的反证法都是逆向思考的典范，从反面思考的间接解法（体现补集思想）是逆向思考的"宠儿"，"反客为主"的逆转思路更是逆向思考的"杰作"。逆向思考，一方面是对正向思维的背逆，另一方面它又离不开对正向思维的运用。

（3）类比联想。"解题就是把题归结为已经解过的题"。解题思考时，如何把"不熟悉的习题归结为熟悉的、已经解决的习题"？类比思考法和联想思考法对获得这种"归结"的能力是十分有效的。

（4）数形结合。数和形是初等数学中被研究得最多的对象，数形结合是一种重要的数学思想和一柄双刃的解题利剑。

（5）变用公式。利用数学公式的变式解题称为变用公式。人们习惯数学公式的正向运用，往往忽视公式的逆用和变用。固定程式、固定位置的规范训练固然重要，但问题解答的许多场合都需要变式处理，变式可使问题的本质获得全方位的认识。变用公式往往可使一些较困难的问题迎刃而解。

（6）整体思考。将问题看成一个整体，从全局着眼，全面地、整体地观察和分析整体与局部、整体与结构的关系，从而把握问题的本质，寻求简捷的解题思路。整体代入、整体构造、整体转换等是整体思考的常见形式。

4. 正误辨析

通过剖析错误或者构造反例，以获得正确命题或正确解法的变式手段称为正误辨析。正误辨析有利于寻找错误根源，有利于消除错误定势，有利于加深对"三基"的理解，有利于养成缜密的思维习惯。数学学习中，出现错误是很正常的。错误命题源于"想当然"，反映了对数学概念或数学规律理解的偏差。错误解法源于练习，反映了对问题理解欠透彻、欠全面。错误的产生往往是对概念的本质认识不足，思维出现偏颇，思维欠严谨。消除错误的常用方法有概念辨析和构造反例。

（1）概念辨析。在解决数学问题时，我们常常在概念上犯错误，主要原因是没有弄清概念的内涵和外延。概念辨析是一种常用的辨错手段，对弄清概念的内涵和外延十分重要。

（2）构造反例。构造反例是一种十分重要的辨错手段。反例在数学学习中是十分必要的。在数学问题的探索中，猜想的结论未必正确，错误的猜想要靠反例去否定。在数学学习中，命题条件的强弱，公式适用范围的宽窄都需用反例去对比，才能深刻理解。如果命题有错误，解法有漏洞，也只有靠反例去证伪，并从反例中得到修补的启示，因此，数学学习要重视反例！

反例的构造非常灵活，它需要我们调动全部的数学功底，并充分展开想象。构造一个反例有时比证明一个命题更困难。"一个数学问题用一个反例予以解决，给人的刺激犹如一出好的戏剧"。

五、变式创新学习的教学案例

如何开展变式创新学习？除了要掌握变式创新学习的操作序列，掌握变式探究的内容与方法，更重要的是教师要提供示范，把教学过程设计成学生的变式创新学习过程。下面提供两个案例，供参考。

案例1：关于公式学习的变式探究

公式学习是数学学习的中心环节。掌握公式就意味着明确公式的结构特征（条件和结论），弄清公式的来龙去脉、推证方法和适用范围，并能运用公式解题，为此，要十分注重公式的变式探究。

例如，等比数列求和公式，课本采用"错位相减法"推导该公式（记为方法1），若着眼于$\{a_n\}$的前n项和S_n与a_n之间的联系以及等比数列的定义，可得如下推导方法。

方法2：（方程法）设$\{a_n\}$是公比为q的等比数列，则

$$S_n = a_1 + a_1q + a_1q^2 + \cdots + a_1q^{n-1} = a_1 + q\left(a_1 + a_1q + \cdots + a_1q^{n-2}\right)$$
$$= a_1 + qS_{n-1} \quad (n \geq 2),$$

又 $S_{n-1} = S_n - a_n$ $(n \geq 2)$，

所以 $S_n = a_1 + q\left(S_n - a_n\right)$，即 $(1-q)S_n = a_1 - qa_n$，

所以，当$q \neq 1$时，$S_n = \dfrac{a_1 - qa_n}{1-q} = \dfrac{a_1\left(1 - q^n\right)}{1-q}$。

显见，当$q = 1$时，$S_n = na_1$。

方法3：（叠加法）设$\{a_n\}$是公比为q的等比数列，则

$a_2 = a_1q$，$a_3 = a_2q$，$\cdots$，$a_{n+1} = a_nq$，

所以 $a_2 - a_1 = (q-1)a_1$，

$a_3 - a_2 = (q-1)a_2$，

$\cdots$，

$a_{n+1} - a_n = (q-1)a_n$，

相加得 $a_{n+1} - a_1 = (q-1)S_n$。（下同方法2）

方法4：（拆项法）当$q \neq 1$时，

$$a_1 = a_1 \cdot \frac{1-q}{1-q} = \frac{a_1}{1-q} - \frac{a_1 q}{1-q},$$

$$a_2 = a_1 q \cdot \frac{1-q}{1-q} = \frac{a_1 q}{1-q} - \frac{a_1 q^2}{1-q},$$

$$\cdots,$$

$$a_n = a_{n-1} q \cdot \frac{1-q}{1-q} = \frac{a_1 q^{n-1}}{1-q} - \frac{a_1 q^n}{1-q},$$

将以上 n 个式子相加得 $S_n = \dfrac{a_1}{1-q} - \dfrac{a_1 q^n}{1-q} = \dfrac{a_1\ (1-q^n)}{1-q}$。

显见，当 $q = 1$ 时，$S_n = na_1$。

方法 5：（转化法）当 $q \neq 1$ 时，欲证数列 $\left\{ S_n - \dfrac{a_1 - a_n q}{1-q} \right\}$ 为常数列。

通过以上的"方法变式"，我们可形成数列求和的方法网络。

对于"等比数列求和公式"也可做"内容变式"（详见本书文章《等比数列求和公式的变式教学》中的结论 1、2、3）。

案例 2：在变更题目中学会提出新问题

学习数学要善于独立提出新问题。

题目：（高中数学第一册（下）（试验修订本，必修）P88 的第 16 题）

（1）已知 $A + B = \dfrac{\pi}{4}$，求证：$(1 + \tan A)(1 + \tan B) = 2$。

（2）已知 A，B 都是锐角，且 $(1 + \tan A)(1 + \tan B) = 2$，求证：$A + B = \dfrac{\pi}{4}$。

（3）根据第（1）、（2）小题，可以说"两锐角 A，B 之和为 $\dfrac{\pi}{4}$ 的充要条件是 $(1 + \tan A)(1 + \tan B) = 2$"吗？可以说"两个角 A，B 之和为 $\dfrac{\pi}{4}$ 的充要条件是 $(1 + \tan A)(1 + \tan B) = 2$"吗？为什么？

若着眼于条件变更及结论变更，可提出如下问题：

问题 1：若 $A \in \left(0, \dfrac{\pi}{2}\right)$，$B \in \left(0, \dfrac{\pi}{2}\right)$，且 $A + B = \dfrac{3\pi}{4}$，则 $(1 - \tan A)(1 - \tan B)$ 是常数吗？

问题 2：若 $A \in \left(0, \dfrac{\pi}{2}\right)$，$B \in \left(0, \dfrac{\pi}{2}\right)$，且 $(1 - \tan A)(1 - \tan B) = 2$，则

$A + B$ 是定值吗?

问题 3:若 $A \in \left(0, \dfrac{\pi}{2}\right)$,$B \in \left(\dfrac{\pi}{2}, \pi\right)$,且 $(1 - \tan A)(1 - \tan B) = 2$,则 $A + B$ 是定值吗?

问题 4:若 $A \in \left(0, \dfrac{\pi}{2}\right)$,$B \in \left(0, \dfrac{\pi}{2}\right)$,则 $A + B = \dfrac{3\pi}{4}$ 的充要条件是什么?

问题 5:若 $A \in \left(0, \dfrac{\pi}{2}\right)$,$B \in \left(\dfrac{\pi}{2}, \pi\right)$,则 $A + B = \dfrac{3\pi}{4}$ 的充要条件是什么?

新的问题、新的角度,新的可能性,引发我们进行新的探索:

变式 1:若 $A \in \left(0, \dfrac{\pi}{2}\right)$,$B \in \left(0, \dfrac{\pi}{2}\right)$,且 $A + B = \dfrac{3\pi}{4}$,则 $(1 - \tan A)(1 - \tan B) = 2$。

变式 2:若 $A \in \left(0, \dfrac{\pi}{2}\right)$,$B \in \left(0, \dfrac{\pi}{2}\right)$,且 $(1 - \tan A)(1 - \tan B) = 2$,则 $A + B = \dfrac{3\pi}{4}$。

变式 3:若 $A \in \left(0, \dfrac{\pi}{2}\right)$,$B \in \left(\dfrac{\pi}{2}, \pi\right)$,且 $(1 - \tan A)(1 - \tan B) = 2$,则 $A + B = \dfrac{3\pi}{4}$。

变式 4:若 $A \in \left(0, \dfrac{\pi}{2}\right)$,$B \in \left(0, \dfrac{\pi}{2}\right)$,则 $A + B = \dfrac{3\pi}{4}$ 的充要条件是 $(1 - \tan A)(1 - \tan B) = 2$。

变式 5:若 $A \in \left(0, \dfrac{\pi}{2}\right)$,$B \in \left(\dfrac{\pi}{2}, \pi\right)$,则 $A + B = \dfrac{3\pi}{4}$ 的充要条件是 $(1 - \tan A)(1 - \tan B) = 2$。

变式 6:若 $A + B = k\pi + \dfrac{3\pi}{4}$,$A \neq k\pi + \dfrac{\pi}{2}$,$B \neq k\pi + \dfrac{\pi}{2}$($k \in \mathbf{Z}$),则 $(1 - \tan A)(1 - \tan B) = 2$。

由"两角和"联想到"两角差",你能提出新的变式题吗?

(本文发表在《中学数学》(湖北)2003 年第 10 期,稍作删节)

主张 ❷

优效教学

　　为了解决高中数学教学实践中存在的"课业负担过重""课堂效率不高""课堂效益偏低"等问题，我们提出"优效教学"的主张。"优效"指"质量优、效率高、效益佳"。

　　高中数学优效教学，即"优效"的高中数学教学，是指促进学生"优效数学学习"的高中数学教学。高中数学优效教学的"效"是指有效和高效，侧重于学生的"基础性发展"；高中数学优效教学的"优"是指优质与长效，致力于学生的"可持续发展"。

高中数学"优效教学"的研究与思考

一、高中数学教育呼唤优效教学

在现行高中数学教学中，"三年课程两年完，留下一年搞训练"是不争的事实。"衣带渐宽终不悔，为伊消得人憔悴"是高中生数学学习的真实写照。大搞"题海战术"，追求"熟能生巧"，以高昂的"精力投入"，换取高考中的高分数，对于考试来说也许是"高效"的，但对于学生成长来说就没有多少效率可言。实践中数学课堂效率不高的问题仍很严重，造成了学生数学课业负担过重。

"数学课堂教学的有效性"之所以成为当前数学教育中一个新的热点问题，主要是针对近年来在教学方法改革中出现的形式主义倾向以及"数学课堂效率不高"而提出的。在现行高中数学新课程（实验）教学中，"数学课堂教学的有效性"被一些教师曲解为"数学教学相对于考试的有效性"。在现实课堂中，问题情境的"去数学化"、合作学习的"形式化"、探究学习的"浅表化"等流弊"涛声依旧"。在数学教学中，"我们不仅应当十分关注如何帮助学生很好地掌握各种具体数学知识与技能，而且应高度重视如何帮助学生学会数学思维，包括由思维方法的学习向数学素养的重要过渡，即充分发挥数学的文化价值。"因此，我们应大力倡导"数学课堂教学的优效性"，即突出强调课堂教学相对于数学教育的三维目标的高效率性，从"有效的数学教学"走向"优效的数学教学"。

二、高中数学优效教学的理论依据

1. 有效教学的理念

有效教学是新一轮基础教育课程改革大力倡导的一种现代教学理念。有效教学理念包括下列内容：

（1）有效教学关注学生发展，要求教师树立"以学生发展为本"的教学观念。

（2）有效教学关注教学目标，要求教师制订明确、具体的教学目标。

（3）有效教学关注教学效益，要求教师有时间与效益的观念，追求教学的有效性。

（4）有效教学关注教学策略，要求教师掌握相关的教学策略。

（5）有效教学关注教学反思，要求教师不断反思自己的教学行为。

2. **现代数学教育理论**

（1）人本主义的数学学习观。人本主义的数学学习观认为，数学学习是一种意义学习。这种意义学习并非只涉及记忆和思维的纯粹认知的学习，而是一种与人的生活及实践活动息息相关的人格化的、内在的学习。在意义学习中，人的认知与情感、行为与个性等方面均融于其中，产生整合效应，从而导致人的整体改变。

（2）建构主义的数学教学观。建构主义的数学教学观认为，数学教学要"给学生提供活动的思维时间和思维空间，让学生主动建构自己的认知结构，培养学生的创造力"。

（3）数学素质教育理念。数学素质应包括数学意识、问题解决、逻辑推理和信息交流这样四个部分，换言之，数学素质是由数学意识、数学能力、数学应用和数学交流等基本成分所构成的基本品质。数学素质是学生在数学活动中获得的，把学习数学的主动权还给学生，让学生主动参与，让学生在"做数学"和"用数学"的过程中掌握数学。提倡问题解决，注重数学应用，培养数学意识，让学生"数学地思维"。

（4）中国数学双基教学理论。变式教学是数学有效教学的中国式经验。数学学习必须以数学双基为基础。中国双基教学的经验表明，一个基本概念或基本技能的形成需要有一定程度的重复，重复经过变式得以发展。通过不断变化的问题，为学生提供合适的变异空间，多角度地理解概念的本质和建立实质性联系，循序渐进地解决一系列的变式问题，形成比较系统的数学知识模块。变式问题为数学学习提供了认知台阶。顾泠沅先生认为，在变式教学策略下，教师主导的大班教学中，学生仍然可以积极地投入到学习过程中，并获得有意义的学习。

张奠宙先生认为，中国数学双基教学具有四个特征：记忆通向理解形成直觉，运算速度保证高效思维，演绎推理坚持逻辑精确，依靠变式提升演绎水准。

三、高中数学优效教学的基本观点

在上述理论指导下，我们形成了如下基本观点：

1. 高中数学"优效教学"是追求课堂教学优质高效的活动

高中数学"优效教学"的"效"是指有效和高效，侧重于学生的"基础性发展"，关注数学课堂教学的有效性，强调课堂教学的预设与生成，注重教学目标的达成；高中数学"优效教学"的"优"是指优质与长效，致力于学生的"可持续发展"，强调理性思维的培养和数学素养的发展，注重"数学文化价值"的发挥，关注"数学思维方式"的教学，关注学生"数学活动经验"的获得，关注学生创新意识的发展。

2. 高中数学"优效教学"是提高课堂教学效率的活动

教学效率可从两个维度来认识：在学生的时间投入方面，指能够充分利用时间，全身心、积极主动地参与数学学习；在数学教学结果方面，指多方面的学习效果——认知成绩、理性精神、效率意识、良好认知结构和数学学习能力。同样的学习结果，学生所用时间较少，则教学效率高；同样的学习时间，学习效果好而且多样，则教学效率高。这里的要点有两个方面：一是时间的充分利用，优效教学要有时间意识。时间是最为珍贵的教育资源，对于学生来说，每个人的青春只有一次，如果我们的数学教学浪费了学生的时间，不能有效地指导学生学会学习，充分、高效地利用时间，那么将造成最大的浪费。二是综合效果，优效教学要有发展意识。数学教育问题说到底是如何以数学育人的问题，数学教育所追求的终极目标并不是单位时间内所获得的数学知识的多少，而是学生的发展。因此，在数学教学中，既要强调珍惜时间，又要从学生发展的整体要求出发，着力发展学生的数学素质，努力追求数学教学的综合效果。

3. 变式探究是高中数学"优效教学"的基本方式

高中学生具有创新的潜能和欲望，学生在变式探究中能够自主创新；教师是学生数学学习活动的引路人，在积极营造变式探究的教学情境中，能够帮助学生改进数学学习方式，获得"数学活动经验"，形成"数学思维方式"，促进数学素养和创新意识的发展。

四、高中数学"优效教学"的基本策略

1. 目标定向

促进学生发展是高中数学教学的基本目标。学生的发展不仅仅限于认知方面的发展，而是学生全面和谐发展。在数学教学中，学生的全面和谐发展是学生的主体性发展和个性发展，是学生在数学知识、数学能力、数学智慧、情感、态度、价值观和社会适应性上的全面提高与和谐发展。为了满足学生全面和谐发展的要求，新课程从知识与技能、过程与方法、情感态度与价值观等三个方面提出教学目标（简称"三维目标"）。

教学目标是实施优效教学的依据。教学目标能否真正起到对教学的定向作用，是评价数学课堂教学是否优效的重要指标。课堂教学目标应当"准确""具体""有用"。

2. 问题驱动

问题驱动是开展高中数学优效教学的一种重要策略。问题是数学发展的原始驱动力。由于数学研究是由问题驱动的，数学学习要模拟数学研究的过程，因此数学教学也必须用问题驱动。数学学习要解决"问题"，课后练习是演练"问题"，数学考试是回答"问题"，因此，问题是贯穿数学教学活动的一条主线，是学生开展数学学习的驱动力之一。数学教学中如何运用问题驱动呢？

（1）创设"问题情境"。

问题情境就是一种具有一定的困难，需要学生努力去克服，而又在学生能力范围内的学习情境。大量事实表明，学习的愿望，总是在一定情境中产生的。问题性的情境，常常对学生具有强大的吸引力，容易激发起学生强烈的学习愿望。只有具有一定困难而又力所能及的学习情境，才是问题情境。问题情境包含两层含义：首先是"问题"，即数学问题。数学问题指学生个体与已有认知产生矛盾冲突，还不能理解或者不能正确解答的数学结构。其次才是"情境"，即数学知识产生或应用的具体环境。问题之中有情境，情境之中有问题，其核心是问题。有效的"问题"，至少应满足以下几个特征之一：

第一，目的性：问题是针对一定的教学目标而提出来的，问题要有意义，能反映当前学习内容的本质。

第二，直观性：问题直观而符合学科特点，学生通过直观感知，能领悟数学本质。

第三，适度性：问题的难易程度要适合学生的现有发展水平，"跳一跳，够得到"。

第四，开放性：问题富有层次，入手较易，开放性强，探究空间较大，有助于学生创新思维。

第五，体验性：问题能给学生提供探究和发现的体验，有助于发展学生的问题意识和探究意识。

（2）有效提问。

问题驱动的直接结果是"问题引导学习"。在教学中，教师的主导作用主要体现在创设有效问题情境和课堂有效提问上。课堂提问必须讲究"有效性"。有效提问与有效问题情境有很多相似之处，其共同关注点在于"问题"。

什么样的提问是有效的？笔者认为，数学课堂有效提问必须符合下列基本特征：

第一，目的性。教师的提问要有明确的目的，通过学生思考并回答问题，教师能判断学生是否了解或理解某个数学知识点，能发现学生存在的困惑或偏差。

第二，适时性。教师的提问要把握好"教学时机"，要在学生处于思维困惑时提出问题，使问题能够启发和引导学生的数学思维活动。具体地，可以从数学知识发生发展的关节点上、数学思想方法的概括点上、学生数学思维的症结点上提出问题。

第三，激励性。教师提出的每一个问题应能激励学生积极思考，使问题具有一定的开放性并保持一定的难度。有效提问意味着教师尽可能多地提出开放性问题。开放性问题是一种重要的教学资源，能激励不同水平的学生有不同的发展，能使教学更为新鲜有趣。当教师的课堂提问既无一定开放性，又没有一定的难度时，提问不能促进思考，有陷入"满堂问"的危险。

3. 展示过程

展示过程，是高中数学优效教学的基本策略。展示过程，是指数学教学要展示思维过程，注重提高学生的数学思维能力。《普通高中数学课程标准》（实验）明确指出："高中数学课程应注重提高学生的数学思维能力，这是数学教育的基本目标之一。人们在学习数学和运用数学解决问题时，不断经历直观感知、观察发现、归纳类比、空间想象、抽象概括、符号表示、运算求解、数据处理、演绎证明、反思与建构等思维过程。这些过程是数学思维能力的具体体现，有助于学生对客观事物中蕴涵的数学模式进行思考和做出判断。"

展示思维过程，通常从展示知识的形成过程、问题的提出与探究过程、方法的建构与反思过程等三个方面进行。在数学教学中，教师既要向学生展示自己的思维过程，让学生有机会学习教师解决问题的思想方法，了解教师在解决问题时遇到的困惑与挑战，与教师共同经历解决问题的曲折与艰辛；同时，也要引导学生暴露自己的思维过程，帮助学生树立战胜困难的信心，优化解决问题的方法，与学生共同分享数学学习的成功与快乐。

4. 变式探究

变式探究，即通过"问题变式"引领学生提出问题、发现结论的方法。

问题变式往往从一道典型例题（习题）出发，运用逆向或横向思维，通过改变题目的条件、改变题目的结构，运用一般化、特殊化等手段，使原来的一道题变成一组变式题。通过研究这组变式题，形成完整的知识结构。问题变式有利于培养问题意识，有利于培养创新品质。

变式是相对于某种范式的变化形式。变式是模仿与创新的中介，是创新的重要途径。在数学教学中，要教给学生变式探究的方法，学会在变式探究中提出问题。提出问题的一个很有用的方法是所谓"否定假设法"，即通过对原问题的某种"属性"（条件或结论）进行改变来产生新问题：如果这一"属性"不是这样的话，那么它可能是什么？运用"否定假设法"可产生一系列的"开放性变式题"。"开放性变式题"有利于培养学生的探究意识。

5. 提炼方法

提炼方法，是指数学教学要重视数学思想方法的教学。"通过不同数学内容的联系与启发，强调类比、推广、特殊化、归纳等思想方法的运用，学习数学地思考问题的方式，提高数学思维能力，培育理性精神"。这是高中数学新课程教学的基本要求。数学是思维的科学，数学教学最重要的是要使学生学会"数学地思维"。

数学思想方法是一种"隐性知识"。数学思想方法是数学的灵魂，是对数学对象的本质认识，是对数学知识进一步提炼、概括而形成的。数学概念和数学方法都是外显的，而数学思想则是内隐的，蕴涵在数学概念和数学方法之中，数学概念、原理以及数学思想和方法共同组成了数学的知识体系。

数学思想方法具有层次性：第一层次，是与特殊问题联系在一起的方法，如判别式法、等积法等；第二层次，是解决一类问题的共同方法（即解题通法），如换元法、配方法、坐标法、反证法、数学归纳法、待定系数法、三角法、向量法等；第三层次是数学思想，这是对数学的概念、命题、法则、原理以及数学方法的本质认识，常见的有函数与方程思想、分类与整合思想、化归与转化思想、数形结合思想、统计与随机思想、极限思想等。

（本文发表在《中国数学教育（高中版）》2009 年第 3 期。中国人民大学复印报刊资料《中学数学教与学》2009 年第 7 期（上半月）全文转载，稍作修改）

让数学教学设计优质高效

——基于等比数列新授课教学设计的案例分析

　　高中数学"优效教学"的探索性研究，是笔者主持的广东省教育科学"十一五"规划 2010 年度研究项目。本研究先从教学设计入手，引领教师关注教学设计的优质高效。下面以人教 A 版《普通高中课程标准实验教科书·数学 5（必修）》"等比数列"新授课的教学设计为例，谈谈我们的实践与反思。

一、案例呈现

　　在"等比数列"新授课的教学设计中，某校高一备课组提供了如下教学案例。

课题：等比数列（第一课时）

教学目标：

　　（1）知识与技能：理解等比数列的定义，掌握等比数列的通项公式。

　　（2）过程与方法：经历从实际问题抽象出等比数列模型的过程；类比等差数列通项公式的推导过程，探索等比数列的通项公式，探究等比数列通项公式的推导方法；会用等比数列通项公式解决一些简单问题；探索等比数列通项公式的图像特征，建立等比数列与指数函数之间的联系。

　　（3）情感态度与价值观：在等比数列概念的引入过程中，感受等比数列是现实生活中大量存在的数列模型；在等比数列概念的理解过程中，形成严密的思维习惯；在等比数列通项公式的探索与推导过程中，初步体会"观察、归纳、类比、猜想、论证"的思维方法；在等比数列通项公式的图像特征的探究过程中，体会等比数列与指数函数的联系；在等比数列通项公式的简单运用中，体会方程思想，增强用等比数列知识解决实际问题的意识。

　　教学重点：等比数列的定义及通项公式。

教学难点：等比数列通项公式的推导与应用。

教学过程设计：

（一）问题情境

1. 复习回顾

（1）复述等差数列的定义。

（2）等差数列的通项公式是什么？是怎样推导的？

2. 创设问题情境

情境1：细胞分裂模型。

情境2：《庄子》中"一尺之棰"的论述。

情境3：计算机病毒的传播。

情境4：储蓄中复利的计算。

由上述问题情境得到如下四个数列：

① 1，2，4，8，16，…

② $1，\dfrac{1}{2}，\dfrac{1}{4}，\dfrac{1}{8}，\dfrac{1}{16}，…$

③ $1，20，20^2，20^3，20^4，…$

④ $10000 \times 1.0198，10000 \times 1.0198^2，10000 \times 1.0198^3，10000 \times 1.0198^4，$
$10000 \times 1.0198^5，…$

观察：上述四个数列有何共同特征？

（二）讲授新课

1. 归纳总结，形成等比数列的概念

一般地，如果一个数列从第2项起，每一项与它的前一项的比等于同一个常数，这个数列就叫等比数列，这个常数叫做等比数列的公比。

2. 对等比数列概念的深化理解

问题1：上述四个数列的公比分别为多少？

问题2：公比 q 能小于0吗？能等于0吗？当 $q=1$ 时，等比数列有什么特点？

问题3：等比数列的首项能等于0吗？第 n 项能等于0吗？

问题4：形如 $a，a，a，…（a \in \mathbf{R}）$ 的数列既是等差数列，又是等比数列吗？

（1）形如 $a，a，a，…$ 的数列一定是等差数列，但未必是等比数列。当 $a=0$ 时，数列的每一项均为0，因此不是等比数列；当 $a \neq 0$ 时，此数列为等比数列。

（2）等比数列的各项均不为 0，且公比也不为 0。

3. 用数学式子表达等比数列的定义

（1）对于数列 $\{a_n\}$，若 $\dfrac{a_{n+1}}{a_n} = q$（$n \in \mathbf{N}^*$，$q \neq 0$），则称这个数列为等比数列，常数 q 叫做等比数列的公比。

（2）$\{a_n\}$ 是等比数列 $\Leftrightarrow \dfrac{a_{n+1}}{a_n} = q$（$n \in \mathbf{N}^*$，$q \neq 0$）。

4. 等比数列的通项公式

（1）写出上面四个等比数列的通项公式。

（2）在学习等差数列时，我们用公差 d，项数 n 及首项 a_1 表示数列的任一项，也就是可以表示它的通项公式 a_n，那么怎样用首项 a_1 和公比 q 来表示等比数列的每一项？

方法 1：（归纳法）

方法 2：（累乘法）因为 $\dfrac{a_{n+1}}{a_n} = q$，所以

$$\frac{a_n}{a_{n-1}} = q, \quad \frac{a_{n-1}}{a_{n-2}} = q, \quad \cdots, \quad \frac{a_3}{a_2} = q, \quad \frac{a_2}{a_1} = q。$$

将各式相乘得 $\dfrac{a_n}{a_1} = q^{n-1}$，所以 $a_n = a_1 q^{n-1}$（$n \in \mathbf{N}^*$，$n \geq 2$），

当 $n = 1$ 时，$a_n = a_1 q^{n-1}$ 两边均为 a_1，即等式也成立，

因此，当 $n \in \mathbf{N}^*$ 时，$a_n = a_1 q^{n-1}$ 都成立。

5. 探究

在直角坐标系中，画出通项公式为 $a_n = 2^{n-1}$ 的数列的图像和函数 $y = 2^{x-1}$ 的图像，你发现了什么？

（三）例题讲解

例 1：判断下列数列是否是等比数列？如果是，请写出它的公比；如果不是，请说明理由。

① 1，$-\dfrac{1}{2}$，$\dfrac{1}{4}$，$-\dfrac{1}{8}$，$\dfrac{1}{16}$；

② 1，2，4，8，16，20；

③ 1，1，1，1，1；

④ -1，-2，-4，-8，-16；

⑤ 数列 $\{a_n\}$ 的通项公式为 $a_n = \left(\dfrac{1}{2}\right)^{n-1}$。

解：据定义可知，数列①③④⑤都是等比数列，②不是等比数列。

例2：一个等比数列的第 3 项和第 4 项分别是 12 和 18，求它的第 1 项和第 2 项。

小结：从方程的观点去考虑，方程中有四个量，在 a_n，a_1，q 和 n 中只要知道其中三个可求第四个。这类题目主要是方程思想的应用，应用过程主要是三个步骤：设、列、求。

例3：某种放射性物质不断变化为其他物质，每经过一年剩留的这种物质是原来的 84%。这种物质的半衰期为多长（精确到 1 年）？

小结：

要发现实际问题情境中数列的等比关系；

通项公式反映了数列的本质特征。

（四）练习巩固

（1）由下面等比数列的通项公式，求首项和公比。

① $a_n = 2^n$；

② $a_n = 2 \times \left(\dfrac{1}{3}\right)^n$。

（2）已知数列 $\{a_n\}$ 为等比数列，$a_3 = 2$，$a_2 + a_4 = \dfrac{20}{3}$，求 $\{a_n\}$ 的通项公式。

（3）某种细菌在培养过程中，每 20 分钟分裂一次（1 个分裂成 2 个）。

① 经过 2 小时，这种细菌由 1 个分裂成多少个？

② 经过多少时间，这种细胞超过 1000 个？

（五）回顾小结

（1）本节课学习了等比数列的概念，得到了其通项公式。

（2）在研究内容与方法上要与等差数列相类比，把握它们的区别和联系。

（3）用函数与方程的思想认识通项公式，并加以应用。

（4）在发现等比数列的定义及其通项公式过程中用了观察，归纳，猜想等数学方法，体现了由特殊到一般的数学思想；在判断数列是否是等比数列及将等比数列与函数图像联系时体现了数学中的分类讨论思想。

（六）布置作业

课本习题 2.4（A组）第 1、2、4、5 题。

二、案例分析

（一）案例点评

1. 教学目标表述不恰当

教学目标是预期的学习结果。教学目标的设计包括教学目标的设置与陈述，是完整的教学设计过程的一个十分重要的环节。皮连生先生认为，教学目标的陈述有三条基本原则：一是目标应陈述预期的学生学习结果；二是目标的陈述应有助于导学、导教与导测评；三是应选择适当的分类框架设置与陈述目标。上述教学设计的目标陈述混淆了"课程目标"和"教学目标"的关系，忽视了"数学教学目标的层次性"。章建跃博士认为，数学教育的"目标域"可以表示为一个从抽象到具体的连续体，这个连续体可区分为"课程目标—宏观目标"，"单元目标—中观目标"，"教学目标—微观目标，即课堂教学目标"。课堂教学目标专注于具体内容的学习，强调具体化、可操作、可测评。基于以上认识，笔者认为，等比数列新授课（第一课时）的教学目标宜修改为：

（1）通过具体实例，确认等比数列的本质属性，能用定义判断一个数列是否为等比数列。

（2）通过与等差数列的类比，探索等比数列的通项公式。

（3）通过与指数函数的类比，探索等比数列通项公式的图像特征。

修改后的教学目标体现了教学目标的具体化、可操作、可测评的要求。

2. 重点难点定位要精准

所谓教学重点，一般多指教学中重要的基本概念、基本原理（含定理、公式等）、基本方法和基本技能。所谓教学难点，一般都指学生难以理解的教学内容。突出重点，突破难点，是课堂教学的基本要求。从学生对数列的认识来看，学生已经知道等差数列是现实生活中大量存在的数列模型，并掌握了等差数列的概念与通项公式。与等差数列一样，等比数列在现实生活中也有广泛的应用，因此，在等比数列的学习中，理解等比数列的概念，认识等比数列是反映自然规律的又一重要的数列模型，探索并掌握等比数列的通项公式，应成为本课时的教学重点。数列是一种特殊函数，其通项公式是数列的函数表达式。从函数观点来看，等比数列的通项公式与指数函数有类似的结构特征，学生对函数观点的认识需要一个逐步累积和深化的过程，因此，认识等比数列与指数函数的关系是学生难以理解的内容，应成为本课时的教学难点。

基于以上认识，笔者认为，等比数列新授课（第一课时）的教学重点和难点宜修改为：

教学重点：等比数列的定义及通项公式。

教学难点：等比数列与指数函数的关系。

3. 教学内容选取较恰当

人教 A 版《普通高中课程标准实验教科书·数学 5（必修）》"等比数列"一节，围绕等比数列的定义、通项公式及等比中项的概念等知识点，安排了"观察"栏目 1 个、"探究"栏目 2 个、"思考"栏目 3 个，并设置了 4 个例题、5 个练习题、11 个习题（A 组 8 道、B 组 3 道），这些题目主要涉及等比数列的定义和通项公式的运用。依据教材编写意图，本节的教学时间为两个课时。第一课时的教学内容可选取等比数列的定义、通项公式及其简单应用，第二课时的教学内容可选取等比中项的概念及等比数列的判定与性质。笔者认为，上述教学设计的教学内容选取较恰当。

4. 教学过程设计需改进

上述教学过程设计，注意到问题驱动，注重精讲精练，注重教师主导，但忽视了学生主体性的发挥。主要存在四个方面的不足：一是问题设计忽视了与等差数列的类比；二是突出重点与突破难点的教学策略有待改进；三是等比数列概念的形成与理解缺少必要的铺垫；四是等比数列通项公式及其图像特征的探究过程预设不足。从高中数学优效教学的目标追求来看，上述教学过程设计有待优化。

（二）改进方案

下面给出等比数列新授课（第一课时）教学过程设计的改进方案。

1. 复习回顾，导入新课

教师提问：

（1）等差数列的定义如何表述？

（2）等差数列的通项公式如何表达？怎样推导？

（**设计意图**：复习旧知，为新授做铺垫）

学生：回答教师提问。

教师引入：

等差数列是一类特殊的数列，在现实生活中，除了等差数列，我们还会遇到下面一类特殊的数列。请同学们阅读课本中的 4 个生活实例。

实例 1：细胞分裂模型。

实例2：《庄子》中"一尺之棰"的论述。

实例3：计算机病毒的传播。

实例4：储蓄中复利的计算。

（**设计意图**：让学生体会数学与现实生活的联系）

学生：阅读自学课本中的4个生活实例。

2. 观察实例，探究特征

学生观察上述4个实例中所得数列：

① 1，2，4，8，16，…

② 1，$\dfrac{1}{2}$，$\dfrac{1}{4}$，$\dfrac{1}{8}$，$\dfrac{1}{16}$，…

③ 1，20，20^2，20^3，20^4，…

④ 10000×1.0198，10000×1.0198^2，10000×1.0198^3，10000×1.0198^4，

10000×1.0198^5，…

教师：数列①、②、③、④有什么共同特征？

引导学生观察相邻两项间的关系，得到：

对于数列①，从第2项起，每一项与前一项的比都等于_____；

对于数列②，从第2项起，每一项与前一项的比都等于_____；

对于数列③，从第2项起，每一项与前一项的比都等于_____；

对于数列④，从第2项起，每一项与前一项的比都等于_____。

学生：以上4个数列从第2项起，每一项与前一项的比都等于同一个常数。

（**设计意图**：引导学生自主观察，发现共同特征，突出概念形成过程）

3. 抽象概括，形成概念

教师：怎样定义等差数列？如何给上述4个数列命一个统一的名称？

（**设计意图**：引导学生类比，尝试给出等比数列的定义）

师生合作，得出等比数列的定义：

如果一个数列从第2项起，每一项与它的前一项的比都等于同一个常数，那么这个数列就叫做等比数列，这个常数称为等比数列的公比，公比通常用字母 q 表示（$q \neq 0$）。

教师：能用符号语言来表述等比数列的定义吗？

（**设计意图**：让学生用递推公式描述等比数列的定义）

学生：$\dfrac{a_{n+1}}{a_n}=q$（常数 $q\neq0$，$n\in\mathbf{N}^*$）。

教师提问：

（1）上述 4 个等比数列的公比分别为多少？

（2）等比数列的公比 q 能等于 0 吗？

（3）等比数列的首项能等于 0 吗？第 n 项能等于 0 吗？

（4）形如 a，a，a，$\cdots$（$a\in\mathbf{R}$）的数列是等比数列吗？

（5）等比数列有什么特点？

（**设计意图：**概念辨析，加深对等比数列概念的认识）

学生：回答上述提问。

教师：既是等差数列又是等比数列的数列存在吗？若存在，你能举出具体例子吗？能说明理由吗？

（**设计意图：**引导学生研究等差数列与等比数列的联系）

学生：各项不为零的常数列，既是等差数列又是等比数列。举出具体例子，尝试说明理由。

教师：以仅有 3 项的数列为例，说明"既是等差数列又是等比数列的数列是非零的常数列"的理由。

4. 探索等比数列的通项公式

教师提问：

（1）通项公式是表示数列的基本方法，上述这些特殊的等比数列有通项公式吗？

（2）等差数列通项公式有哪些推导方法？

（3）若数列 $\{a_n\}$ 是首项为 a_1，公比为 q 的等比数列，求通项 a_n。

（**设计意图：**提供先行组织者，用问题引领学生探究）

学生探究：

（1）由等比数列的定义，归纳猜想等比数列的通项公式。

（2）类比累加法，得到证明等比数列通项公式的累乘法：

因为 $\dfrac{a_{n+1}}{a_n}=q$，

所以 $\dfrac{a_n}{a_{n-1}}=q$，$\dfrac{a_{n-1}}{a_{n-2}}=q$，$\cdots$，$\dfrac{a_3}{a_2}=q$，$\dfrac{a_2}{a_1}=q$。

将各式相乘有 $\dfrac{a_n}{a_1}=q^{n-1}$，即 $a_n=a_1q^{n-1}$（$n\in\mathbf{N}^*$，$n\geqslant 2$），

当 $n=1$ 时，等式也成立。

综上，$a_n=a_1q^{n-1}$ 对 $n\in\mathbf{N}^*$ 都成立。

（**设计意图**：培养归纳猜想能力和推理论证能力）

5. 探究等比数列的图像特征

教师用多媒体教学平台呈现探究问题：

在同一直角坐标系中，画出通项公式为 $a_n=2^{n-1}$ 的数列的图像和函数 $y=2^{x-1}$ 的图像；画出通项公式为 $a_n=\left(\dfrac{1}{2}\right)^{n-1}$ 的数列的图像和函数 $y=\left(\dfrac{1}{2}\right)^{x-1}$ 的图像；你能发现什么结论？

（**设计意图**：直观感知，让学生体会等比数列与指数函数的联系）

学生画图，建立等比数列与指数函数的联系。

教师演示多媒体课件。

6. 例题教学

例 1：（教材例 3）一个等比数列的第 3 项和第 4 项分别是 12 和 18，求它的第 1 项和第 2 项。

（**设计意图**：用基本量法求解等比数列问题）

学生独立解题。

教师引导小结：这类题目的解题依据是等比数列的通项公式，解题关键是求首项和公比，体现了方程思想的应用，解题过程主要是三个步骤：设、列、求。

变式：在例 1 条件下，求它的第 8 项。

学生独立解题。

例 2：（教材例 1）某种放射性物质不断变化为其他物质，每经过一年剩留的这种物质是原来的 84%。这种物质的半衰期为多长（精确到 1 年）？

师生合作，得出等比数列模型。

变式：某种细菌在培养过程中，每 20 分钟分裂一次（1 个分裂成 2 个）。

（1）经过 2 小时，这种细菌由 1 个分裂成多少个？

（2）经过多少时间，这种细胞超过 1000 个？

反思小结：找出实际问题中的等比关系是解题关键。

（**设计意图**：让学生认识等比数列在解决实际问题的应用，进一步熟悉等比

数列的通项公式）

7. 变式练习

学生练习：

（1）判断下列数列是否是等比数列？如果是，请写出它的公比；如果不是，请说明理由。

① 1，$-\dfrac{1}{2}$，$\dfrac{1}{4}$，$-\dfrac{1}{8}$，$\dfrac{1}{16}$；

② -1，-2，-4，-8，-16；

③ 1，1，1，1，1；

④ 1，2，4，8，16，20。

（2）已知 $\{a_n\}$ 为等比数列，$a_3 = 2$，$a_2 + a_4 = \dfrac{20}{3}$，求 $\{a_n\}$ 的通项公式。

（**设计意图**：让学生进一步理解等比数列的概念，熟悉等比数列通项公式的运用）

8. 课堂小结

教师引导：

（1）什么是等比数列，如何判断？

（2）等比数列的通项公式是什么？如何推导？

9. 布置作业

课本练习第 1、2、5 题。

课本习题 2.4（A 组）第 1、2、4、5 题。

三、教学反思

数学教学系统包括教师、学生、教学目标、教学内容等基本要素。数学教学设计是教师根据学生的认知水平和课程培养目标，制订具体教学目标，选择教学内容，设计教学过程各个环节的过程。数学教学的本质是学生在教师的引导下能动地建构数学认知结构，并得到全面发展的过程。数学教学设计是以教学目标为导向，以学生学习为平台，以学生学习结果为依据的一个动态过程，其核心理念是促进学生的学习，教是为了不教。

为使教学设计优质高效，笔者认为，从数学优效教学的目标追求来看，应关注以下几点：

1. 落实高中数学优效教学的基本理念

优质高效的教学设计是数学课堂教学的基础。从教学出发点来看，课堂教学设计应确定适切的教学目标，案例点评中修改的教学目标与原设计的教学目标相比，体现了教学目标的具体化、可操作、可测评的要求；从学生可接受性来看，改进方案中的问题设计比原设计中的问题设计更加有效；从改变学习方式来看，课堂教学设计应设计合理的探究过程，改进方案中的探究过程设计更贴近学生的认知特点，有利于改变学生的学习方式；从课堂评价来看，课堂教学设计应设置有效的课堂练习；从教师发展来看，课堂教学设计应设计有效的反思活动。

2. 掌握高中数学优效教学的基本策略

高中数学优效教学的基本策略是：目标定向，问题驱动，展示过程，变式探究，提炼方法。目标定向强调以教学目标导引教学行为；问题驱动强调数学教学要创设问题情境；展示过程强调数学教学要展示思维过程（知识的形成过程、问题的提出与探究过程、方法的建构与反思过程）；变式探究强调用"问题变式"引领学生提出问题、发现结论；提炼方法强调在数学教学中要重视数学思想方法的教学。上述教学过程设计的改进方案，较好地体现了突出重点、突破难点的教学策略。

3. 合理设计数学教学过程

教学过程的主要矛盾是学生的实际水平与教学目标之间的差异所构成的矛盾，这个矛盾决定着数学教学过程的性质和层次，贯穿于一切数学教学过程的始终，规定和影响着其他矛盾的存在与发展。数学教学过程是师生互动交往的过程。数学教学的本质是学生在教师的引导下能动地建构数学认知结构，并使自己得到全面发展的过程。在这一过程中，学生是主体，教师是主导。教学过程设计要体现以学生发展为本，要体现教师的组织者、引导者与合作者的主导作用，要体现突出教学重点和突破教学难点的方法。优质高效的教学过程设计应包括教学程序、师生活动和设计意图。上述教学过程设计的改进方案，突出等比数列与等差数列的类比，注重问题导引学习，铺垫适度；预设了师生互动交往的活动，学生自主探究知识，体现了教师的主导作用和学生的主体地位，设计合理，符合数学优效教学的目标追求。

教学设计是课堂教学的文本，就像导演手中的剧本、建筑师手中的图纸，是教师有效开展课堂教学活动的前提；教学设计是一个教师创造性劳动的过程，也是一个教师的教育观、教学观、学生观、质量观的具体体现。数学教学设计是教师对数学教学活动的目标、过程的构思和安排，具体地讲，就是依据数学课程标准的要求、数学教学的基本原则和学生身心发展的特点，在研究教材编写意图的基础上，确定教学目标，明确教学重点和难点，选择教学方法和手段，设计师生互动交往的活动方式，使教师的主导作用和学生的主体地位都得到充分发挥，使学生能有效学习并获得发展的过程。

（本文发表在《中国数学教育》（高中版）2012 年第 4 期，稍作修改）

关注学生发展，追求优效教学

——"直线与平面平行的判定"案例分析

在高中数学"优效教学"的案例研究中，我们开展"同课异构"活动，引导教师进行教学反思，提炼优效教学的教学课例。现以"直线与平面平行的判定"为例，与同行分享。

一、课例描述

下面给出一位青年教师在"讲课比赛"中的教学过程实录。

（一）引入新课

师：空间中直线和平面有哪几种位置关系？

生1：直线在平面内，直线与平面平行，直线与平面相交。

师：根据直线与平面平行的定义来判定直线与平面平行方便吗？

生2：不方便。

师：由于直线的无限延伸性和平面的无限伸展性，用定义判定直线与平面平行确实有困难。现在我们来学习直线与平面平行的判定定理。

（二）探索判定定理

师：根据日常生活观察，同学们能举出直线与平面平行的具体事例吗？

教师取出预先准备好的直角梯形板进行演示。把互相平行的一边放在讲台桌面上并绕这一边所在直线转动直角梯形板，让学生观察另一边与桌面的位置关系。

生3：另一边与桌面平行。

师：若把垂直于底边的腰放在桌面上并转动直角梯形板，另一腰所在直线与桌面平行吗？（教师演示）

生4：另一腰所在直线与桌面不平行。

师：上述演示中，直线与平面位置关系为何不同？是什么因素起了作用呢？

（学生观察感知，教师归纳，呈现课件）

直线和平面平行的判定定理：

平面外一条直线与该平面的一条直线平行，则该直线与此平面平行。

简单概括：线线平行⇒线面平行。

符号表示：$a \not\subset \alpha$，$b \subset \alpha$，$a // b \Rightarrow a // \alpha$。

作用：判定线面平行。

关键：在平面内找（或作）出一条直线与平面外的直线平行。

思想：空间问题转化为平面问题，复杂问题转化为简单问题。

（三）定理运用

教师讲解例1：

已知：如图6，在空间四边形 $ABCD$ 中，E，F 分别是 AB 和 AD 的中点，求证：$EF //$ 平面 BCD。

变式1：已知空间四边形 $ABCD$ 中，E，F 分别是 AB，AD 上的点，若 $AE = \dfrac{1}{3}AB$，$AF = \dfrac{1}{3}AD$，求证：$EF //$ 平面 BCD。

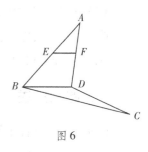

图6

变式2：如图7，在空间四边形 $ABCD$ 中，E，F，G，H 分别为各边上的中点，找出图7中的线面平行关系。

变式3：如图8，在三棱锥 $ABCD$ 中，E，F，G，H 分别为 AB，BC，CD，DA 的中点，请找出图8中的线面平行关系。

变式4：如图9，设两个全等的正方形 $ABCD$ 和 $ABEF$ 相交于 AB，M，N 分别为 AC 和 BF 中点，求证：$MN //$ 平面 BCE。

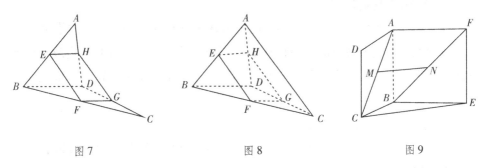

图7　　　　　　　　图8　　　　　　　　图9

（四）巩固练习

学生演练教材练习。

教师引导思考：

（1）在教材练习的第 2 题中，如果 $ABCD-A_1B_1C_1D_1$ 是长方体，结论仍然成立吗？

（2）在教材练习的第 2 题中，如果 $\dfrac{D_1E}{ED}=2$，在 D_1E 上能否找一点 F，使得 $BF//$ 平面 AEC？如果 $\dfrac{D_1E}{ED}=3$，4，5$\cdots$呢？

（3）在教材练习的第 2 题中，你能在平面 BB_1C_1C 内找一条直线和平面 AEC 平行吗？

（五）课堂小结

（1）线面平行的判定定理：平面外的一条直线与平面内的一条直线平行，则该直线与这个平面平行。

符号表示：$a\not\subset\alpha$，$b\subset\alpha$，$a//b\Rightarrow a//\alpha$。

简述：线线平行$\Rightarrow$线面平行。

（2）定理运用的关键是找（作）面内的线与面外的线平行，途径有：取中点利用平行四边形或三角形中位线性质等。

（六）布置作业

课本习题 2.2（A 组）第 3 题、第 4 题。

二、教学反思

在上述课例中，教师注重直线与平面平行的判定定理的运用，重视解题过程的规范表达，注重变式教学。存在的主要问题是：新课导入缺乏有效的问题情境；直观感知缺少必要的理性分析，教师直接告知结论，忽视直线与平面平行的判定定理的形成过程，忽视学生对判定定理的理性认识，忽视文字语言、图形语言、符号语言的转化训练。

下面就《直线与平面平行的判定》的教学环节进行探讨。

（一）关于新课引入

从建构主义理论来看，学生原有认知结构是新授课的基础。本节课学生已有的认知结构包括知识储备（直线与平面平行的定义）和方法储备（空间问题平面化）。因此，在新课引入时，首先应引起认知冲突，通过复习直线与平面的位置关系及其图形表示、符号语言，采用问题导入方式，提出如何判定直线与平面平行问题，以引发学生思考；其次，宜提供先行组织者，让学生明确探究

方法，通过回想研究异面直线所成的角的方法，指明判定直线与平面平行可采
用空间问题平面化的思想方法。

（二）关于判定定理的形成

采用"观察模型—直观感知—操作确认—抽象概括—思考探究"的方式。

教材用问题 1 作为观察对象。

问题 1：将一本书平放在桌面上，翻动书的封面，封面边缘所在直线与桌
面所在平面具有什么样的位置关系？

教学时，可通过（多媒体）演示翻书过程，让学生直观感知直线与平面平
行的条件。再通过长方体中线线、线面平行关系的分析，进一步强化几何直观，
确认线面平行的三个条件和结论，并由此抽象出探究问题 2（抽象概括，有利
于数学化）。

问题 2：如图 10，平面 α 外的直线 a 平行于平面 α
内的直线 b，问：

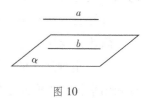

（1）直线 a，b 共面吗？

（2）直线 a 与平面 α 相交吗？

图 10

在问题 2 的教学中，要引导学生讲清理由。

（三）关于判定定理的运用

教材仅提供一个例题（文字叙述的证明问题），要引导学生分析问题，让
学生通过作图来理解题意，进而结合图形写出已知和求证，这样处理有利于提
高学生的作图、识图、用图能力。在证明思路的探求中，要强化学生的目标意
识，要对运用判定定理解题进行有效指导。同时，要通过变式教学，强化解题
技能，体悟解题方法。

三、改进方案

基于高中数学"优效教学"的基本观点与教学策略，下面给出"直线与平
面平行的判定"教学设计的改进方案。

教学目标：

（1）通过观察、操作等活动确认直线与平面平行的判定定理。

（2）会用图形语言、文字语言、符号语言描述直线与平面平行的判定
定理。

（3）能用直线与平面平行的判定定理解决一些简单的线面平行问题。

教学重点： 直线和平面平行的判定定理及其应用。

教学难点： 直线和平面平行的判定定理的形成及其应用。

教学过程设计：

（一）创设情境，引入新课

（1）直线和平面有哪几种位置关系？能用图形或符号来表示吗？

（**设计意图：** 回忆已有知识，为新课做铺垫）

（2）在课室中，门扇的两边是平行的。当门扇绕着一边转动时，另一边所在直线与门框所在平面具有什么样的位置关系？

（**设计意图：** 利用教室实物，吸引学生注意力）

（3）将课本平放在桌面上，翻动书的封面，封面边缘（与书脊平行）所在直线与桌面所在平面具有什么样的位置关系？

（**设计意图：** 从实际情境出发，直观感知直线与平面平行）

学生：观察，思考，交流，回答问题。

教师：由于判断直线与平面公共点的个数较为困难，所以，我们需要找一种比较实用的判定直线与平面平行的方法。

在研究异面直线所成的角时，我们通过平移，把问题转化为研究两条相交直线所成的角，即采用空间问题平面化的方法来解决问题。我们能把线面平行的判定转化为线线平行来解决吗？

（**设计意图：** 引起认知冲突，提供先行组织者）

（二）直观感知，操作确认

1. 观察猜想

如图 11，在长方体 $ABCD-A_1B_1C_1D_1$ 中，回答如下问题：

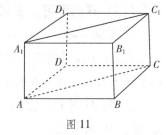

图 11

（1）直线 AB 与直线 A_1B_1 的关系为_____，直线 AB 与平面 $A_1B_1C_1D_1$ 的关系是_____。

（2）直线 AC 与直线 A_1C_1 的关系为_____，直线 AC 与平面 $A_1B_1C_1D_1$ 的关系是_____。

（3）提出猜想：

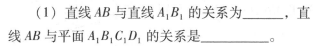

_____。

（**设计意图：** 让学生观察、猜想、探究）

2．自主探究

如图 12，平面 α 外的直线 a 平行于平面 α 内的直线 b，问：

(1) 直线 a，b 共面吗？

(2) 直线 a 与平面 α 相交吗？并说明理由。

（设计意图：引导学生依据已有知识进行推理）

3．师生合作

师生合作，抽象概括出直线与平面平行的判定定理：

若平面外一条直线与此平面内的一条直线平行，则该直线与此平面平行。

教师提问：

(1) 能用文字语言表述直线与平面平行的判定定理吗？

(2) 能用图形语言表述直线与平面平行的判定定理吗？

(3) 能用符号语言表述直线与平面平行的判定定理吗？

（设计意图：三种语言表述定理，让学生感受判定定理的条件与结论）

学生感悟：

(1) 直线与平面平行的判定定理中的三个条件缺一不可。

(2) 直线与平面平行的判定定理提供了证明直线与平面平行的一种方法，即化归为判断直线与直线平行（空间问题平面化）。

（设计意图：适时归纳，让学生进一步理解知识，形成认知结构）

（三）样例学习，变式探究

1．样例学习

求证：（教材例题）空间四边形相邻两边中点的连线平行于另外两边所在的平面。

已知：如图 13，空间四边形 $ABCD$ 中，E，F 分别是 AB，AD 的中点。

求证：EF//平面 BCD。

证明：略。

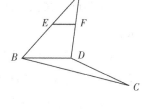

图 13

（设计意图：让学生识别直线与平面平行的判定定理的条件与结论）

2．变式探究

变式 1：在空间四边形 $ABCD$ 中，E，F 分别是 AB 和 AD 上的点，若

_____（填一个使命题成立的条件），则 $EF//$ 平面 BCD。

（**设计意图**：让学生寻找直线与平面平行的条件）

变式2：如图14，在长方体 $ABCD - A_1B_1C_1D_1$ 中，E 为 DD_1 的中点，试判断 BD_1 与平面 AEC 的位置关系，并加以证明。

变式3：如图15，在正方体 $ABCD - A_1B_1C_1D_1$ 中，E，F 分别为 AB_1 和 BC_1 的中点，求证：$EF//$ 平面 $ABCD$。

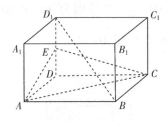

图14

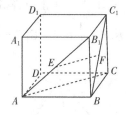

图15

（**设计意图**：变换图形，一题多证）

思路1：连接 B_1C，证明 $EF//AC$。

思路2：分别取 AB，BC 的中点 M，N，连接 MN，证明 $EF//MN$。

变式4：如图16，已知四棱锥 $P-ABCD$ 的底面是梯形，$AB//CD$ 且 $CD = 2AB$。问：线段 PC 上是否存在点 F，使得 $BF//$ 平面 PAD？并证明你的结论。

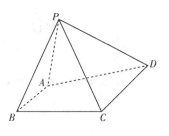

图16

（**设计意图**：图形变式，深化理解）

略解：当 F 为 PC 的中点时，$BF//$ 平面 PAD。

思路1：取 PD 的中点 H，证明 $BF//AH$。

思路2：延长 DA，CB，相交于点 G，证明 $BF//PG$。

（四）课堂小结，解题反思

教师引导：

（1）能用文字语言、符号语言或图形语言表示直线与平面平行的判定定理吗？

（2）直线与平面平行的判定定理体现了何种数学思想？

（3）在处理"线面平行"问题时，怎样获得"线线平行"？

（4）为了寻找"线线平行"，常需添加辅助线，如何添加辅助线呢？为何要这样添加辅助线?

(**设计意图:**形成运用直线与平面平行的判定定理的解题模块)

(五)布置作业,形成技能

(1)完成教材习题 2.2 A 组第 3 题。

(2)如图 17,在空间四面体 $A-BCD$ 中,E 为棱 AB 上的一点(不为棱的端点),如何过点 E 作截面与 AC 平行?这样的截面能作几个?

(3)如图 18,在正方体 $ABCD-A_1B_1C_1D_1$ 中,E,F 分别为 AB_1 和 BC_1 上的点,且 $B_1E=\dfrac{1}{3}B_1A$,$C_1F=\dfrac{1}{3}C_1B$。求证:$EF//$ 平面 $ABCD$。

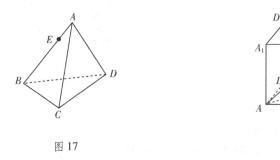

图 17　　　　　　　　　　　　　图 18

(本文发表在《中国数学教育》(高中版)2010 年第 1-2 期,稍作删节)

高中数学概念教学的基本特征与操作模式

概念教学是数学教学不可或缺的重要组成部分，教学中要引导学生经历从具体实例抽象出数学概念的过程，在初步运用中逐步理解概念的本质。数学概念教学必须把握数学概念的基本特征，熟悉数学概念获得的基本方式，掌握数学概念教学的一般过程。

一、数学概念的基本特征

从数学概念学习的心理过程来看，数学概念具有抽象性、多元性、层次性和系统性等基本特征。

1. 概念形成的抽象性

数学概念反映了一类对象的本质属性，是数学抽象的结果。数学概念是感官对外在经验的活动或思考，经由抽象之后所得到的数、量、形的性质，或是历代数学家把前代的概念结果更加抽象化、一般化而得来的。数学概念形成的过程实质上是抽象出某一类对象或事物的共同本质属性的过程。

2. 概念表征的多元性

所谓概念表征，是用某种形式将概念重新表现出来。不同的表征将导致不同的思维方式。概念表征可分为内部表征和外部表征。内部表征不易直接观察，是个体对所学概念的可能的心理构造；外部表征是一种可观察的行为或对象，如文字、图形、符号等。数学概念的表征是多元的，布鲁纳用动作的、形象的和符号的三种表征来代表思维活动的不同程度，并认为获得一个数学概念的过程是以线性方式从动作表征过渡到图像表征，最后到抽象思考（直接对数学符号进行思维操作）。因此，数学概念的表征既可从文字叙述、图像表示和符号表示等方面来呈现，也可以采用实物表征、表象表征或命题表征，具有多元性特点。

3. 概念理解的层次性

数学概念的抽象性表明概念学习必须要有一个按层次递进的过程，只有按照数学概念的层次结构，不断深入地抽象概括，形成结构优良的概念体系，才能准确地掌握概念的本质；概念表征的多元性表明不同的表征形式在一定程度上反映了个体对概念的不同理解。

4. 概念联结的系统性

数学概念具有很强的系统性，先前的概念往往是后续概念的基础，从而形成了数学概念的系统结构。因此，数学概念的一个最重要的特征是它们都被嵌入到组织良好的概念体系中。对数学概念学习来说，要把概念放到相应的概念体系中去，考察它的来龙去脉。从认知心理学观点来看，强调概念的前后联系，强调在概念体系中学习概念，其根本目的就在于构建良好的认知结构。

二、数学概念的获得方式

数学概念的获得（概念的掌握），实质上是要理解一类事物共同的、本质的属性。心理学研究表明，概念形成和概念同化是两种基本的概念获得方式。

1. 概念形成

概念形成是以学生的直接经验为基础，对同类事物中若干不同例子进行感知、分析、比较和抽象，用归纳方式概括出这类事物的本质属性而获得概念的方式。概念形成是概念学习历程中非常重要的一部分，也是思维过程中最复杂的部分。由于概念形成过程实质上是抽象出某一类对象或事物的共同本质属性的过程，因此概念形成的本质是一种抽象过程。

（1）概念形成的心理过程。数学概念形成过程包括递进的七个心理过程阶段：辨别—分化—类化—抽象—检验—概括—形式化（曹才翰，蔡金法，1989）。概念形成在本质上是一种抽象过程，大多数数学概念都可以通过概念形成的方式而获得。

（2）概念形成的教学策略——由概念原型概括出新概念。在引导学生通过概念形成的方式学习概念的过程中，应注意如下三点：

① 呈现给学生的观察材料（刺激模式）应该是正例（标准变式），即均为所要学习的概念的特例（概念原型），而且呈现的例子应该是学生能够分辨和理解的。

② 在分化与类化的基础上找出共同属性进而确认本质属性，这一过程可运用反例突出概念的本质属性，明确概念的外延。

③ 新概念的形成必须要对学生原有认知结构进行扩充和改组，使新旧概念

得到精确分化和整合，形成新的认知结构，这样才能使新概念得以巩固。

2. 概念同化

概念同化是以学生的间接经验为基础，以数学语言为工具，以定义方式直接给出概念，并揭示其本质属性，由学生主动地与原有认知结构中的有关概念相联系去学习和掌握概念的方式。概念同化，实际上是用演绎方式获得概念的一种形式，在高中数学教学中经常使用。概念同化的本质是利用已经掌握的概念获得新概念（新概念是对已有概念的限制）。

（1）概念同化的心理过程。

概念同化的心理过程包括辨认、同化、强化三个阶段：

① 辨认。辨认定义中有哪些已有概念？新旧概念之间存在什么关系？辨认过程包含了回忆与知识的重现。

② 同化。建立新概念与已有概念之间的联系，把新概念纳入原认知结构中，使新概念被赋予一定的意义。

③ 强化。将新概念与某些反例相联系，使新概念更加稳固和清晰。

（2）概念同化的教学策略——由概念的限制导出新概念。

概念形成与概念同化是概念获得的两种基本方式。概念形成与布鲁纳倡导的"发现法"一致，概念同化与奥苏伯尔的"有意义接受学习"的方法基本一致。概念形成与概念同化这两种学习方式不是相互独立和互不相关的：概念形成包含同化的因素，要用直观感性材料同化新概念；概念同化也不能脱离分析、抽象和概括，因而含有概念形成的因素。在数学概念学习中，宜将概念形成与概念同化相结合，扬长避短，以促进数学概念的理解。

三、数学概念教学的一种模式

数学概念教学的目的是帮助学生获得数学概念、理解数学概念、运用数学概念，并在这个过程中学习数学方法、领悟数学思想、感受数学文化。概念教学过程是一个"重新建构"过程，是一个"意义赋予"过程。概念教学应帮助学生把抽象的数学概念与已有知识和经验联系起来！

概念教学的基本过程：概念的引入—概念的理解—概念的运用。

概念教学的操作程序：引入概念原型—形成概念定义—探究概念变式—重建概念系统—组织变式训练—引导归纳总结。

1. 引入概念原型

概念原型是指与数学概念相关的感性材料，是学生生活经验中感知过的事物或模型以及原有认知结构中已有的数学概念。引入概念原型是概念学习的第一个环节。在这一环节，教师精心创设情境，学生观察概念原型，自主探索概念属性。

2. 形成概念定义

在观察概念原型的基础上，通过分析、类比、抽象，分化出概念的本质属性，概括形成定义。

3. 探究概念变式

概念变式包括图形变式、式子变式、符号表示、等价说法。掌握数学概念实质上就是掌握一类事物的共同本质属性。因此，概念学习要注重变式，让学生在变式中思维，在变式中掌握概念的实质。

4. 重建概念系统

获得新概念的过程是新概念的内容同原有认知结构相互作用而形成新的认知结构的过程。要引导学生对概念进行分类，建立概念体系。在数学概念体系中理解新概念的本质属性，沟通新旧概念的联系，明确概念的内涵和外延，完善学生的认知结构。

5. 组织变式训练

数学概念的运用既包括知觉水平上的运用，更包括思维水平上的运用。变式训练题应包括基本题和综合题。基本题直接反映概念的内涵和外延，供学生进行概念识别，强化对概念的理解。综合题着眼于新旧概念的联系，需对原有概念进行重组，在思维水平上运用概念解题，深化对概念的理解。

6. 引导归纳总结

组织学生对上述教学环节进行归纳小结。回顾概念的形成过程，总结运用概念解题的规律，以形成概念网络，纠正错误认识，提高思维的灵活性和深刻性，同时培养学生的创新意识和实践能力。

案例："函数的单调性"教学实录

（1）引入概念原型

问题 1： 画出下列函数的简图，并说明函数值 y 随自变量 x 的增大而怎样变化？

① $y = x + 1$；② $y = -x + 1$；③ $y = x^2$。

（**设计意图：** 考察具体函数图像特征，注重直观感知）

学生练习后，教师从"形"的直观性对增函数和减函数作定性描述。

问题 2：如何从"数"的角度，对"函数值 y 随 x 的增大而增大（或减小）的特征"给以具体地定量刻画呢？

（**设计意图**：引导学生思考讨论，注重以数助形）

大部分学生感到不太好回答，教师进一步明确思考方向：

问题 3：函数 $y = x^2$ 在区间 $[0, +\infty)$ 上，函数值 y 随 x 的增大而增大，你能列举一些具体数据予以说明吗？

（**设计意图**：引导学生形式化定义）

学生：当 $x = 0$ 时，$y = 0$；当 $x = 1$ 时，$y = 1$；当 $x = 2$ 时，$y = 4$；…

教师：这样的数据能列举完吗？用什么办法能解决好这个问题？

学生逐步回答出：

对任意的两个自变量 x_1，$x_2 \in [0, +\infty)$，$x_1 < x_2$，有 $f(x_1) < f(x_2)$。

（2）形成概念定义

教师投影图 19、图 20，让学生尝试给出增函数、减函数的形式化定义，由 2～3 人回答、补充后，与教科书中增函数、减函数的定义对比，形成单调性概念。

图 19　　　　　　　　　　　图 20

（3）探究概念变式

学生：对任意的两个自变量 x_1，$x_2 \in I$，$x_1 < x_2$，有 $f(x_1) - f(x_2) < 0$，则称函数 $f(x)$ 在区间 I 上单调递增。

学生：对任意的两个自变量 x_1，$x_2 \in I$，$x_1 < x_2$，有 $f(x_1) - f(x_2) > 0$，则称函数 $f(x)$ 在区间 I 上单调递减。

（4）组织变式训练

问题 4：画出函数 $y = \dfrac{1}{x}$ 的图像，并证明函数 $y = \dfrac{1}{x}$ 在区间 $(0, +\infty)$ 上是减函数。

（**设计意图**：强化单调性的形式化定义，并运用单调性概念解题）

学生尝试运用减函数定义解题，教师规范证明过程。

变式1：证明函数 $y = \dfrac{1}{x}$ 在区间 $(-\infty, 0)$ 上是减函数。

变式2：反比例函数 $y = -\dfrac{1}{x}$ 的定义域 I 是什么？它在定义域 I 上的单调性是怎样的？证明你的结论。

变式3：求函数 $y = \dfrac{1}{x-1}$ 的单调区间。

问题5：函数 $y = (x-1)^2$ 在区间 $(-\infty, +\infty)$ 上是增函数吗？并说明理由。

（**设计意图**：通过概念的反例变式，深化单调性定义的认识）

学生举出反面例证。

（5）引导归纳总结

问题6：回顾上述学习过程，你能总结研究函数单调性的方法吗？

（**设计意图**：引导学生反思，形成单调性问题的解题模块）

学生1：数形结合。通过观察具体函数的图像特征，猜想函数的某种性质，再证明猜想的正确性。

学生2：分类讨论。

学生3：操作步骤是：取值定序、作差变形、判断符号、作出结论。

学生反思研究函数性质的常用方法，概括定义法证明单调性的操作步骤，并形成知识结构。

（6）布置作业：详见教材相关习题。

点评：函数的单调性是函数的基本性质，在初中学习一次函数、二次函数、反比例函数的图像和性质时，已对这一问题进行了初步探讨，当时的研究比较粗浅，没有给出形式化的增函数和减函数的定义。函数的单调性从图像角度来看，清楚直观，容易理解，但用抽象的数学符号语言来刻画，对刚入高一的学生来说，就显得不那么容易。本案例针对函数单调性概念的形式化定义这一难点，通过设置三个问题来实现单调性概念的形成过程。问题1给出三个学生熟知的具体函数，为学生创设直观情境，增加学生的感性体验，对函数的单调性的定义起铺垫作用。问题2是从"形"到"数"的一个转换，如何定量刻画？它给少数尖子生一个思维的空间，但大部分学生仍显得没有思路。问题3让学生举例，给全体学生搭建了一个可攀登的脚手架，促使学生拾级而上，学生通过自己的尝试、同伴的交流，理解、明晰了概念的产生过程，为今后用函数单调性解决其他问题奠定了基础。问题 4 提供了学生运用增函数和减函数定义的教学情境，并通过 3 个变式来强化定义的正向运用，有利于学生理解函数的单调性概念。问题 5 注重函数单调性的剖析，让学生通过概念的反例变式，深化单调性定义的认识，有利于培养学生的思维批判性。问题 6 注重元认知能力的培养，注重教学目标的达成。

这节课是学生在教师引导下逐步探索概念形成的过程。在探索过程中，让学生通过图像观察，猜想函数的某种性质，并用定义证明猜想的正确性。这一探索过程，让学生体会到从特殊到一般、从具体到抽象、从简单到复杂的研究方法，让学生学会图形语言、普通语言以及抽象的数学符号语言之间的相互转换，并渗透了数形结合、分类讨论的数学思想方法。这样的概念教学，体现了优质高效的教学追求。

由于影响学生理解和掌握概念的因素是多种多样的，各个概念产生的背景和表现形式也是多种多样的，因此，教师要灵活设计出符合学生认知特点、体现数学概念特征、遵循数学概念教学基本要求的教学活动过程。

（本文发表在《中学数学教学参考（上旬）》2012 年第 4 期）

高中数学优效教学的基本特征与教学策略

一、高中数学优效教学的基本特征

目标整合性——数学教学要树立三维目标整合的意识，要用明确的教学目标引领教学行为。目标整合性反映了"教学促进学生发展"的基本要求。教学目标"准确""具体""有用"，能真正起到导向作用，教学行为符合三维目标要求，教学过程能促进学生发展。

过程有效性——课堂教学过程能确保教学目标的达成，有较高的教学效率和效益。过程有效性是高中数学优效教学的基本要求，"高效率、轻负担"是优效教学的目标追求。课堂教学要暴露思维过程，关注个性差异，真正体现"不同人在数学上得到不同的发展"。

思想渗透性——数学教学要重视数学思想方法的教学。要通过不同数学内容的教学，让学生学会数学地思考，掌握归纳、类比、猜想、一般化、特殊化、符号表示、分析与综合、化归与转化、分类与整合、数形结合等思想方法，提高数学思维能力，培育理性精神。

动态生成性——数学教学要注重课堂生成。合理利用生成性教学资源，达成优质高效的教学效果。课堂生成，是在师生对话交流、生生合作探究中，实时生成的超出教学预设的新问题、新信息、新方法、新情况。课堂教学既需要预设，也需要生成，二者缺一不可。

变式探究性——数学教学要注重变式探究。对重点的变式探究，有助于体验过程、建构知识；对难点的变式探究，有助于寻求突破、提炼方法；对概念的变式探究，有助于深化理解、促进迁移；对规则的变式探究，有助于拓宽思路、优化思维；对问题的变式探究，有助于揭示本质、引申拓展，有利于培养思维的变通性、灵活性、流畅性、深刻性、发散性和开放性等思维品质。

文化熏陶性——数学教学要建构基于文化取向的数学教学方式，把抽象的、严谨的、冰冷的数学转化为生动的、思考的、火热的数学文化。数学教育从本质上讲就是数学文化教育，要摒弃把数学当作单纯的科学工具的数学教育观，崇尚以理性精神和实事求是为基准的数学化的教育观，让知识与方法的形成过程伴随着数学精神的熏陶，体现数学的文化价值和审美价值。

二、高中数学优效教学的教学策略

1. 目标定向

目标定向是指高中数学教学要用教学目标引领学生发展。为了满足学生全面和谐发展的要求，新课程从知识与技能、过程与方法、情感态度与价值观等三个方面提出"三维目标"。教学目标能否真正起到对教学的定向作用，是评价数学课堂教学是否优效的重要指标。

2. 问题驱动

高中数学优效教学要用恰当的问题导引学生学习，注重在问题解决过程中培养学生的思维能力。

案例1：函数的单调性

函数的单调性是函数的重要性质。增函数、减函数的定义较为抽象，形式化的定义学生难以理解。若采用问题驱动策略，可促进学生理解。课堂实录详见上一篇文章《高中数学概念教学的基本特征与操作模式》。

3. 过程展示

高中数学优效教学要充分暴露学生的数学思维过程。

案例2：数列与不等式的综合性问题

题目：（2012年高考广东理科数学第19题）设数列 $\{a_n\}$ 的前 n 项和为 S_n，满足 $2S_n = a_{n+1} - 2^{n+1} + 1$，$n \in \mathbf{N}^*$，且 a_1，$a_2 + 5$，a_3 成等差数列。

（1）求 a_1 的值；

（2）求数列 $\{a_n\}$ 的通项公式；

（3）证明：对一切正整数 n，有 $\dfrac{1}{a_1} + \dfrac{1}{a_2} + \cdots + \dfrac{1}{a_n} < \dfrac{3}{2}$。

这是高三复习中的课例，课堂实录如下：

师：第（1）问如何求解？

生1：因为 a_1，$a_2 + 5$，a_3 成等差数列，所以 $2(a_2 + 5) = a_1 + a_3$。 ①

因为 $2S_n = a_{n+1} - 2^{n+1} + 1$，$n \in \mathbf{N}^*$，

所以 $2a_1 = 2S_1 = a_2 - 2^2 + 1$， ②

$2(a_1+a_2)=2S_2=a_3-2^3+1$，　　　　　　　　　　　　　③

由②③得 $a_2=2a_1+3$，$a_3=6a_1+13$，代入①式得 $4a_1+16=7a_1+13$，

因此 $a_1=1$。

师：在第（1）问求解过程中，用到了哪些数学思想方法？

生2：方程的思想方法，特殊化的思想方法。

师：很好！数列学习中要树立方程观点，注意特殊与一般的关系！

师：下面探究第（2）问的解法。第（2）问的解题目标是什么？已知条件是什么？如何建立已知条件与解题目标之间的联系？见过类似问题吗？

生3：已知条件是 $2S_n=a_{n+1}-2^{n+1}+1$，$n\in\mathbf{N}^*$，及 $a_1=1$，解题目标是求数列 $\{a_n\}$ 的通项公式。

生4：我知道求通项的方法，如公式法、归纳法、辅助数列法等，但不知从何入手？

师：可从建立数列相邻项的递推关系入手！有何公式可用？

生5：由题设条件知，$2S_{n-1}=a_n-2^n+1$，$2S_n=a_{n+1}-2^{n+1}+1$，

所以 $2a_n=a_{n+1}-a_n-2^n$，即 $a_{n+1}=3a_n+2^n$。

师：$a_{n+1}=3a_n+2^n$ 对 $n\in\mathbf{N}^*$ 都成立吗？

生5：应该是 $a_{n+1}=3a_n+2^n$（$n\geq2$），还要验证 $n=1$ 的情况。由第（1）问知，$a_1=1$，$a_2=5$，所以 $a_{n+1}=3a_n+2^n$ 对 $n=1$ 也成立。

师：很好！题目化归为"若数列 $\{a_n\}$ 满足 $a_{n+1}=3a_n+2^n$（$n\in\mathbf{N}^*$），且 $a_1=1$，求数列 $\{a_n\}$ 的通项公式。"请同学们书写第（2）问的求解过程。

生6：（解法1）由题设条件知，当 $n\geq2$ 时，$2S_{n-1}=a_n-2^n+1$，$2S_n=a_{n+1}-2^{n+1}+1$，所以 $2a_n=a_{n+1}-a_n-2^n$，

即 $a_{n+1}=3a_n+2^n$（$n\geq2$）。

由（1）可知，$a_2=2a_1+3=5=3a_1+2$，

因此对一切正整数 n，有 $a_{n+1}=3a_n+2^n$。　　　　　　　　④

所以 $a_{n+1}+2^{n+1}=3(a_n+2^n)$。　　　　　　　　　　　　⑤

又 $a_1+2^1=3$，所以数列 $\{a_n+2^n\}$ 是首项为3，公比为3的等比数列，

故 $a_n+2^n=3^n$，即 $a_n=3^n-2^n$。

生7：（解法2）同解法1得到 $a_{n+1}=3a_n+2^n$（$n\in\mathbf{N}^*$），

所以 $\dfrac{a_{n+1}}{3^{n+1}}-\dfrac{a_n}{3^n}=\dfrac{1}{3}(\dfrac{2}{3})^n$，　　　　　　　　⑥

所以 $a_n = 3^n - 2^n$（过程从略）。

生 8：（解法 3）同解法 1 得到 $a_{n+1} = 3a_n + 2^n$（$n \in \mathbf{N}^*$），

由 $a_1 = 1$，得 $a_2 = 5$，$a_3 = 19$，

猜想 $a_n = 3^n - 2^n$。

再用数学归纳法证明 $a_n = 3^n - 2^n$（过程从略）。

师：解法 1 是在④式的基础上，构造递推式⑤，得到等比数列 $\{a_n + 2^n\}$，再求 a_n 的表达式。解法 2 则是在④式两边同除以 3^{n+1}，构造递推式⑥，再利用累加法求解。这两种解法都是构造辅助数列，即构造"等比型数列 $b_{n+1}/b_n = f(n)$"或"等差型数列 $b_{n+1} - b_n = f(n)$"，这需要化归与转化思想的引领。解法 3 在④式的基础上，先归纳猜想，再用数学归纳法证明，也是处理递推数列求通项的基本方法。

师：下面寻找第（3）问的证明方法。第（3）问的已知条件是什么？解题目标是什么？

生众：已知通项公式 $a_n = 3^n - 2^n$，证明 $\dfrac{1}{a_1} + \dfrac{1}{a_2} + \cdots + \dfrac{1}{a_n} < \dfrac{3}{2}$。

师：不等式的左边是"和式"，右边是常数，如何证明？发表你的想法？

生 9：左边能"求和"就好了，可这个和难求，…

生 10：放缩！如何放大左边的"和式"呢，…

生 11：要放大左边的"和式"，只需将通项 $a_n = 3^n - 2^n$ 缩小，…

生 12：把左边的"和式"放大后，能用公式法或裂项相消法求和，…

生 13：这是与自然数有关的不等式证明问题，可否用数学归纳法，…

师：想法不错！实施你的想法。

生 9：（证法 1）因为

$a_n = 3^n - 2^n = 3 \cdot 3^{n-1} - 2^n = 3^{n-1} + 2(3^{n-1} - 2^{n-1}) \geqslant 3^{n-1}$，

所以 $\dfrac{1}{a_n} \leqslant \dfrac{1}{3^{n-1}}$，

所以 $\dfrac{1}{a_1} + \dfrac{1}{a_2} + \cdots + \dfrac{1}{a_n} = \dfrac{1}{3-2} + \dfrac{1}{3^2 - 2^2} + \dfrac{1}{3^3 - 2^3} + \cdots + \dfrac{1}{3^n - 2^n}$

$\leqslant 1 + \dfrac{1}{3} + \dfrac{1}{3^2} + \cdots + \dfrac{1}{3^{n-1}} = \dfrac{3}{2}\left(1 - \dfrac{1}{3^n}\right) < \dfrac{3}{2}$。

生 10：（证法 2）因为 $\left(\dfrac{2}{3}\right)^n \leqslant \dfrac{2}{3}(n \geqslant 1)$，所以 $1 - \left(\dfrac{2}{3}\right)^n \geqslant 1 - \dfrac{2}{3}(n \geqslant 1)$，

所以 $\dfrac{1}{a_1}+\dfrac{1}{a_2}+\cdots+\dfrac{1}{a_n}=\dfrac{1}{3\left(1-\dfrac{2}{3}\right)}+\dfrac{1}{3^2\left[1-\left(\dfrac{2}{3}\right)^2\right]}+\cdots+\dfrac{1}{3^n\left[1-\left(\dfrac{2}{3}\right)^n\right]}$

$\leqslant \dfrac{1}{3\left(1-\dfrac{2}{3}\right)}+\dfrac{1}{3^2\left(1-\dfrac{2}{3}\right)}+\cdots+\dfrac{1}{3^n\left(1-\dfrac{2}{3}\right)}$

$=1+\dfrac{1}{3}+\dfrac{1}{3^2}+\cdots+\dfrac{1}{3^{n-1}}=\dfrac{3}{2}\left(1-\dfrac{1}{3^n}\right)<\dfrac{3}{2}$。

生11：（证法3）

当 $n\geqslant 2$ 时，可用数学归纳法证明 $3^n-2^n>2^n$（过程从略）。

所以 $\dfrac{1}{a_1}+\dfrac{1}{a_2}+\cdots+\dfrac{1}{a_n}\leqslant 1+\dfrac{1}{2^2}+\dfrac{1}{2^3}+\cdots+\dfrac{1}{2^n}=\dfrac{3}{2}-\dfrac{1}{2^n}<\dfrac{3}{2}$。

生12：（证法4）当 $n\geqslant 3$ 时，

$3^n=(1+2)^n=1+2n+\dfrac{n(n-1)}{2}\cdot 2^2+\cdots+2^n>2n(n-1)+2^n$，

即 $3^n-2^n>2n(n-1)$（$n\geqslant 3$），

又 $3^2-2^2=5>2\times 2(2-1)$，

所以 $3^n-2^n>2n(n-1)$（$n\geqslant 2$），

所以 $\dfrac{1}{a_1}+\dfrac{1}{a_2}+\cdots+\dfrac{1}{a_n}\leqslant 1+\dfrac{1}{2}\left[\dfrac{1}{1\times 2}+\dfrac{1}{2\times 3}+\cdots+\dfrac{1}{(n-1)n}\right]$

$=1+\dfrac{1}{2}\left(1-\dfrac{1}{n}\right)<\dfrac{3}{2}$。

生13：（证法5）先用数学归纳法证明

$\dfrac{1}{3-2}+\dfrac{1}{3^2-2^2}+\dfrac{1}{3^3-2^3}+\cdots+\dfrac{1}{3^n-2^n}\leqslant \dfrac{3}{2}\left(1-\dfrac{1}{3^n}\right)$

对 $n\in \mathbf{N}^*$ 都成立。

所以 $\dfrac{1}{a_1}+\dfrac{1}{a_2}+\cdots+\dfrac{1}{a_n}<\dfrac{3}{2}$。

师：第（3）问是数列不等式的证明问题，其难点在于放缩。证法1、2、3都是通过将不能直接求和的数列求和问题通过放缩转化为等比数列求和问题，证法4通过放缩转化为"裂项相消法"求和问题。这四种方法尽管采取的放缩途径不同，但都离不开化归与转化思想方法的引领！证法5先用数学归纳法证明一个加强了的不等式，再进行放缩。

点评：解题教学要帮助学生学会探索解题方法，要体现"过程有效性"和

"思想渗透性"。学生的学习需要在过程中模仿，在过程中体验，在过程中感悟，在过程中探究，过程是理解数学的必经之路。展现过程，是学生学会解题的有效途经。

4. 变式探究

变式探究是指数学教学要通过"问题变式"引领学生提出问题、分析问题、解决问题、发现新的结论或新的方法。问题变式有利于培养问题意识，有利于培养创新品质。

续案例2，变式探究如下。

师：下面研究这道试题的推广。

若数列 $\{a_n\}$ 的通项公式为 $a_n = p^n - q^n$（$p > q > 1$），则数列 $\{a_n\}$ 的前 n 项和 S_n 与 a_n 有何关系？

生14：由等比数列求和公式得 $S_n = \dfrac{p}{p-1} a_n + \dfrac{(p-q)(1-q^n)}{(p-1)(q-1)}$，$n \in \mathbf{N}^*$。

师：很好！改变题设条件，我们可得如下问题变式。

变式1：已知 $\{a_n\}$ 的前 n 项和 $S_n = \dfrac{p}{p-1} a_n + \dfrac{(p-q)(1-q^n)}{(p-1)(q-1)}$，$n \in \mathbf{N}^*$，其中 p，q 为常数，且 $p > q > 1$。

（1）求 a_1 的值；

（2）求数列 $\{a_n\}$ 的通项公式。

师：若数列 $\{a_n\}$ 的通项公式为 $a_n = p^n - q^n$（$p > q > 1$），则数列 $\{a_n\}$ 的前 n 项和 S_n 与 a_{n+1} 有何关系？

生15：由等比数列求和公式得

$$S_n = \frac{1}{p-1} a_{n+1} + \frac{(p-q)(1-q^{n+1})}{(p-1)(q-1)}, \ n \in \mathbf{N}^*。$$

师：由上述 S_n 与 a_{n+1} 的关系，能确定 a_1 的值吗？

生16：不能。设"a_1，$a_2 + x$，a_3 成等差数列"，则

$$x = \frac{a_1 - 2a_2 + a_3}{2} = \frac{(p-q) - 2(p^2 - q^2) + (p^3 - q^3)}{2} = \frac{p(p-1)^2 - q(q-1)^2}{2}。$$

生17：改变题设条件，可得变式2。

变式2：设 $\{a_n\}$ 的前 n 项和 $S_n = \dfrac{1}{p-1} a_{n+1} + \dfrac{(p-q)(1-q^{n+1})}{(p-1)(q-1)}$，$n \in \mathbf{N}^*$，且 a_1，$a_2 + \dfrac{p(p-1)^2 - q(q-1)^2}{2}$，$a_3$ 成等差数列，p，q 为常数，$p > q > 1$。

（1）求 a_1 的值；

（2）求数列 $\{a_n\}$ 的通项公式。

师：在 $a_n = p^n - q^n$（$p > q > 1$）的条件下，我们再来探索 $\dfrac{1}{a_1} + \dfrac{1}{a_2} + \cdots + \dfrac{1}{a_n}$ 与关于 p，q 的式子的不等关系。先考虑特殊情况：

（1）当 $a_n = 3^n - 2^n$ 时，有 $\dfrac{1}{a_1} + \dfrac{1}{a_2} + \cdots + \dfrac{1}{a_n} < \dfrac{3}{2}$。

（2）当 $a_n = 4^n - 3^n$ 时，有 $\dfrac{1}{a_1} + \dfrac{1}{a_2} + \cdots + \dfrac{1}{a_n} < \dfrac{4}{3}$。

由上述特殊情况，你能提出何种猜想？并证明你的结论。

生 18：（猜想 1）设 $a_n = p^n - q^n$（$p > q > 1$），则

$$\dfrac{1}{a_1} + \dfrac{1}{a_2} + \cdots + \dfrac{1}{a_n} < \dfrac{p}{(p-q)(p-1)}。$$

生 19：（猜想 2）若 $a_n = p^n - q^n$（$p \geqslant q+1$，$q > 1$），则

$$\dfrac{1}{a_1} + \dfrac{1}{a_2} + \cdots + \dfrac{1}{a_n} < \dfrac{p}{q}。$$

师：请同学们回顾这个题目的解题过程，反思总结一下这些解法，有何规律？

生 20："$S_n = pa_n + f(n)$ 或 $S_n = pa_{n+1} + f(n)$"型递推数列求通项的基本思路是化归。有两条常用的化归路径：

化归路经 1：$S_n = pa_n + f(n)$ 或 $S_n = pa_{n+1} + f(n)$

$\to a_{n+1} = qa_n + g(n) \to a_{n+1} + \varphi(n+1) = q(a_n + \varphi(n))$

$\to a_n + \varphi(n) = h(n) \to a_n = h(n) - \varphi(n)$。

化归路经 2：$S_n = pa_n + f(n)$ 或 $S_n = pa_{n+1} + f(n)$

$\to a_{n+1} = qa_n + g(n) \to \dfrac{a_{n+1}}{q^{n+1}} - \dfrac{a_n}{q^n} = \dfrac{g(n)}{q^{n+1}} \to \dfrac{a_n}{q^n} = h(n)$

$\to a_n = q^n h(n)$。

生 21：数列"和式"不等式证明的基本思路是放缩。通过对数列通项的合理放缩，得到可用公式法或裂项相消法求和的新"和式"，从而实现解题目标。

师：请同学们回顾这个题目的变式探究过程，反思总结一下这些变式，有何发现？

生 22：可得到题目的一种推广：

结论 1：若 $\{a_n\}$ 的前 n 项和 $S_n = \dfrac{1}{p-1}a_{n+1} + \dfrac{(p-q)(1-q^{n+1})}{(p-1)(q-1)}$，$n \in \mathbf{N}^*$，且

a_1，$a_2 + \dfrac{p\,(p-1)^2 - q\,(q-1)^2}{2}$，$a_3$ 成等差数列，p，q 为常数，$p > q > 1$，则

（1）$a_n = p^n - q^n$；

（2）$\dfrac{1}{a_1} + \dfrac{1}{a_2} + \cdots + \dfrac{1}{a_n} < \dfrac{p}{(p-q)\,(p-1)}$。

生 23：注意到柯西不等式，又可得到一般性结论：

结论 2：已知 $\{a_n\}$ 的前 n 项和 $S_n = \dfrac{p}{p-1}a_n + \dfrac{(p-q)\,(1-q^n)}{(p-1)\,(q-1)}$，$n \in \mathbf{N}^*$，其中 p，q 为常数，$p > q > 1$，则

（1）数列 $\{a_n\}$ 的通项公式是 $a_n = p^n - q^n$；

（2）$\dfrac{(p-1)\,(q-1)\,n^2}{(q-1)\,p^{n+1} - (p-1)\,q^{n+1} + (p-q)} \leqslant \dfrac{1}{a_1} + \dfrac{1}{a_2} + \cdots + \dfrac{1}{a_n} \leqslant \dfrac{p^n - 1}{(p-q)\,(p-1)\,p^{n-1}}$。

点评：解题教学要引导学生学会变式，学会反思，学会创新。问题变式在师生对话中生成，理性思维在解题反思中优化，创新能力在解题过程中形成。变式探究关注教师"导语"，尊重学生"话语"，有助于学生对解题方法的自发领悟；在解题过程反思中，学生主动分析问题结构，自觉感悟一类问题的解题策略，发现有创新价值的一般结论，提高了学生的数学素养。这样的解题教学，较好地反映了高中数学优效教学的基本特征。

5. 方法提炼

高中数学优效教学要注重提炼数学思想方法。数学思想方法是数学的灵魂，是对数学对象的本质认识。

6. 以美启真

高中数学优效教学崇尚以美启真。以美启真的本质在于培养学生的审美意识。所谓"审美意识"，就是人们感受、鉴赏，乃至创造各种美好事物的过程。数学中的美的标准和一般事物中的美的标准是完全一致的，它们都表现为简单性、统一性、和谐性、对称性、奇异性等等。数学美随处可见，如数学概念的简单性、统一性，结构系统的协调性、对称性，数学命题与数学模型的概括性、典型性和普遍性，还有数学中的奇异性，都是数学美的具体内容。发挥数学的美育功能是培养审美意识的基本途经之一。从数学美的角度来看，数学教学的最高境界是将数学"冰冷的美丽"转化为"火热的思考"。

追求课堂教学优质高效，是高中数学优效教学孜孜以求的目标。高中数学优效教学要体现目标整合性、过程有效性、思想渗透性、动态生成性、变

式探究性、文化熏陶性等基本特征，要善于运用目标定向、问题驱动、过程展示、变式探究、方法提炼、以美启真等教学策略，注重数学理解，加强过程教学。

（本文发表在《中国数学教育（高中版）》2013 年第 12 期，稍作删节）

高中数学优效教学的规则课型研究

——以等差数列性质的探究为例

高中数学优效教学的规则课型研究，是笔者主持的广东省教育科学"十一五"规划 2010 年度研究项目——高中数学"优效教学"的探索性研究的研究内容之一。该研究着力构建高中数学规则课的课堂教学操作模式，为解决高中数学规则课教学实践中"课堂效率不高""课堂效益不佳"和"课业负担过重"等问题提供可操作的教学案例。

一、高中数学优效教学的基本含义

1. 高中数学优效教学的基本观点

高中数学优效教学是提高课堂教学效率的活动。高中数学优效教学一定是有效教学，但有效教学不一定是优效教学。

高中数学优效教学是培养学生数学素养的平台。高中数学优效教学关注"数学思维方式"的形成，注重"数学文化价值"的发挥，注重"数学基本活动经验"的形成与积累，追求"负担轻、效率高、效益佳、质量优"的课堂教学效果。

2. 高中数学优效教学的基本特征与教学策略

基于案例分析，我们提炼出高中数学优效教学的六个基本特征：目标整合性，过程有效性，思想渗透性，动态生成性，变式探究性，文化熏陶性。

基于优效教学的基本特征，我们提炼出高中数学优效教学的六条教学策略：目标定向策略，问题驱动策略，过程展示策略，变式探究策略，方法提炼策略，以美启真策略。

二、高中数学优效教学的规则课型研究

课型是课的类型，不同的课型有不同的结构特征。以数学的公理、定理、

公式、法则、性质等规则的教学为主要任务的课，称为数学规则课。

数学规则属于程序性知识，应作为程序性知识来学习。数学规则课型教学的主要任务是让学生能用大量的例证说明规则反映的关系，以及能灵活运用规则在其适用的不同情境中解决问题。高中数学规则课的教学过程包括数学规则的习得、转化和应用三个阶段。在数学规则的习得阶段，习得规则的陈述性形式，学习重点是对所学新规则的理解；在数学规则的转化阶段，主要解决规则如何由陈述性形式转化为程序性形式的问题，学习重点是明确运用规则办事的程序和步骤，转化的关键条件是提供变式练习；在数学规则的应用阶段，进一步提供规则应用的新情境，学习重点是运用规则解决迁移性问题。

基于数学规则课的上述特点和数学优效教学的特征与策略，我们得到数学规则课的操作模式：

问题情境—建构规则—变式练习—获得规则—运用规则—反馈评价。

（一）教学案例

课题：等差数列性质的探究。

教学目标：

（1）认识等差数列通项公式的结构特征，会用等差数列的定义和通项公式解决一些简单问题。

（2）经历等差数列性质的探究和发现过程，掌握定义法和公式法的运用，体悟特殊到一般和数形结合的思想。

（3）在等差数列性质的探究过程中，体会等差数列与一次函数的联系，养成理性思维习惯，体验数学创新的快乐。

教学重点：等差数列性质的探究，体会等差数列与一次函数的联系。

教学难点：等差数列性质的发现，用函数观点和数形结合方法认识等差数列。

教学媒体：多媒体教学平台。

教学实录：

教学环节 1：复习回顾。

师：我们已学过等差数列的概念和通项公式，请回答下述问题：

（1）什么是等差数列？能用递推公式表达等差数列的定义吗？

（2）等差数列的通项公式是什么？

（**设计意图**：为等差数列性质探究作准备）

学生回答上述问题，教师引导学生规范表述。

师：本节课我们来探究等差数列的性质和判定方法。

教学环节 2：等差数列性质的探究。

教师投影：已知等差数列 $\{a_n\}$ 的通项公式为 $a_n = 3n - 5$。

（1）求 $a_4 + a_8$，$a_3 + a_9$，$a_1 + a_{11}$，$2a_6$；

（2）根据上面的结果，你能发现什么结论？

（**设计意图**：提供先行组织者，为等差数列性质 1 的探究作铺垫）

学生先独立解题，后合作交流。

师：能得到一般性的结论吗？

（**设计意图**：引导学生合情推理，发现等差数列的一个重要性质）

学生归纳猜想，得出性质 1。

性质 1：在等差数列 $\{a_n\}$ 中，若 $m + n = p + q$（m，n，p，$q \in \mathbf{N}^*$），则 $a_m + a_n = a_p + a_q$。

师：能证明你的结论吗？

学生先独立解题，后小组合作，讨论交流。

板书证法：在等差数列 $\{a_n\}$ 中，

$a_m + a_n = a_1 + (m - 1)d + a_1 + (n - 1)d = 2a_1 + (m + n - 2)d$，

$a_p + a_q = a_1 + (p - 1)d + a_1 + (q - 1)d = 2a_1 + (p + q - 2)d$，

又 $m + n = p + q$（m，n，p，$q \in \mathbf{N}^*$），所以，$a_m + a_n = a_p + a_q$。

（**设计意图**：引导学生推理论证）

师：由上述性质，还可得出什么结论？

生 1：若 $m + n = 2p$（m，n，$p \in \mathbf{N}^*$），则 $a_m + a_n = 2a_p$。

生 2：$a_1 + a_n = a_2 + a_{n-1} = \cdots = a_k + a_{n-k+1}$（$n > k > 0$，$n$，$k \in \mathbf{N}^*$）。

（**设计意图**：引导学生发散思维，变式练习）

教师投影：

（1）在等差数列 $\{a_n\}$ 中，若 $a_1 + a_{21} = 50$，则 $a_{10} + a_{12} = $ _____，$2a_{11} = $ _____。

（2）在等差数列 $\{a_n\}$ 中，若 $a_3 = 2$，则 $a_1 + a_2 + a_3 + a_4 + a_5 = $

（A）4 　　　　（B）6 　　　　（C）8 　　　　（D）10

（**设计意图**：引导学生对性质进行简单运用）

学生独立解题。

师：在上述性质的证明中，用了哪个公式？

（**设计意图：**引导学生反思）

生：等差数列$\{a_n\}$的通项公式$a_n = a_1 + (n-1)d$。

师：通项公式是数列的函数解析式。等差数列与何种函数有联系？

（**设计意图：**提供先行组织者）

生：将通项公式$a_n = a_1 + (n-1)d$变形得$a_n = dn + (a_1 - d)$，因此等差数列的通项公式是关于项数n的一次型函数。

师：反之，有何结论？

（**设计意图：**引导学生用函数观点探究等差数列通项公式的结构特征）

教师投影教材"等差数列"一节的例3：

已知数列$\{a_n\}$的通项公式为$a_n = pn + q$，其中p，q为常数，那么这个数列一定是等差数列吗？请说明理由。

（**设计意图：**引导学生逆向探求）

师：如何判定一个数列是否为等差数列？

（**设计意图：**引导学生演绎推理）

学生用定义法板演解题过程（略）。

师：这个等差数列的首项与公差分别是什么？

生：首项是$p + q$，公差为p。

师生合作，抽象概括，得出性质2。

性质2：等差数列的通项公式是关于项数n的一次函数。反之，若数列$\{a_n\}$的通项公式为$a_n = pn + q$，其中p，q为常数，那么这个数列一定是等差数列，且首项是$p + q$，公差为p。

教师投影：

（1）通项公式为$a_n = 3n - 5$的数列是等差数列吗？为什么？

（2）通项公式为$a_n = -3n + 5$的数列是等差数列吗？为什么？

（**设计意图：**变式训练，反馈回授）

学生独立思考，回答问题。

师：等差数列有哪些判定方法？

（**设计意图：**总结判断等差数列的方法）

学生小结等差数列的判别方法：

（1）定义法：$a_{n+1} - a_n = d$（常数），$n \in \mathbf{N}^*$。

（2）通项公式法。

师：从通项公式的结构特征（数），我们得到了等差数列与一次函数的联系。换个角度，等差数列有何图像特征？请思考探究如下问题：

探究 1：在直角坐标系中，画出通项公式为 $a_n = 3n - 5$ 的数列的图像，这个图像有什么特点？

（**设计意图**：由数想形，换位思考）

生：（直观感知）等差数列 $a_n = 3n - 5$ 的图像是均匀分布的一群孤立点。

探究 2：在同一个直角坐标系中，

（1）画出函数 $y = 3x - 5$ 和数列 $a_n = 3n - 5$ 的图像，你发现了什么？

（2）等差数列 $a_n = pn + q$ 的图像与一次函数 $y = px + q$ 的图像之间有何关系？

（**设计意图**：从特殊的等差数列入手，探索等差数列的图像特征）

教师用多媒体课件动态演示函数 $y = px + q$ 的图像与数列 $a_n = pn + q$ 的图像。

（**设计意图**：从数与形的结合上进一步认识等差数列的通项公式与一次函数的关系）

师生合作，抽象概括：等差数列 $a_n = pn + q$ 的图像是一次函数 $y = px + q$ 的图像的一个子集，是函数 $y = px + q$ 定义在正整数集（或其子集）上时对应的点的集合，即得性质 3。

性质 3：等差数列 $a_n = pn + q$ 的图像是直线 $y = px + q$ 上均匀分布的一群孤立点。

教师投影：

探究 3：

（1）等差数列 $\{a_n\}$ 的公差 d 的几何意义是什么？

（2）等差数列 $\{a_n\}$ 中任意两项 a_m，a_n 与其公差 d 有何关系？给出证明。

（**设计意图**：引导学生发现新知）

学生小组学习。师生合作，抽象概括，得出性质 4。

性质 4：若等差数列 $\{a_n\}$ 的公差为 d，则 $\dfrac{a_m - a_n}{m - n} = d$（$m \neq n$，$m$，$n \in \mathbf{N}^*$）。

师生合作，板书证明过程（略）。

师：（追问）等差数列 $\{a_n\}$ 的公差 d 的几何意义是什么？

（**设计意图**：引导学生类比迁移）

生：直线 $y = dx + (a_1 - d)$ 的斜率。

师：（追问）等差数列 $\{a_n\}$ 中任意两项 a_m，a_n 与其公差 d 有何关系？

（设计意图：引导学生推广通项公式）

学生探究得出性质5。

性质5： 若等差数列 $\{a_n\}$ 的公差为 d，则任意两项 a_m，a_n 有如下关系：

$a_n = a_m + (n - m) d$ $(m \neq n,\ m,\ n \in \mathbf{N}^*)$。

师：太棒了！性质5是等差数列通项公式的推广，是性质4的变式。

教学环节3：课堂小结。

师：等差数列有何性质？如何判定一个数列是等差数列？

（设计意图：引导学生学会总结）

生：等差数列有性质1、性质2、性质3、性质4、性质5。判定一个数列是否为等差数列有两种方法：定义法和通项公式法。

师：等差数列性质1~5的本质是什么？

（设计意图：引导学生认清本质）

生：等差数列的通项公式，等差数列的函数特征。

师：通过本节课的学习，你有何收获？

（设计意图：引导学生积累经验）

生1：要善于数形结合。

生2：要善于类比。

生3：要学会探究！

师：很好！数学学习要善于思考，善于探究！

教学环节4：布置作业。

（1）在等差数列 $\{a_n\}$ 中，已知 $a_1 + 2a_8 + a_{15} = 120$，求 $a_7 + a_9$。

（2）完成课本"等差数列"一节练习第4题，并归纳出等差数列的相关性质。

（3）探究题：两个等差数列对应项的和（差）构成的数列是等差数列吗？证明你的结论。

（设计意图：巩固所学知识，引导学生反思与评价）

（二）教学反思

本课例践行优效教学的理念，落实优效教学的教学策略，主要亮点如下：

（1）执教者鼓励学生自主探索和合作交流，让学生发现等差数列的性质，符合高中数学新课程的教学理念，学生获得了等差数列的基础知识和基本技能。通过自主学习和探究活动，学生对等差数列的定义和通项公式的本质的理解较为深刻，经历了等差数列性质的发现过程，体会到其中所蕴含的数学思想方法。

（2）执教者能充分领悟教材编写意图，注重数学探究，注重数学思想方法的教学。基于等差数列的定义和通项公式，让学生经历观察、归纳、类比、概括、证明的思维过程，让学生在师生交往互动中探究出等差数列的相关性质，让学生感悟数学学习成功的愉悦。执教者对数学规则课型的认识准确，熟悉数学规则课的教学操作，在设问、板书、追问、总结中优化学生数学思维，较好地体现了高中数学"优效教学"的价值追求。

（3）本节课的教学目标明确具体、操作性强、多元生成、定位准确。教学内容的安排、教学活动的设计紧密围绕教学目标，符合数学学科特点和学生实际，学生能明确自己的学习内容和目标，认知目标明确、具体、有用，能力目标和情意目标在达成认知目标的过程中动态生成。

（4）教学策略运用得当。从教师角色定位来看，以合理的提问引导学生思考，展现了有效的思维过程，体现了教师的"引导者、组织者和合作者"的主导作用；从学生的认知来看，创设了有效的问题情境，以阶梯式的问题引导学生归纳发现等差数列性质，从学生的可接受性出发，设置有效的变式训练和探究活动，铺垫适切，落实双基，提炼方法，优化思维，注重学法指导，重视思维训练，彰显出学生的主体地位；从教学的归宿点来看，开展了有效的反思评价活动。本节课的学习活动遵循学生的认知规律，从特殊到一般，再从一般到特殊，活动有序、探究充分、变式有效、关注个性，注重数学学习方式的养成，学法指导更有效。

（5）教学效果丰富多样。本节课注重问题驱动和变式探究，回归等差数列的本质，挖掘等差数列的函数属性，学生获得对等差数列的真正理解，能用自己的语言复述数学知识，并运用新知识解决具体问题；学生主动参与教学活动，能与同伴合作交流、主动提问，有探究问题的欲望；学生能体验数学知识与方法的建构过程及应用价值，理性精神和创新意识得到了发展。整节课学生的学习活动状态优良、参与充分、注重创新。

"不同类型的学习结果需要不同类型的教学"，不同课型有不同的教学模式。教学有模，但无定模，高中数学"优效教学"的规则课型的操作模式丰富多样，有待进一步探究。

（本文发表在《中国数学教育（高中版)》2014 年第 6 期。中国人民大学复印报刊资料《高中数学教与学》2014 年第 8 期全文转载）

在问题变式中建构数学解题模块

——基于"错位相减法"的案例研究

解题模块是数学双基模块的重要组成部分。数学双基模块包括三个维度，一是双基链，二是变式，三是数学思想方法。问题变式是熟练技能和促进理解的必要步骤。如何在问题变式中建构数学解题模块，是数学解题教学的一项重要任务。为此，我们开展了题为"错位相减法"求数列前 n 项和的案例研究。

一、案例呈现

课题："错位相减法"求数列前 n 项和。

课型：习题课。

教学重点：运用"错位相减法"求数列前 n 项和。

教学难点：建构"错位相减法"的解题模块。

教学过程实录：

师：我们已学习了等差数列与等比数列前 n 项和公式，今天我们来学习"错位相减法"求数列前 n 项和。先请同学们研究如下求和问题：

求和：$S_n = 1 \times 2 + 2 \times 2^2 + 3 \times 2^3 + \cdots + n \times 2^n$。

学生思考求和方法，呈现困惑状态。

师：用"错位相减法"，请同学们写出解题过程。

五分钟过去了，学生仍然未能写出解题过程。

于是教师在黑板上直接板演：

设 $S_n = 1 \times 2 + 2 \times 2^2 + 3 \times 2^3 + \cdots + (n-1) \times 2^{n-1} + n \times 2^n$，

则 $2S_n = 1 \times 2^2 + 2 \times 2^3 + \cdots + (n-1) \times 2^n + n \times 2^{n+1}$，

两式相减得

$-S_n = 2 + 2^2 + 2^3 + \cdots + 2^n - n \times 2^{n+1}$

$$= \frac{2(1-2^n)}{1-2} - n \times 2^{n+1} = -2(1-2^n) - n \times 2^{n+1},$$

所以 $S_n = 2(1-2^n) + n \times 2^{n+1} = 2 + (n-1) \times 2^{n+1}$。

师：用"错位相减法"可求数列 $\{a_n b_n\}$（其中 $\{a_n\}$ 是等差数列，$\{b_n\}$ 是等比数列）的前 n 项和。

紧接着，教师给出两道变式题，让学生板演。

变式 1：求和：$\dfrac{1}{2} + \dfrac{2}{4} + \dfrac{3}{8} + \cdots + \dfrac{n}{2^n}$。

变式 2：求和：$x + 2x^2 + 3x^3 + \cdots + nx^n$。

学生模仿教师的解题过程，给出了变式 1、变式 2 的解法（板书过程略），但在变式 2 的解法中未对字母 x 展开讨论。

教师纠错后，完善变式 2 的解题过程（过程略）。

接下来，学生独立求解如下变式问题。

变式 3：已知数列 $\{a_n\}$ 是等差数列，且 $a_1 = 1$，$a_1 + a_2 + a_3 = 6$。

（1）求数列 $\{a_n\}$ 的通项公式；

（2）令 $b_n = a_n x^n$（$x \in \mathbf{R}$），求数列 $\{b_n\}$ 的前 n 项和。

教师用"电子白板"展示变式 3 的解题过程。

紧接着，教师进行课堂小结并布置课外作业，结束了本节课。

点评：该案例是学生刚学完"数列"一章后的习题课。执教者已有六年教学实践经验，是一位经历了两轮高中数学循环教学的青年教师，平时的教学中注重数学双基教学，有变式教学的意识。本节课的主要优点：讲解清晰，注重学生参与，解题过程规范。主要不足：对学情的把握不准，缺少必要的铺垫，师生互动交流不够，学生被动模仿，缺少让学生在解题反思中建构解题方法的过程，学生未能有效地建构出"错位相减法"的解题模块。

二、案例分析

通过课堂观察和课后访谈，笔者发现该教师对问题变式的教学价值认识不足，特别是如何在问题变式中建构数学解题模块，缺少实践经验与反思感悟。事实上，不少高中数学教师对如何在问题变式中建构数学解题模块存在认识与操作上的缺位。相关教学案例的缺乏，是造成这种缺位的重要因素。

"错位相减法"是在等比数列前 n 项和公式的推导中采用的基本的解题方法。将这种方法迁移到求数列 $\{a_n b_n\}$（其中 $\{a_n\}$ 是等差数列，$\{b_n\}$ 是等比数列）的前 n 项和，需要一个类比探究过程，需要在问题变式中建构出"错位相减法"的解题模块。这一解题模块包括三个维度：一是双基链，在这个双基链中包含等差、等比数列的定义，通项公式及求和公式；二是变式，通过问题变式感悟"错位相减法"的适用范围与操作程序，形成"变式网络"；三是数学思想方法，在"错位相减法"求和中隐含着公式法、化归转化法和分类讨论法等数学思想方法。

在本节课中，若注意问题设计的启发性和层次性，注重问题变式的变通性和丰富性，注重学生思维参与，注重类比迁移，注重解题反思，提炼解题步骤，形成解题模块，则能获得优质、高效的教学效益。

三、案例改进

执教者根据笔者提出的改进建议，对本节课的教学设计进行了改进，并在同年级的另一个教学班进行了教学实施，取得了较优的教学效果。现将改进后的教学过程实录展示如下。

师：这两周我们已学习了数列的基础知识，先请同学们思考如下问题。

问题 1：求和：$1\dfrac{1}{2} + 2\dfrac{1}{4} + \cdots + \left(n + \dfrac{1}{2^n}\right)$。

学生思考求和方法，书写解题过程（过程略）。

师：在求和过程中，用到了什么公式？

生 1：等差数列与等比数列前 n 项和公式。

师：很好！问题 1 中的数列有何特征？

生 2：问题 1 中的数列是由一个等差数列与一个等比数列对应项的和构成的数列。

师：也就是数列 $\{a_n + b_n\}$（其中 $\{a_n\}$ 是等差数列，$\{b_n\}$ 是等比数列）。如何求这类数列的前 n 项和呢？

生 3：先分组，再用公式法求和。

师：很好！我们变换一下数列的结构，如数列 $\{a_n b_n\}$（其中 $\{a_n\}$ 是等差数列，$\{b_n\}$ 是等比数列），能用公式法求前 n 项和吗？请思考如下问题。

问题 2：求和：$1 \times \dfrac{1}{2} + 2 \times \dfrac{1}{4} + \cdots + \left(n \times \dfrac{1}{2^n}\right)$。

学生思考求和方法，呈现困惑状态。

生 4：没有这类数列的求和公式。

师：确实，我们没有这类数列的求和公式。能用之前学过的求和方法吗？

生 5：老师，刚才我用"倒序相加法"试了一下，不行。

生6：不知能否用等比数列前 n 项和公式的推导方法——"错位相减法"。

师：想法不错。请同学们尝试一下，并写出解题过程。

五分钟后，生7在黑板上板演出解题过程。

生7：设 $S_n = 1 \times \dfrac{1}{2} + 2 \times \dfrac{1}{2^2} + \cdots + (n-1) \times \dfrac{1}{2^{n-1}} + n \times \dfrac{1}{2^n}$，则

$$\dfrac{1}{2} S_n = 1 \times \dfrac{1}{2^2} + 2 \times \dfrac{1}{2^3} + \cdots + (n-1) \times \dfrac{1}{2^n} + n \times \dfrac{1}{2^{n+1}},$$

两式相减，得

$$\dfrac{1}{2} S_n = \dfrac{1}{2} + \dfrac{1}{2^2} + \dfrac{1}{2^3} + \cdots + \dfrac{1}{2^n} - n \times \dfrac{1}{2^{n+1}} = 1 - \dfrac{1}{2^n} - \dfrac{n}{2^{n+1}} = 1 - \dfrac{n+2}{2^{n+1}},$$

所以 $S_n = 2 - \dfrac{n+2}{2^n}$。

师：太好了，掌声送给生7。

师：同学们，我们再来变换一下数列的通项结构。能用"错位相减法"解决下面两道求和问题吗？

教师给出两道变式题，让学生演练。

变式1：求和：$1 \times 2 + 2 \times 2^2 + 3 \times 2^3 + \cdots + n \times 2^n$。

变式2：求和：$1 + 2x + 3x^2 + \cdots + nx^{n-1}$。

十分钟后，学生给出了变式1、变式2的解法。

生8：老师，我求得

$1 \times 2 + 2 \times 2^2 + 3 \times 2^3 + \cdots + n \times 2^n = 2 + (n-1) \times 2^{n+1}$（过程略）。

生9：我求得 $1 + 2x + 3x^2 + \cdots + nx^{n-1} = \dfrac{1 - x^n}{(1-x)^2} - \dfrac{nx^n}{1-x}$（过程略）。

师：生8的解法是正确的，但生9的解法尚需商榷。

生10：老师，需对字母 x 的取值展开讨论！分 $x = 1$ 和 $x \neq 1$ 两种情况。

师：当 $x = 1$ 时，如何求解？

生9：当 $x = 1$ 时，由等差数列前 n 项和公式，得

$$1 + 2x + 3x^2 + \cdots + nx^{n-1} = \dfrac{n(n+1)}{2}。$$

纠错后，教师用电子白板展示变式2的解题过程（过程略）。

师：我们再来变换一下数列的通项结构。能解决下面这道题吗？

变式3：设数列 $\{a_n\}$ 的前 n 项和为 $S_n = 2n^2$，$\{b_n\}$ 是首项 $b_1 = a_1$ 且公比 $q =$

$\dfrac{1}{4}$ 的等比数列。

（1）求数列 $\{a_n\}$ 和 $\{b_n\}$ 的通项公式；

（2）设 $c_n=\dfrac{a_n}{b_n}$，求数列 $\{c_n\}$ 的前 n 项和 T_n。

学生独立求解变式 3，教师用电子白板展示学生解法（过程略）。

紧接着，开展解题反思。

问题 3：今天我们学习了用"错位相减法"求数列前 n 项和（教师板书课题）。"错位相减法"能解决何种类型的问题？其解题步骤是什么？涉及哪些数学知识与思想方法？

师生合作（用电子白板投影）。

用"错位相减法"可求数列 $\{a_nb_n\}$（其中数列 $\{a_n\}$ 是等差数列，$\{b_n\}$ 是等比数列）的前 n 项和。其解题步骤如下：

（1）写出 S_n 和 qS_n 的表达式（q 为等比数列 $\{b_n\}$ 的公比）；

（2）两式相减，左边为 $(1-q)S_n$，右边为同次项相减，相减结果有三部分：最前面为单独一项，即 a_1b_1，中间是等比数列前 $n-1$ 项的和，最后为一个"$-$"项；

（3）将等式右边化简，此时主要是对中间 $n-1$ 项用等比数列求和公式求和（有时最前一项也可归并到等比数列中）；

（4）将左边的系数化为 1，即得数列 $\{a_nb_n\}$ 的前 n 项和。

"错位相减法"涉及等差、等比数列的定义，通项公式及求和公式等知识点，涉及公式法、化归转化法和分类讨论法等数学思想方法。

布置课外作业：

（1）求和：$S_n=2-\dfrac{5}{3}+\dfrac{8}{9}-\dfrac{11}{27}+\cdots+(3n-1)\left(-\dfrac{1}{3}\right)^{n-1}$。

（2）已知数列 $\{a_n\}$ 是等差数列，且 $a_1=2$，$a_1+a_2+a_3=12$。

① 求数列 $\{a_n\}$ 的通项公式；

② 令 $b_n=a_nx^n\ (x\in\mathbf{R})$，求数列 $\{b_n\}$ 的前 n 项和。

点评：改进后的课例注重问题导引学习，学生思维参与充分，教师激励学生发展，师生互动有效，解题过程规范有序，既有必要的铺垫，又有充足的问题变式，解题方法是学生感悟的，学生在问题变式中建构解题方法，在解题反思中有效地建构出"错位相减法"的解题模块，较好地体现了高中数学"优效教学"的基本观点、基本特征和教学策略。

　　数学解题模块是数学"双基"模块的重要组成部分，建构解题模块是数学解题教学的一项重要任务。数学解题模块的构建，首先要通过相关知识点的联结形成知识链，然后通过问题变式形成"变式网络"，再经过数学思想方法的提炼形成解题模块。如何在问题变式中建构数学解题模块值得深入探究。

　　　　　　　　（本文发表在《中国数学教育（高中版）》2015 年第 3 期）

高中数学优效教学的课堂评价研究

一、课堂评价的依据

1. 高中数学课程标准倡导的评价理念

《普通高中数学课程标准（实验）》坚持以学生发展为本，倡导建立合理、科学的评价体系。评价既要关注学生数学学习的结果，也要关注他们数学学习的过程；既要关注学生数学学习的水平，也要关注他们在数学活动中所表现出来的情感态度的变化。在数学教育中，评价应建立多元化的目标，关注学生个性与潜能的发展。例如，过程性评价应关注对学生理解数学概念、数学思想等过程的评价，关注对学生数学地提出、分析、解决问题等过程的评价，以及在过程中表现出来的与人合作的态度、表达与交流的意识和探索的精神。

2. 高中数学优效教学的基本观点、基本特征和教学策略

详见本书中文章《高中数学"优效教学"的研究与思考》及《高中数学优效教学的基本特征与教学策略》。

二、"一堂好课"的标准

高中数学优效教学的课堂教学评价的主要目标是：通过对教师教学行为与学生学习行为的评价，引领教师落实高中数学优效教学的理念，达成"负担轻、效率高、效益佳、质量优"的课堂教学效果。其课堂评价的基本原则是：注重"发展性"和"多元性"，促进学生"优效数学学习"。

依据高中数学课程标准倡导的评价理念及高中数学优效教学的基本观点、基本特征和教学策略，我们对高中数学"一堂好课"的评价标准进行了梳理与反思。

我们认为，所谓"好课"，是指单位教学时间（一节课的时间）内教学活动的结果与教学目标相吻合的课；所谓"一堂好课"，也就是一堂"优质高效"的课。高中数学优效教学的一堂好课的标准主要有如下四条。

1. 教学目标明确具体、动态生成、适宜测评

教学目标要体现新课程"三维目标"的要求，符合高中数学的课型特征，符合学生学习的实际。大量实践表明，教学目标的导向作用能否得到充分发挥对课堂教学能否真正实现优质高效至关重要。

（1）认知目标的陈述明确、具体、可操作，能力目标和情意目标在达成认知目标的过程中动态生成。

（2）学生能明确自己的学习任务，形成目标达成的自我判断。

（3）教学目标与教学内容保持高度一致。

（4）教学目标达成状态良好。

2. 教学策略能有效促进学生的优效数学学习

（1）教学策略的运用注意激发与维持学生的学习动机。

（2）教学内容的组织建立在学生已有知识与经验的基础之上，容量恰当，要求适度。

（3）教学方式的运用有助于突出重点、突破难点，促进学生学会学习。

（4）教学方法的运用注重处理好预设与生成的关系。

3. 教学活动合理有序、关注个性、讲究效率

教学活动的安排要体现学科课型特点，教的过程应与学的过程相匹配；要将教学目标分解到具体的教学活动中去，并在教学过程中予以落实。

（1）教师为学生学习构建合适的教学情境，包括创设促使学生自主学习的实际问题情境和独立探究情境，创设能引起认知冲突和激发创新兴趣的问题情境，营造宽松、民主、和谐的课堂氛围，提供丰富的可供观察和思考的数学思维材料。

（2）教师为学生学习提供帮助，学生参与主动，师生互动有效。

（3）教师注重教学反馈，开展及时、多样、适度的激励评价，帮助学生提高反思能力。

（4）教师关注学生个性，从学生实际出发，有针对性地实施个别指导。

（5）教师布置适量作业，变式练习充足有效，讲究教学效率。

4. 学习活动状态优良、参与充分、注重创新

学习活动的安排要注意不同类型知识的学习过程。学生的学有独立的过程，教师的教是为了帮助学生的学。

（1）学生获得数学理解，能用自己的语言复述数学知识，并运用新知识解决具体问题。

（2）学生参与学习活动，能主动与同伴分享数学学习的成功喜悦，并有探究问题的欲望。

（3）学生经历数学知识和方法的建构过程，在问题探究、交流中逐渐形成数学知识与方法，形成理性思维能力，体验到数学的应用价值，创新精神得到激发和张扬，能在提出问题和解决问题中产生新问题、新方法、新观点。

（4）学生形成丰富的数学学习方式，主动提问，积极思考，勤于探究，敢于质疑。

（5）学生形成反思的意识和习惯，元认知能力较强。

三、高中数学优效教学的课堂评价表

基于上述课堂评价的依据和"一堂好课"的标准，我们构建出高中数学优效教学的通用型课堂评价表（表1）。

表1　高中数学优效教学的课堂评价表（通用型）

课题									
教师行为					学生行为				
项目	评价要点	优秀	良好	一般	项目	评价要点	优秀	良好	一般
教学目标		5	4	3	学习目标		5	4	3
	1. 明确具体、可操作					1. 知道学习内容			
	2. 基于学情、可测评					2. 适合自我评价			
教学过程与方法		30	24	18	学习过程与方法		30	24	18
	3. 创设教学情境					3. 提出数学问题			
	4. 引导学生探究					4. 转换思维角度			
	5. 建构数学知识					5. 建构新旧联系			
	6. 组织变式训练					6. 独立完成作业			
	7. 点拨解题方法					7. 归纳解题方法			
	8. 揭示数学本质					8. 探寻本质属性			
	9. 总结活动经验					9. 积累学习经验			
	10. 师生互动交往					10. 善于合作交流			
	11. 提供教学反馈					11. 总结经验教训			
	12. 运用教学媒体					12. 学习方式多样			

续 表

课题											
教师行为						学生行为					
项目	评价要点	优秀	良好	一般		项目	评价要点	优秀	良好	一般	
		15	12	10				15	12	10	
教学效果	13. 达成教学目标					学习效果	13. 获得数学理解				
	14. 渗透数学文化						14. 感悟数学思想				
	15. 变式练习适度						15. 作业正确率高				
	16. 注重激励评价						16. 形成反思习惯				
	17. 培养创新意识						17. 发表个人见解				
得分						得分					
等级	优秀（90－100）（　　） 　　　良好（80－89）（　　） 一般（60－79）（　　）　　　较差（59及以下）（　　）										

说明：从教师行为、学生行为两个维度进行量化评价（各50分，满分100分），每个维度又分三个一级指标（目标占5分、过程与方法占30分、效果占15分），每个一级指标又分为几个二级指标（评价要点），共17个二级指标，每个二级指标占3分（其中第2个二级指标占2分），评价要点中优秀、良好、一般所赋分值均为该等级上限。目标部分在查阅教学设计并访谈师生后评定分数，过程与方法、效果基于课堂观察评定分数。

四、课堂评价案例

教学课题：数列与不等式的综合性问题。

教学实录：见《高中数学优效教学的基本特征与教学策略》案例2。

评价记录：

1. 关于"目标"的评价

（1）对教学目标的量化评价

通过访谈授课教师并查阅教学设计，对教学目标部分的两个评价要点进行量化评分。

笔者：你选择"数列与不等式的综合性问题"作为高三数学专题复习课的一个主题，基于何种思考？

老师：通过高三第一轮复习，学生已掌握了有关数列与不等式的基础知识与基本方法，但处理"数列与不等式的综合性问题"的能力还有待进一步提高。由于我所教的这个班级系理科重点班，学生的数学基础较好，探究问题的意识也较强，因此，我选择2012年高考数学广东理科第19题为研究载体，用两节连堂的教学时间，让学生展示思维过程，提炼思想方法，发展创新意识。该题解法通用，其思想和方法对绝大多数学生来说能理解、会运用。

再查阅其教学设计，笔者认为，目标定位准确，预设合理，因此，给予优秀等级，即评定为5分。

（2）对学习目标的量化评价

通过访谈班级学生并观察学生的课堂表现，笔者认为，学生明确目标，生成合理。因此，给予优秀等级，即评定为5分。

2. 关于"过程与方法"的评价

（1）对教学过程与方法的量化评价

通过课堂观察，笔者认为，课堂中教师能创设教学情境，引导学生思考，活动安排有序，师生互动充分，点拨解题方法，建构知识体系，注重过程展示、方法提炼和变式探究。但在积累活动经验方面，对学生的解题失误展示得不够充分，如在第（3）问的求证过程中，由于学生放缩技巧欠娴熟，导致解题失误，教师未能让学生充分暴露，因此在二级指标"总结活动经验""提供教学反馈"的评价中评定为良好。综上，在教学过程与方法的量化评价中，评定为28分。

（2）对学习过程与方法的量化评价

通过课堂观察，笔者认为，课堂中学生能在教师引导下思考，注重归纳解题方法，建构新旧知识联系，反思经验教训；但主动提出问题的意识不强，自主反思与纠错的意识有待加强，探寻本质属性的意识有待加强。因此，在二级指标"提出数学问题""总结经验教训""探寻本质属性""学习方式多样"的评价中评定为良好。综上，在学习过程与方法的量化评价中，评定为26分。

3. 关于"效果"的评价

通过课堂观察与课后测评，笔者认为，课堂中目标达成良好。教师注重

"问题驱动",尊重学生"话语",使问题变式在师生对话中生成,使学生的理性思维在解题反思中优化,使学生的创新能力在解题过程中形成;学生在解题过程反思中能分析问题结构,感悟一类问题的解题策略,并发现有创新价值的解法,但学生对解题方法的自发领悟还有待加强,作业正确率也有待提高。因此,在教学效果与学习效果的量化评价中,评定为 27 分。

综上所述,总分评定为 91 分,评定等级为优秀。

课堂评价,是一项十分复杂而又艰难的工作,仁者见仁,智者见智,没有最优,只有更优。我们制定的通用型课堂评价表是为实施高中数学优效教学服务的,虽经实践检验,但需进一步优化。希望广大同仁指正!

(本文发表在《中国数学教育(高中版)》2014 年第 10 期)

高中数学"优效教学"的探索性研究

一、研究目的

高中数学"优效教学"研究以"负担轻、效率高、效益佳、质量优"为价值取向，着力构建高中数学"优效教学"的课堂教学操作体系，为解决高中数学教学实践中"课堂效率不高""课堂效益偏低""课业负担过重"等问题提供可参考的教学措施和可操作的教学案例。高中数学"优效教学"的探索性研究主要研究高中数学"优效教学"的基本特征、教学策略、操作模式与课堂评价。

二、研究方法

本研究主要采用文献研究法和案例研究法。

三、概念界定

(一)"学习"的界定

学习是人的倾向或能力的变化，这种变化能够保持且不能单纯归因于生长过程。可见，学习必须是学习者产生某种变化，这种变化能相对持久保持，是后天习得的。

(二)"教学"的界定

教学是指教师引起、维持或促进学生学习的所有行为，是师生互动交往的活动。从教学过程来看，教学的本质是交往，交往就意味着教学过程是平等对话、师生互动、合作交流的过程。

(三)"优效"的界定

"优效"界定为"质量优、效率高、效益佳"。

(四)"数学学习"的界定

数学学习是指学生获取数学知识、形成数学认知结构、提高数学思维能力、发展个性品质的过程。

（五）"优效数学学习"的界定

"优效数学学习"，即"优效"的数学学习。优效数学学习可从三个方面来认识：一是学习时间投入适度，能充分利用时间，全身心、积极、主动地参与数学学习；二是学习方式运用恰当，能灵活地运用自主探索、独立思考、动手实践、合作交流、阅读自学等数学学习方式；三是学习成果丰富多样，能获得优质的数学学习效果（含认知成绩、理性精神、效率意识、认知结构、学习能力和情感体验等）。

（六）高中数学"优效教学"的界定

高中数学"优效教学"，即"优效"的高中数学教学，是指促进学生"优效数学学习"的高中数学教学。

四、研究成果

（一）高中数学"优效教学"的基本观点

高中数学"优效教学"是提高课堂教学效率的活动。高中数学"优效教学"一定是"有效教学"，但"有效教学"不一定是"优效教学"。

高中数学"优效教学"是培养学生数学素养的平台。高中数学"优效教学"注重"数学思维方式"的形成和学生数学素养的发展。

（二）高中数学"优效教学"的基本特征

（1）目标整合性——数学教学要树立三维目标整合意识，要用教学目标引领教学行为。

（2）过程有效性——课堂教学过程能确保教学目标的达成，有较高的教学效率和效益。

（3）思想渗透性——数学教学要重视数学思想方法的教学。

（4）动态生成性——数学教学要注重课堂生成，达成优质高效的教学效果。

（5）变式探究性——数学教学要注重变式探究。

（6）文化熏陶性——数学教学要建构基于文化取向的数学教学方式，把抽象的、严谨的、冰冷的数学转化为生动的、思考的、火热的数学。

（三）高中数学"优效教学"的教学策略

（1）目标定向策略——高中数学教学要用教学目标导引教学行为，引领学生发展。

（2）问题驱动策略——高中数学教学要用问题导引学习。

（3）过程展示策略——高中数学教学要展示数学思维过程。

（4）变式探究策略——高中数学教学要通过"问题变式"引领学生提出问题、分析问题、解决问题、发现新的结论或新的方法。

（5）方法提炼策略——高中数学教学要提炼数学思想方法。

（6）以美启真策略——高中数学教学要培养学生的审美意识。

（四）高中数学"优效教学"的操作模式

在高中数学"优效教学"的探索性研究中，我们提炼出课堂"优效教学"的基本操作模式：问题—建构—变式—优化—创新—评价。

针对不同课型的特征，我们还构建了适合概念课、规则课、解题课、复习课、讲评课等五类课型特征的优效教学子模式。

1. 概念课的优效教学模式

引入概念原型—形成概念定义—探究概念变式—重建概念系统—组织变式训练—引导归纳总结。

2. 规则课的优效教学模式

问题情境—建构规则—变式练习—获得规则—运用规则—反馈评价。

3. 解题课的优效教学模式

呈现例题—形成解法—变式探究—归纳总结—反思评价。

4. 复习课的优效教学模式

（1）单元复习课：梳理结构—提出问题—分组尝试—总结规律—变式训练—反馈评价。

（2）高考"基础复习课"的常见操作模式有两种：

先讲后练式：知识梳理—典例示范—变式演练—反思小结—变式训练—反馈评价。

先练后讲式：真题演练—解法探讨—变式探究—知识梳理—变式演练—反馈评价。

（3）高考"专题复习课"的常见操作模式有两种：

先讲后练式：真题讲解—解题感悟—问题变式—解题反思—变式演练。

先练后讲式：双基检测—重点评析—变式深化—归纳总结—专题演练。

5. 讲评课的优效教学模式

（1）作业讲评课：展现错误—辨析纠错—形成解法—变式训练—反馈

评价。

（2）试卷讲评课：整体了解—激励评价—归类评析—变式训练—矫正反馈。

常见操作模式有两种：

正误辨析式：展现错误—辨析纠错—形成解法—强化训练—激励评价。

引申拓展式：展现解法—失误分析—问题变式—激励评价—变式训练。

（五）高中数学"优效教学"的课堂评价

依据高中数学"优效教学"的基本观点、基本特征和教学策略，我们确立了高中数学"优效教学"的"好课"标准，建构出适用于高中数学优效教学的通用型课堂评价表（详见《高中数学优效教学的课堂评价研究》）。

五、研究反思

本研究对高中数学"优效教学"进行了探索，尽管有20余篇相关研究文章在国内数学期刊公开发表，但需深入研究的问题还有不少，如基于不同课型的教学评价等尚待深入研究。

（本文发表在《中国数学教育（高中版）》2015年第1-2期，中国人民大学复印报刊资料《高中数学教与学》2015年第7期全文转载，稍作删节）

主张 ❸

优效课堂

　　如何培育学生的数学核心素养，是新一轮高中数学课程改革面临的重要课题。为此，我们提出了"优效课堂"主张。

　　高中数学"优效课堂"践行"为核心素养而教"的教育理念，秉持"以理性思维育人"的数学教育观，坚持"为思维而教"的数学教学观，实施"优效教学"，是一种教学目标明确具体、教学活动合理有序、教学成本消耗最低、教学效果优质高效的课堂，是一种低耗、高效、可生成、可持续的优质课堂形态。

高中数学"优效课堂"的理论建构

高中数学"优效课堂"以"知识分类教学论和目标导向的教学设计""高效率学习"和"优效教学"为理论基础，追求"轻负担、高效率、优效益"的教学效果。

一、研究背景

高中数学"优效课堂"的研究，基于如下两个背景。

1. 高效课堂的反思

高效课堂以提升效能、节约能耗为基本路经，期望以最少的时间和精力投入获得最优的教学效能。高效课堂的核心理念是以学生发展为本。高效课堂是对传统课堂的改进。从"传统课堂"到"高效课堂"的教学隐喻是：传统课堂是教师抱着学生走，高效课堂是教师放手让学生自己跑着走。高效课堂具有三大特征：主动性、生动性、生成性。主动性是指学生的参与状态，主动会激发学习潜能；生动性是指学生的情感态度与价值追求，生动突出学生"乐学"；生成性是指课堂生成，鼓励生成不同见解。

反思现行数学高效课堂教学案例，不难发现，数学高效课堂大多采用学案导学模式，即以导学案为载体，学生课前预习导学案，课中展示导学案的完成情况、点拨学习困惑，课后演练大量重复性习题。这种教学模式将不同课型的数学课演变为练习讲评课，不符合高中数学教学的基本规律。一些导学案只是教材知识点的填空式搬家，只是碎片化的知识点的拼盘，未能发挥导学案应有的导学功能，未能导引学生阅读、思考、探究。导学案的碎片化与应试化，削弱了数学知识间的联系，限制了学生的数学思维。课前预习花费了学生较多的学习时间，导致学生课业负担加重。由于学生对一些数学内容的学习有困难，故学生不能完成导学案的预习。课堂教学中师生忙于分组展示、点评、质疑、评分等诸多环节，导致教学进度受影响。一些教师课堂控制能力不强，导致部分学生学习专注度下降。一些学生不参与课堂展示活动，导致积极的学生多次发言，不积极的学生一言不发。数学课堂本应是师生交流、思维碰撞的场所，应该唤醒潜能、激活记忆、开启心智、放飞情愫，让思维启迪方法。

尽管高效课堂的研究在理论建构与实践操作两个层面都取得了令人欣喜的成果，但学生的课业负担加重仍是不争的事实。因此，优化课堂结构、提高教学效能是学校内涵发展、教师专业成长、学生素质提升的突破口。当前，课堂效能提升已成为学校管理者和教师共同体有待全力攻克的一道难题。提高效能与减轻负担是高效课堂创建的两条基本路径。

2. 优效教学的推广

在高中数学优效教学的探索性研究（广东省教育科学"十一五"规划2010年度研究项目，结题证书号：201410JT072）的会议结题中，专家组建议：加强实证研究，以使高中数学优效教学的研究成果更具推广价值。

基于上述背景，笔者申请并立项了高中数学优效课堂的实证研究（广东省教育科学"十二五"规划2015年度一般研究项目，课题批准号：2015YQJK019）。高中数学优效课堂研究是高中数学优效教学的探索性研究的延续性研究。本研究旨在推广高中数学优效教学的探索性研究成果，探究高中数学优效课堂的基本特征和操作范式。

二、理论基础

1. 知识分类教学论和目标导向的教学设计

教学是促进学生从一种能力和倾向状态过渡到另一种能力和倾向状态的师生双边活动。知识分类教学论和目标导向的教学设计阐明了教学中这种师生双边活动的规律，其关注重点是教师为何教、怎样教、教什么、教得如何。为何教与教学目标紧密相关，怎样教与教学策略、教学方法的选择呈正相关，教什么是教学内容的选取问题，教得如何是对学习结果的评价问题。

广义知识学习分为知识的习得、知识的巩固与转化、知识的迁移与运用等三个阶段。

基于广义知识学习阶段与分类模型，皮连生等人提出了知识分类教学论与目标导向的教学设计，建构出"六步三段两分支"教学过程模型。这一教学模型实质上建构了一种较为广泛的可操作的教学模式，这种教学模式提供了如下六个教学步骤：

第一步是注意与预期，引起学生注意并告知目标。

第二步是激活原有知识，提示学生回忆原有知识。

第三步是选择性知觉，呈现有组织的教学信息。

第四步是新知识进入原有命题网络，阐明新旧知识关系，促进学生的知识理解；

第五步分为二支：一支为陈述性知识，是认知结构的重建与改组，对复习与记忆提供指导；另一支为程序性知识，通过变式练习使知识转化为智慧技能，引发学生的反应，并提供反馈与纠正；

第六步分为二支：一支为根据线索提取知识，是提供提取知识的线索；另一支为技能在新的情境中应用，是提供技能应用的情境，促进智慧技能的迁移与运用。

高中数学优效课堂的建构以知识分类教学论与目标导向的教学设计为理论指导，遵循高中生数学学习的认知特点和高中数学教学的基本规律，试图建构高中数学优效课堂的基本观点。

2. 高效率学习

（1）高效率学习的基本观点。沈德立先生认为，高效率学习是指学生在学习过程中，根据知识的内在联系，按照科学的规律进行学习，以最小的投入取得最大的成效。在实验研究的基础上，构建出高效率学习的信息加工模型：在知识呈现符合学生认识规律的情况下，选择性注意是实现高效率学习的前提；元认知是高效率学习的监控系统；学习策略是实现高效率学习的保障；非智力因素是高效率学习的动力源泉；内隐认知是高效率学习的特殊形式。高效率学习应该具备以下几个基本特征。

① 学习速度快。学生能以高速度去完成指定的学习任务。学习的高速度是指以个体对知识进行高效率信息加工为基础的，主要是知识呈现的方式符合个体自身的认识规律。其中思维敏捷性是实现高速度学习的关键。

② 学习方法科学。学生能根据具体的学习内容，选择运用科学有效的方法完成学习任务。学习方法科学就是按科学的规律来学习。

③ 学习策略恰当。学生能够根据学习的目标、任务、时间、内容以及自身特点等来选择适当的学习策略，以实现学习的目标。

④ 学习质量高。学生能够顺利而正确地完成学习任务，高质量是高效率学习的关键指标。只有实现高质量的学习，才能称之为高效率的学习。

⑤ 学习有乐趣。学生能在心理上体验到一种愉快感、兴奋感、满足感和成就感，产生一种渴望学习的欲望。当学生觉得学有乐趣时，他们就感到轻松快乐，没有任何压力和焦虑，在这种状态下学习的效率高，并有可能进行创造性地学习。

⑥ 学习有创新。学生能创造性地完成学习任务。这种创造性表现在从新的角度思考问题、解决问题，采用新的学习方式和策略来达成学习目标，并产生创造性的学习结果。

王光明等研究者围绕高效率数学学习、高效率数学教学、高效数学教学行为等主题，对数学高效率学习进行了系列研究。高效率数学学习是指学生在学习数学的过程中，保持积极的学习态度，采取适宜的学习方法，具有良好的学习习惯，并且以较少的投入取得较好的数学学习效果。高效率数学教学是指数学教师为了使学生能高效率的学而进行的高效率的教，高效率数学教学能使学生花费较少的时间，但享受到良好的近期以及长远发展的数学教育。高效数学教学行为是指引起学生高效率数学学习的课堂教学行为。

（2）高效课堂的基本观点。

什么是"高效课堂"？在国外，其意与高效教学相近。美国学者鲍里奇认为，课堂教学的效能取决于教师是否应用五种关键行为，即清晰地讲授、多样化的教学、任务导向、引导学生投入学习过程、确保学生成功率。在鲍里奇看来，高效课堂的核心含义是：教学活动能促进学生学习活动的发生，能用一些操作性、细节性的教学策略促进学生学习并引发学生学业表现带来的积极变化，能有效地促进学生认知结构的建构与重构。

在国内，随着课改的深入推进，高效课堂研究如火如荼、倍受青睐、富有成效。李炳亭认为，高效课堂是培养学习能力、创新精神、意志品格、社会责任、实践能力的课堂。龙宝新认为，高效课堂是以核心知识教学为主轴的绿色课堂。张立昌认为，核心知识导图与高效课堂的联姻有助于提升高效课堂理念的内在整合，增进教师的效益意识。在实践操作层面，国内形成了一批高效课堂模式，如山东昌乐二中的"271"课堂模式、山东杜郎口中学的"三三六"模式等。

数学高效课堂的本质是什么？如何评价数学课堂是否高效？罗增儒先生认为，高效课堂就是高效能的课堂（效率、效果、效益三者协调的统一功能称为效能），高效课堂的艺术特征有五条，即教学艺术的表演性、创造性、审美性、情趣性和征服性。顾亚东认为，高效课堂的本质是在规定的时间内，采用最适合教师与学生的教学模式，把学生的注意力集中到课堂教学上来，使学生最大限度地学到知识、提高能力。数学高效课堂是以最小的教学投入获得最大的学习效益，所以衡量课堂是否高效，一看学生是否学得高效，二看教师是否教得科学，三看师生是否真正实现了良好的互动。

3. 高中数学优效教学的主张

高中数学优效教学的主张详见本书文章《高中数学"优效教学"的探索性研究》。

三、理论建构

1. 高中数学优效课堂的基本观点

高中数学优效课堂是指以优效教学为理念，教学目标明确具体、教学活动合理有序、教学成本消耗最低、教学效果优质高效的高中数学课堂，是一种低耗、高效、可持续、可生成的优质课堂形态。

2. 高中数学优效课堂的基本特征

有效率、有效益是高中数学优效课堂的基础，教学目标的整合化、课堂结构的最优化、教学策略的最佳化、教学效益的最大化，是高中数学优效课堂的基本特征。

（1）教学目标的整合化。优效课堂是新课程三维目标有效整合的课堂，在设计课堂教学目标时，教师应依据学生的现有发展水平，着力于学生的可持续发展，不仅要关注学生获取一定的知识和技能，还要重视学生学习的过程和方法，更要关注学生学习过程中情感态度和价值观的培养及提升。

（2）课堂结构的最优化。最优的课堂结构是与遵循学生的学习规律、学习方式、学习需求高度契合的课堂结构。课堂结构的优化主要表现在四个方面：

① 课堂教学结构符合学生的认知规律；

② 课堂教学有利于形成学生的认知结构，即皮亚杰所言的"图式"；

③ 课堂结构的精细化，课堂教学的所有要素（教学情境、教学内容、教学手段、教学评价等）错落有致地分布在课堂时空中，每一节课都好似一个生命体，每一个要素都发挥其不可替代的特殊作用；

④ 课堂结构的简约化，课堂教学的基本环节层次递进，每一个环节都围绕促进学生学会学习展开，都能反映核心知识的自主生成，都体现减轻学生的学

习负担。

（3）教学策略的最佳化。教学策略是在教学过程中为实现预期的教学目标而采取的一系列的教与学的行为方式，教学方法是教学策略的核心内容。教学策略的选择应基于低耗化、高效化的要求。低耗化是课堂教学追求的基本目标，也是确保课堂教学活动不会产生高耗效应的前提性策略，低耗化课堂就是教学垃圾较少的课堂；高效化是课堂教学的价值追求，是确保课堂教学效能的基本策略，并要求教师经常反问自己什么样的教学才是优效的？高效化课堂是学生从"学会"走向"会学"的课堂，是学生提高学习效能的课堂，是教师提升教学效能的课堂。

（4）教学效益的最大化。效益比效率更重要，课堂教学的效益不管是显性的还是隐性的，不管是短期的还是长期的，都要达到最大化。

3. **课堂结构**

基于上述基本观点与基本特征，我们提出高中数学"优效课堂"的如下结构图（图21）。

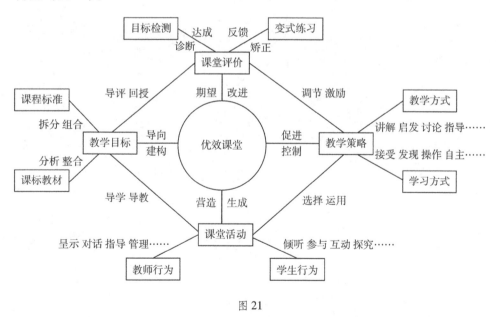

图 21

在高中数学优效课堂中，教学目标是灵魂，课堂活动是载体，教学策略是方法，课堂评价是手段。高中数学课堂教学必须在研读课程标准内容与要求的基础上，依据学生发展的需要，预设具体的教学目标；在分析处理教学内容时，要依据学生的现有水平，激发学生的学习兴趣；为了达成预设的教学目标，需要选择恰当的教学方式，在教学活动中及时改进教学策略，注重课堂反馈与调节，以达成优质高效的课堂教学效果。

高中数学优效课堂追求生命质量的高品位。课堂教学可以说是师生有意义的生命的构成部分。如果学生每天都感到自己的潜能被唤醒，记忆被激活，心智被开启，情愫被放飞，那么学生的生命价值是多么有意义！如果教师感到自己的激情在燃烧，智慧的火花在闪现，生命的情感在提升，那么教师会由衷地感到教学的生命价值！

（本文发表在《中国数学教育（高中版）》2015 年第 12 期，稍作删节）

数学教学要"为思维而教"

数学教育是什么？这是数学教育工作者必须明确回答的问题。数学教育既具有教育属性，又具有数学属性，前者表明数学教育要遵循教育的一般规律，后者诠释数学教育的特殊作用，数学教育不是"数学＋教育"，而是教育属性与数学属性的辨证统一。

一、数学是理性思维的科学

数学是思维的科学。数学是一种思维活动，正如前苏联数学教育家斯托利亚尔所言，"数学教学是数学思维活动的教学"。在基础教育的各门学科中，数学教育承担"促进学生思维发展"的重任。数学教育，对"促进学生思维发展"具有不可替代的教育功能，数学教育是"知识""思维""情感、态度与价值观"的辨证统一。知识是思维的载体，通过数学知识的教学，培养学生的思维能力；所谓"情感、态度与价值观"，是从文化视角对数学教育的要求，其核心是发展学生的理性思维。

数学是理性思维的科学。数学是文化背景下的思维活动，理性思维是数学文化的基本内涵。理性思维是一种建立在证据和推理基础上的思维方式，它是一种思维方向明确，思维依据充分，能对问题进行感知、观察、比较、分析、综合、抽象与概括的一种思维方式。人们在学习数学和运用数学解决问题时，不断经历直观感知、观察发现、归纳类比、抽象概括、符号表示、运算求解、演绎证明、空间想象、模式建构、反思提炼等思维过程，这些思维过程正是理性思维形成的基础。正如《普通高中数学课程标准（实验）》所言："数学在形成人类理性思维和促进个人智力发展的过程中发挥独特的、不可替代的作用。"我国著名数学家齐民友先生指出，"数学把理性思维发挥得淋漓尽致，提供了认识世界的最有力的工具…，数学提供了一种思维的方法与模式，不仅仅是认识世界的工具，而实际上成为一种思维合理性的重要标准，成为一种理念、一种精神。"

二、数学教育要"以理性思维育人"

数学教育的目标是什么?《普通高中数学课程标准(实验)》倡导数学教育的"三维目标",即"知识与技能""过程与方法""情感、态度价值观"。在上述"三维目标"中,何者更为重要?郑毓信先生认为,"促进学生的思维发展"是数学教育最为重要的一个目标。笔者认为,数学教育要以理性思维育人。

数学教育要以理性思维育人,是指通过数学教学,让学生学会用数学思维方式分析问题、解决问题,让学生逐步形成"说理、批判、质疑、反思"的理性思维习惯,切实提高学生的理性思维能力。

数学教育要以理性思维育人,还包括由"理性思维"向"理性精神"的发展。从数学文化教育的视角来看,理性思维是一种重要的思维方式,对学生的行为方式与价值观念会产生十分重要的影响。发展学生的思维能力,学会理性思维,是数学教育的基本目标。培养学生的理性思维,要立足于数学家的思维方式、教师的思维方式与学生的思维方式,以"问题"为出发点,以数学思想方法的教学为突破口,以数学思维品质的优化为目标。理性精神是数学文化的精髓,是指通过数学活动所形成的行为方式、思维方式和价值观念。理性精神最基本涵义是:勇于坚持真理;勇于承认错误和改正错误,并能通过认真的总结与反思,以及向别人学习,不断取得新的进步。著名数学教育家莫里斯·克莱因说:"数学是一种精神,一种理性精神。"笔者认为,数学教育要以学生发展为本,要培养学生"求真、求实、求简、求新"的理性精神。因此,数学教学要以理性思维带动具体数学知识的学习,用数学思维方法引领学生学会"数学地思维",以数学文化熏陶学生的理性精神。

三、数学教学要"为思维而教"

数学教学如何"以理性思维育人"?笔者坚信:数学教学要"为思维而教",要暴露学生的思维过程。下面以高三复习课"三角形中的求值问题"为例,阐述教学过程。

案例:三角形中的求值问题。

课堂实录如下:

1. 问题导入

上课伊始,教师让学生独立求解如下高考题。

例1：（2014 年高考数学全国课标Ⅱ卷理科第 4 题）钝角 $\triangle ABC$ 的面积是 $\frac{1}{2}$，$AB = 1$，$BC = \sqrt{2}$，则 $AC =$

(A) 5 (B) $\sqrt{5}$ (C) 2 (D) 1

2 分钟后，学生 1 给出如下解题过程：

因为 $S_{\triangle ABC} = \frac{1}{2}AB \cdot BC\sin B = \frac{1}{2} \times 1 \times \sqrt{2}\sin B = \frac{1}{2}$，

所以 $\sin B = \frac{\sqrt{2}}{2}$，即 $\cos B = \frac{\sqrt{2}}{2}$，

由余弦定理得 $AC^2 = 1 + 2 - 2 \times 1 \times \sqrt{2} \times \frac{\sqrt{2}}{2} = 1$，$AC = 1$，故选 D。

教师：学生 1 的解法正确吗？

学生 2：不正确，因为当 $AC = 1$ 时，$AC^2 + AB^2 = BC^2$，此时 $\triangle ABC$ 为直角三角形，不符合题意。

教师：怎样求解呢？

学生 3：因为 $S_{\triangle ABC} = \frac{1}{2}AB \cdot BC\sin B = \frac{1}{2} \times 1 \times \sqrt{2}\sin B = \frac{1}{2}$，

所以 $\sin B = \frac{\sqrt{2}}{2}$。

若 B 为锐角，则 $\cos B = \frac{\sqrt{2}}{2}$，由余弦定理得

$AC^2 = 1 + 2 - 2 \times 1 \times \sqrt{2} \times \frac{\sqrt{2}}{2} = 1$，$AC = 1$，

此时 $AC^2 + AB^2 = BC^2$，$\triangle ABC$ 为直角三角形，不合题意。

所以 B 为钝角，$\cos B = -\frac{\sqrt{2}}{2}$，

由余弦定理得 $AC^2 = 1 + 2 + 2 \times 1 \times \sqrt{2} \times \frac{\sqrt{2}}{2} = 5$，

所以 $AC = \sqrt{5}$，故选 B。

教师：很好。接着我们来探究如下变式问题。

变式 1：已知钝角 $\triangle ABC$ 的面积是 $\frac{1}{2}$，$AB = 1$，$BC = \sqrt{2}$，则 $\sin C =$ _____。

2 分钟后，学生应用正弦定理得到答案 $\frac{\sqrt{10}}{10}$。

教师：上述问题是何种问题？

学生4：三角形中的求值问题。

教师：求解三角形中的求值问题，需用哪些数学知识？

学生5：求解三角形中的求值问题，需用正弦定理、余弦定理、三角形面积公式，…

教师：下面我们继续探究"三角形中的求值问题"。

2. 例题学习

教师：请同学们独立求解如下高考题。

例2：（2013 年高考数学全国课标 II 卷理科第 17 题）在 $\triangle ABC$ 中，内角 A，B，C 的对边分别为 a，b，c，已知 $a = b\cos C + c\sin B$.

（I）求 B；

（II）若 $b = 2$，求 $\triangle ABC$ 面积的最大值。

教师：解题目标是什么？已知条件是什么？涉及哪些数学知识与方法？

学生：本题的解题目标是求角 B 及 $\triangle ABC$ 面积的最大值，已知条件是 $a = b\cos C + c\sin B$，涉及解三角形的知识，经验表明，这类问题可考虑边角互化法、目标函数法及不等式法。

10 分钟后，学生6给出如下解法。

解法1：（I）由 $a = b\cos C + c\sin B$ 及正弦定理可得

$\sin A = \sin B\cos C + \sin C\sin B$。

在 $\triangle ABC$ 中，$A = \pi - B - C$，所以

$\sin A = \sin(B+C) = \sin B\cos C + \cos B\sin C$。

由以上两式得 $\sin B = \cos B$，即 $\tan B = 1$，

又 $B \in (0, \pi)$，所以 $B = \dfrac{\pi}{4}$。

（II）$\triangle ABC$ 的面积 $S = \dfrac{1}{2}ac\sin B = \dfrac{\sqrt{2}}{4}ac$，由已知及余弦定理得

$4 = a^2 + c^2 - 2ac\cos B = a^2 + c^2 - \sqrt{2}ac$，

因为 $a^2 + c^2 \geqslant 2ac$，所以 $4 \geqslant 2ac - \sqrt{2}ac$，

即 $ac \leqslant \dfrac{4}{2-\sqrt{2}} = 4 + 2\sqrt{2}$（当且仅当 $a = c$ 时取等号），

故 $\triangle ABC$ 面积的最大值为 $\sqrt{2} + 1$。

教师：解题过程规范，思维严谨！本题有其他解法吗？

学生 7 给出如下解法。

解法 2：（Ⅰ）由 $a = b\cos C + c\sin B$ 及余弦定理可得

$a = b \times \dfrac{a^2 + b^2 - c^2}{2ab} + c\sin B$，即 $a^2 + c^2 - b^2 = 2ac\sin B$，

所以 $\cos B = \sin B$，即 $\tan B = 1$。

又 $B \in (0,\ \pi)$，所以 $B = \dfrac{\pi}{4}$。

（Ⅱ）由正弦定理可得 $c\sin B = b\sin C$，

又 $a = b\cos C + c\sin B$，$b = 2$，所以 $a = 2\ (\cos C + \sin C)$。

故 $\triangle ABC$ 的面积 $S = \dfrac{1}{2}ab\sin C = a\sin C = 2\ (\cos C + \sin C)\ \sin C$

$$= 2\sin C\cos C + 2\sin^2 C = \sin 2C - \cos 2C + 1 = \sqrt{2}\sin\left(2C - \dfrac{\pi}{4}\right) + 1。$$

又 $A + C = \dfrac{3\pi}{4}$，所以 $2C - \dfrac{\pi}{4} \in \left(-\dfrac{\pi}{4},\ \dfrac{5\pi}{4}\right)$，

所以当 $2C - \dfrac{\pi}{4} = \dfrac{\pi}{2}$，即 $A = C = \dfrac{3\pi}{8}$时，$\triangle ABC$ 的面积取最大值 $\sqrt{2} + 1$。

教师：漂亮！基本不等式法和目标函数法是求解三角形中最值问题的常用方法。若变更已知条件或解题目标，你能求解吗？

3. 变式探究

教师：请同学们研究如下两个变式问题。

变式 2：（2014 年高考数学全国课标Ⅰ卷理科第 16 题）已知 a，b，c 分别为 $\triangle ABC$ 的三个内角 A，B，C 的对边，$(2 + b)\ (\sin A - \sin B) = (c - b)\ \sin C$，$a = 2$，则 $\triangle ABC$ 面积的最大值为_____。

5 分钟后，学生 8 给出变式 2 的解法：

因为 $a = 2$，$(2 + b)\ (\sin A - \sin B) = (c - b)\ \sin C$，即

$(a + b)\ (\sin A - \sin B) = (c - b)\ \sin C$，

由正弦定理得 $(a + b)\ (a - b) = (c - b)\ c$，即

$a^2 - b^2 = c^2 - bc$，$b^2 + c^2 - a^2 = bc$。

由余弦定理得 $\cos A = \dfrac{b^2 + c^2 - c^2}{2bc} = \dfrac{1}{2}$，又 $0 < A < \pi$，故 $A = \dfrac{\pi}{3}$。

因为 $b^2 + c^2 - bc = a^2 = 4$，

所以 $4 = b^2 + c^2 - bc \geq 2bc - bc = bc$，当且仅当 $b = c = 2$ 时取等号。

所以 $\triangle ABC$ 面积 $S_{\triangle ABC} = \frac{1}{2}bc\sin A = \frac{\sqrt{3}}{4}bc \leq \frac{\sqrt{3}}{4} \times 4 = \sqrt{3}$，

所以 $\triangle ABC$ 的面积的最大值为 $\sqrt{3}$。

接着，教师引导学生反思。

教师：对于"三角形中求最值问题"，你有何种解题体会？

学生：可用基本不等式法或目标函数法求解三角形中的最值问题。

变式 3：（2015 年高考数学全国课标 II 卷理科第 17 题）$\triangle ABC$ 中，D 是 BC 上的点，AD 平分 $\angle BAC$，$\triangle ABD$ 面积是 $\triangle ADC$ 面积的 2 倍。

（Ⅰ）求 $\dfrac{\sin \angle B}{\sin \angle C}$；

（Ⅱ）若 $AD = 1$，$DC = \dfrac{\sqrt{2}}{2}$，求 BD 和 AC 的长。

学生独立解题，10 分钟后，学生交流变式 3 的两种解法。

解法 1：（Ⅰ）$\triangle ABD$ 面积 $S_{\triangle ABD} = \dfrac{1}{2}AB \cdot AD\sin \angle BAD$，

$\triangle ADC$ 面积 $S_{\triangle ADC} = \dfrac{1}{2}AC \cdot AD\sin \angle CAD$。

因为 AD 平分 $\angle BAC$，$\triangle ABD$ 面积是 $\triangle ADC$ 面积的 2 倍，
所以 $\angle BAD = \angle CAD$，$S_{\triangle ABD} = 2S_{\triangle ADC}$，所以 $AB = 2AC$。
由正弦定理得 $\dfrac{\sin \angle B}{\sin \angle C} = \dfrac{AC}{AB} = \dfrac{1}{2}$。

（Ⅱ）因为 $S_{\triangle ABD} = 2S_{\triangle ADC}$，所以 $BD = 2DC$，又 $DC = \dfrac{\sqrt{2}}{2}$，所以 $BD = \sqrt{2}$。

在 $\triangle ABD$ 和 $\triangle ADC$ 中，由余弦定理知
$AB^2 = AD^2 + BD^2 - 2AD \cdot BD\cos \angle ADB$，
$AC^2 = AD^2 + DC^2 - 2AD \cdot DC\cos \angle ADC$，
所以 $AB^2 + 2AC^2 = 3AD^2 + BD^2 + 2DC^2 = 6$，
由（Ⅰ）知 $AB = 2AC$，所以 $AC = 1$。

解法 2：（Ⅰ）因为 AD 平分 $\angle BAC$，所以 D 到 $\angle BAC$ 两边的距离相等，记为 h。

又 $S_{\triangle ABD} = 2S_{\triangle ADC}$，所以 $\dfrac{1}{2}AB \cdot h = 2 \times \dfrac{1}{2}AC \cdot h$，即 $AB = 2AC$，

故 $\dfrac{\sin\angle B}{\sin\angle C}=\dfrac{AC}{AB}=\dfrac{1}{2}$。

（Ⅱ）设 BC 边上的高为 d，因为 $S_{\triangle ABD}=2S_{\triangle ADC}$，所以

$\dfrac{1}{2}BD\cdot d=2\times\dfrac{1}{2}DC\cdot d$，即 $BD=2DC=\sqrt{2}$。

设 $AC=x$，则由（Ⅰ）知 $AB=2x$。

在 $\triangle ABD$ 中，由余弦定理知 $\cos B=\dfrac{4x^2+2-1}{2\times 2x\times\sqrt{2}}=\dfrac{4x^2+1}{4\sqrt{2}x}$；

在 $\triangle ABC$ 中，由余弦定理知

$\cos B=\left[4x^2+\left(\dfrac{3\sqrt{2}}{2}\right)^2-x^2\right]\Big/\left(2\times 2x\times\dfrac{3\sqrt{2}}{2}\right)=\dfrac{3x^2+\dfrac{9}{2}}{6\sqrt{2}x}$，

所以 $\dfrac{4x^2+1}{4\sqrt{2}x}=\dfrac{3x^2+\dfrac{9}{2}}{6\sqrt{2}x}$，解得 $x=1$，所以 $AC=1$。

教师：对于"三角形中求边长问题"，你有何种解题感悟？

学生：用已知条件建立方程。

4. 思维训练

教师提供如下题目让学生求解。

练习1：（2011年高考数学全国课标卷理科第16题）在 $\triangle ABC$ 中，$B=60°$，$AC=\sqrt{3}$，则 $AB+2BC$ 的最大值为_____。

解：由正弦定理得 $2R=\dfrac{AC}{\sin B}=\sqrt{3}\Big/\dfrac{\sqrt{3}}{2}=2$，其中 R 为 $\triangle ABC$ 的外接圆的半径，

所以 $AB+2BC=2\sin C+4\sin\,(120°-C)\ =4\sin C+2\sqrt{3}\cos C=2\sqrt{7}\sin\,(C+\varphi)$，

其中 φ 满足 $\cos\varphi=\dfrac{2}{\sqrt{7}}$，$\sin\varphi=\dfrac{\sqrt{3}}{\sqrt{7}}$，

又 $0<C<\dfrac{2\pi}{3}$，所以 $AB+2BC$ 的最大值为 $2\sqrt{7}$。

练习2：（2015年高考数学全国课标Ⅰ卷文科第17题）已知 a，b，c 分别为 $\triangle ABC$ 内角 A，B，C 的对边，且 $\sin^2 B=2\sin A\sin C$。

（Ⅰ）若 $a=b$，求 $\cos B$；

（Ⅱ）设 $B=90°$，且 $a=\sqrt{2}$，求 $\triangle ABC$ 的面积。

解：（Ⅰ）由 $\sin^2 B=2\sin A\sin C$ 及正弦定理可得 $b^2=2ac$。

又 $a=b$，由余弦定理可得 $\cos B=\dfrac{a^2+c^2-b^2}{2ac}=\dfrac{1}{4}$。

（Ⅱ）由（Ⅰ）知 $b^2=2ac$，因为 $B=90°$，由勾股定理得 $b^2=a^2+c^2$，

故 $a^2+c^2=2ac$，所以 $a=c=\sqrt{2}$。

所以 $\triangle ABC$ 的面积 $S_{\triangle ABC}=\dfrac{1}{2}ac=1$。

练习3：（2015年高考数学全国课标Ⅱ卷文科第17题）$\triangle ABC$ 中，D 是 BC 上的点，AD 平分 $\angle BAC$，$BD=2DC$。

（Ⅰ）求 $\dfrac{\sin\angle B}{\sin\angle C}$；

（Ⅱ）若 $\angle BAC=60°$，求 $\angle B$。

解：（Ⅰ）由正弦定理得 $\dfrac{AD}{\sin\angle B}=\dfrac{BD}{\sin\angle BAD}$，$\dfrac{AD}{\sin\angle C}=\dfrac{DC}{\sin\angle CAD}$

因为 AD 平分 $\angle BAC$，$BD=2DC$，所以 $\dfrac{\sin\angle B}{\sin\angle C}=\dfrac{DC}{BD}=\dfrac{1}{2}$。

（Ⅱ）因为 $\angle C=180°-(\angle BAC+\angle B)$，$\angle BAC=60°$，

$\sin\angle C=\sin(\angle BAC+\angle B)=\dfrac{\sqrt{3}}{2}\cos\angle B+\dfrac{1}{2}\sin\angle B$，

由（Ⅰ）知 $2\sin\angle B=\sin\angle C$，所以 $\tan\angle B=\dfrac{\sqrt{3}}{3}$，即 $\angle B=30°$。

5. 课堂小结

教师：解题如同打仗，若"兵力"不充足、"兵器"欠锋利、"兵法"缺智慧，则必败无疑。求解"三角形中的求值问题"的"兵力"是什么？"兵器"是什么？"兵法"是什么？

学生："兵力"是正弦定理、余弦定理、三角形面积公式、三角变换公式等数学基础知识；"兵器"是化归与转化（边角互化）、函数与方程等数学思想方法；"兵法"是"目标导航，条件开道"的解题思考策略。

点评：从上述课堂实录来看，本案例体现了"为思维而教"的理念，有如下几个亮点：

（1）目标定位准确。执教老师以高考题为载体，让学生运用正弦定理、余弦定理、三角形面积公式及三角变换基本公式解决"三角形中的求值问题"，让学生把握"三角形中的求值问题"的命题特点，熟悉"三角形中的求值问题"的解题策略。

（2）过程合理有序。执教老师首先以高考题导入课题，让学生明确学习任务；然后通过典型样例的学习，让学生积累"三角形中的求值问题"的解题经验；再通过变式探究，让学生掌握"三角形中的求值问题"的解题方法；最后通过思维训练和课堂小结，让学生掌握解决"三角形中的求值问题"的思想方法。

（3）教学效果优良。执教老师通过有层次推进的解题活动，让学生经历了"三角形中的求值问题"的解题思考过程，体会到其中所蕴涵的数学思想方法，有利于学生建构"三角形中的求值问题"的知识结构与方法体系，对正弦定理、余弦定理、三角形面积公式的理解更加深刻。这样的复习教学，充分体现了数学的思维功能，从而使学生的数学思维能力得到提升。

（本文发表在《中学数学教学参考》（上旬）2016 年第 1－2 期）

基于数学核心素养的教学设计

——以函数的单调性新授课为例

《普通高中数学课程标准（征求意见稿）》明确指出："数学核心素养是数学课程目标的集中体现，是在数学学习的过程中逐步形成的。数学核心素养是具有数学基本特征的、适应个人终身发展和社会发展需要的思维品质与关键能力。高中阶段数学核心素养包括：数学抽象、逻辑推理、数学建模、直观想象、数学运算和数据分析。这些数学核心素养既有独立性，又相互交融，形成一个有机整体。"由此可见，数学核心素养是数学知识、技能、能力及情感、态度、价值观的综合体现；高中数学教学要树立以发展学生数学核心素养为导向的教学意识，着力创设有利于培养学生数学核心素养的教学情境。

如何培养学生的数学核心素养，是当前高中数学教学中探讨的热点问题。笔者认为，数学核心素养的培养必须要落实到课堂教学中，关键在于按数学核心素养的培养要求设计好每一节数学课。下面以函数的单调性新授课的教学设计为例，分享我们的实践与思考。

一、教学内容解析

教材地位：函数的单调性是反映函数变化规律的一个最基本的性质，是学生学习了函数概念后研究的第一个性质，也是学生在高中阶段遇到的第一个用符号语言刻画的概念，对学生进一步学习函数的其他性质具有示范作用。函数单调性的定义，是用静态的数学符号刻画动态的函数图像在某个区间上的"上升""下降"趋势，具有高度的抽象性，是培养学生数学抽象、逻辑推理等核心素养的重要载体。

教学任务：本节课的教学任务是构建函数单调性的形式化定义，并用定义证明具体函数的单调性，让学生经历从直观到抽象，从图形语言、自然语言到符号语言，理解增函数、减函数、单调区间概念的过程。

教学重点：增函数、减函数的形式化定义。

教学难点：增函数、减函数概念的符号化过程，用定义证明函数的单调性。

二、学生学情分析

从知识基础来看，刚入高一的学生在初中阶段通过一次函数、反比例函数、二次函数的学习，已对函数单调性有了初步的直观感知与定性描述（"形"的角度）。

从思维基础来看，高一学生具有初步的抽象能力和理解能力，会用抽象的语言描述一个量随另一个量的变化趋势，但从"数"的角度精确刻画函数图像的"上升""下降"趋势，还缺少体验。函数的单调性是函数的重要性质，其中增函数、减函数的概念是形式化定义，抽象性水平较高，学生理解有困难。

因此，函数单调性概念学习的关键在于如何将现有的形象化、生活化语言的认识提升到符号化语言的表述。

三、教学目标设置

基于教学内容解析和学生学情分析，本节课的教学目标分解如下：

（1）在函数单调性定义的符号化过程中，理解增函数、减函数的概念。

（2）在增（减）函数的描述性语言向符号化语言转化的过程中，培养数学抽象素养。

（3）在具体函数的单调性证明中，培养逻辑推理素养。

四、教学策略选择

本节课的教学策略要有利于暴露符号化过程，构建函数单调性的形式化定义。

数学概念教学是一种"重新建构"的活动，是一个"意义赋予"的过程。数学概念教学一般经历概念引入、理解、运用等三个阶段。

依据"概念形成"的心理过程，笔者设计的教法为概念课型的"变式创新"教学法：

呈现概念原型（问题）—建构概念定义（范式）—组织变式训练（变式）—探究概念变式（创新）—引导总结反思（评价）。

学习方式有：观察图像、思考问题、自主探究、合作交流、演练习题、归纳反思。

本节课的教学媒体为：多媒体教学课件。

五、教学过程设计

在设计理念上，我们秉持"数学教育要以理性思维育人"的教育思想，崇尚"数学教学要为思维而教"的教学观，将教学过程分为以下 5 个环节：呈现概念原型—建构概念定义—组织变式训练—探究概念变式—引导总结反思。用 10 个问题突出重点，突破难点，导引函数单调性概念学习。

1. 呈现概念原型，导入新授概念

问题 1：观察下列 3 个函数的图像，从左到右看，函数 $f(x)$ 有何图像特征？并说明函数 $f(x)$ 随 x 增大的变化情况。

(1) $f(x) = x + 1$；(2) $f(x) = -x + 1$；(3) $f(x) = x^2$。

（设计意图：直观感知，导入概念。让学生观察具体函数的图像"上升""下降"特征，明确不同函数有不同的图像特征，同一函数在不同区间上的变化趋势也不同）

在学生回答基础上，教师给出增函数、减函数的名称（图形语言）：在数学中，通常把"图像从左向右呈上升趋势"的函数称为增函数，而把"图像从左向右呈下降趋势"的函数称为减函数。

2. 转译不同表征，建构概念定义

问题 2：如何描述函数图像的"上升""下降"趋势呢？

（设计意图：从图像直观到定性描述，给出增（减）函数的描述性定义）

在学生回答基础上，给出增函数、减函数的描述性定义（自然语言）：若函数 $f(x)$ 随 x 的增大而增大，则称 $f(x)$ 为增函数；若函数 $f(x)$ 随 x 的增大而减小，则称 $f(x)$ 为减函数。

问题 3：如果将"$f(x)$ 随 x 的增大而增大"作为增函数的定义，能用定义证明函数 $f(x) = x^2$ 在区间 $[0, +\infty)$ 上是增函数吗？

（设计意图：引起认知冲突，无法进行运算与推理，体验形式化定义学习的必要性）

问题 4：如何定量刻画二次函数 $f(x) = x^2$ 在区间 $[0, +\infty)$ 上，$f(x)$ 随 x 的增大而增大？能列举一些具体数据吗？这样的列举能反映函数 $f(x)$ 在区间 $[0, +\infty)$ 上的变化趋势吗？能用什么办法解决好定量刻画问题？

（**设计意图**：从定性描述到定量刻画，用"任意"突破"无限"，为形式化定义作铺垫）

突破"在区间 $[0, +\infty)$ 上，$f(x)$ 随 x 的增大而增大"这一难点的方法：

（1）"增大"意味着比较，需要建立两个量的大小关系；

（2）"x 增大"的符号化：用两个自变量的大小关系表述为 $x_1 < x_2$；

（3）"$f(x)$ 增大"的符号化：$f(x_1) < f(x_2)$；

（4）"随"字的符号化：当 $x_1 < x_2$ 时，有 $f(x_1) < f(x_2)$；

（5）"在区间 $[0, +\infty)$ 上，$f(x)$ 随 x 的增大而增大"的符号化：对任意的两个自变量 x_1，$x_2 \in [0, +\infty)$，当 $x_1 < x_2$ 时，都有 $f(x_1) < f(x_2)$。

这样的定量刻画方式就可进行运算与推理了。

问题 5：若函数 $f(x)$ 在定义域 I 内某个区间的图像如图 22、图 23 所示，能用符号语言来表示函数 $f(x)$ 的变化趋势吗？

图 22　　　　　　　　　　　图 23

（**设计意图**：让学生类比，尝试给出增函数、减函数的形式化定义，培养数学抽象素养）

在学生尝试基础上，给出函数单调性的形式化定义：

一般地，如果函数 $f(x)$ 对于定义域 I 内某个区间 D 上的任意两个自变量 x_1，$x_2 \in D$，当 $x_1 < x_2$ 时，都有 $f(x_1) < f(x_2)$，则称函数 $f(x)$ 在区间 D 上是增函数；如果函数 $f(x)$ 对于定义域 I 内某个区间 D 上的任意两个自变量 x_1，$x_2 \in D$，当 $x_1 < x_2$ 时，都有 $f(x_1) > f(x_2)$，则称函数 $f(x)$ 在区间 D 上是减函数。

如果函数 $f(x)$ 在区间 D 上是增函数或减函数，则称函数 $f(x)$ 在这一区间具有（严格的）单调性，区间 D 叫做 $y = f(x)$ 的单调区间。

上述定义中有 5 个关键词：区间，任意，增函数，减函数，单调区间。

3. 组织变式训练，运用概念解题

问题6：证明函数 $y = \dfrac{1}{x}$ 在区间 $(0，+\infty)$ 上是减函数。

（设计意图：运用概念解题，强化函数单调性的形式化定义，培养逻辑推理素养）

学生尝试运用定义解题，教师规范推理过程，然后开展如下变式训练。

变式1：证明函数 $y = \dfrac{1}{x}$ 在区间 $(-\infty，0)$ 上是减函数。

变式2：函数 $y = -\dfrac{1}{x}$ 在定义域 I 上的单调性怎样？证明你的结论。

变式3：证明函数 $f(x) = x^2$ 在区间 $[0，+\infty)$ 上是增函数。

变式4：证明函数 $y = x + \dfrac{1}{x}$ 在区间 $[1，+\infty)$ 上是增函数。

（设计意图：在运用定义法证明函数单调性的过程中，让学生体验代数推理的逻辑性，感悟数学思维的严谨性，培养数学思维的目的性与深刻性。通过变式1、变式2，进一步强化函数单调性的形式化定义，通过变式3解决问题3中的认知冲突，通过变式4提高学生的逻辑推理能力）

问题7：函数 $y = (x-1)^2$ 在区间 $(-\infty，+\infty)$ 上是增函数吗？并说明理由。

（设计意图：提供反面例证，深化概念理解，完善认知结构）

4. 改变结构特征，探究概念变式

问题8：如果函数 $f(x)$ 对于定义域 I 内某个区间 D 上的任意两个自变量 $x_1，x_2 \in D$，当 $x_1 < x_2$ 时，都有 $f(x_1) - f(x_2) < 0$，函数 $f(x)$ 在区间 D 上是增函数吗？

问题9：如果函数 $f(x)$ 对于定义域 I 内某个区间 D 上的任意两个自变量 $x_1，x_2 \in D$，当 $x_1 < x_2$ 时，都有 $f(x_1) - f(x_2) > 0$，函数 $f(x)$ 在区间 D 上是减函数吗？

（设计意图：提供问题情境，引领学生创新。具有创新性思维品质的学生，还会进一步探究，如将"当 $x_1 < x_2$ 时，都有 $f(x_1) - f(x_2) < 0$"变式为"当 $x_1 \neq x_2$ 时，都有 $(x_1 - x_2)[f(x_1) - f(x_2)] > 0$"，或变式为"当 $x_1 \neq x_2$ 时，都有 $\dfrac{f(x_1) - f(x_2)}{x_1 - x_2} > 0$"）

5. 引导总结反思，积累活动经验

问题 10：回顾上述学习过程，有何体验或感悟？

（**设计意图**：引导学生总结反思，形成单调性问题的解题模块）

学生反思研究函数单调性的过程，概括定义法证明单调性的操作步骤：取值定序、作差变形、判断符号、作出结论，形成函数单调性的认知结构。

6. 布置作业：详见教材相关习题。

六、教学反思

高中数学概念教学要树立以发展学生数学核心素养为导向的教学意识，着力创设有利于发展学生数学抽象、逻辑推理等核心素养的教学情境，启发学生独立思考，引领学生合作交流，引导学生把握数学概念的本质。上述教学设计基于学生现有认知水平，关注学生数学核心素养培养，以问题导引学生学习，力图做实以下几个方面的工作。

1. 突出重点、突破难点

上述教学过程设计围绕函数单调性概念的形式化定义这一重点与难点，通过 5 个问题来突出重点、突破难点。

问题 1 让学生观察三个具体函数的图像"上升""下降"特征，有利于学生明确不同函数有不同的图像特征，同一函数在不同区间上的变化趋势也不同，有利于学生直观感知函数的单调性。

问题 2 从图像直观到定性描述，引领学生描述函数图像"上升""下降"的变化趋势，给出增函数、减函数的描述性定义，有利于学生认识增函数、减函数的图像特征。

问题 3 引起认知冲突，有利于学生体验形式化定义学习的必要性。

问题 4 从定量刻画二次函数 $f(x) = x^2$ 在区间 $[0, +\infty)$ 上，$f(x)$ 随 x 的增大而增大入手，引领学生从定性描述到定量刻画，用"任意"突破"无限"，为形式化定义作铺垫。

问题 5 搭建脚手架，引领学生类比，让学生尝试给出增函数、减函数的形式化定义，有利于培养学生的数学抽象素养。

2. 强化概念理解与运用

上述教学过程设计围绕函数单调性概念的理解与运用，设置了 4 个问题。

问题 6 提供了学生运用增函数和减函数定义的教学情境，并通过 4 个变式来强化定义的正向运用，有利于学生理解函数的单调性概念，有利于培养学生的逻辑推理素养。

问题 7 提供了反面例证，让学生通过概念的反例变式，深化单调性定义的认识，有利于学生深化概念理解，有利于学生形成严谨的知识结构，有利于培养学生的批判性思维品质。

问题 8、问题 9 创设了探究概念变式的教学情境，引领学生类比，提出新观点和新命题，有利于培养学生的创新意识。

3. 关注数学活动经验的积累

上述教学过程设计围绕数学活动经验的积累，设置了问题 10。问题 10 注重教学目标的达成，有利于培养学生的元认知能力。

总而言之，上述教学过程设计着力于函数单调性概念的形成，致力于让学生经历图形语言、文字语言向符号语言转换的过程，让学生体会从具体到抽象、从特殊到一般、从定性到定量的数学研究方法。这样的概念教学过程设计，体现了培养学生数学核心素养的教学追求。

（本文发表在《中学数学教学参考（上旬）》2017 年第 1－2 期）

高中数学教学如何培养学生的创新素养

数学核心素养是当前数学教育领域关注的热点词汇。研究者认为：数学核心素养的内涵包括数学品格和数学能力。笔者认为，创新既是一种品格又是一种能力，创新为学生发展提供空间，创新素养是数学核心素养不可或缺的重要组成部分，高中数学教学要着力培养学生的创新素养。

一、创新素养是数学核心素养不可或缺的部分

无论是《义务教育数学课程标准（2011 年版）》，还是《普通高中数学课程标准（实验）》，都对创新意识提出了明确的教学要求。因此，创新意识应深深扎根于数学核心素养之中，创新素养是数学核心素养不可或缺的重要组成部分。

何谓创新素养？笔者认为：创新素养是学生应具备的适应数学创新活动需要的关键能力与思维品质。创新素养包括创新意识、创新思维、创新能力、创新人格等。

创新意识是数学创新活动的动力系统。创新意识是指能发现问题、提出问题，灵活地应用所学的数学知识、思想方法，选择有效的方法和手段分析信息，进行独立思考、探索和研究，提出解决问题的思路，创造性地解决问题。创新意识是理性思维的高层次表现。对数学问题的"观察、猜测、抽象、概括、证明"，是发现问题和解决问题的重要途径，对数学知识的迁移、组合、融会的程度越高，显示出的创新意识也就越强。

创新思维是数学创新活动的心理操作系统。创新思维包括发散思维与聚合思维、直觉思维与分析思维、横向思维与纵向思维、逆向思维与正向思维、潜意识思维与显意识思维等。

创新能力是数学创新活动的实际操作系统。创新能力是指完成创新工作的能力，它包括寻求与发现信息的能力、加工与超越信息的能力、竞争与合作能

力、实际操作能力、自我反省与监控能力等。

创新人格是数学创新活动的个性心理特征。创新人格因人而异，它主要包括好奇心、自信心、求知欲、自主性、合作性、坚韧性和批判性等。

二、高中数学教学要着力培养学生的创新素养

如何培养学生的创新素养？笔者认为：通过问题变式、方法变式和解题反思，能培养与发展学生的创新素养。下面以高三解题教学为例，分享我们的实践。

1. 在问题变式中培养学生的创新意识

如何培养学生的创新意识？培养创新意识可用问题变式来驱动。问题变式是指在保持问题本质属性不变的前提下，使问题的非本质属性不断变化的形式。问题变式能促进知识与方法的迁移，能促进学生的数学理解，有利于培养学生的创新意识。

在高三数学"优效课堂"的实证研究中，教师先呈现如下高考题，让学生尝试求解。

题目 （2013 年课标Ⅱ卷理科第 21 题）已知函数 $f(x) = e^x - \ln(x+m)$。

（1）设 $x=0$ 是 $f(x)$ 的极值点，求 m，并讨论 $f(x)$ 的单调性；

（2）当 $m \leqslant 2$ 时，证明 $f(x) > 0$。

10 分钟后，师生合作，得到如下解题过程：

解：（1）$f'(x) = e^x - \dfrac{1}{x+m}$。

因为 $x=0$ 是 $f(x)$ 的极值点，所以 $f'(0) = 1 - \dfrac{1}{m} = 0$，即 $m=1$。

于是 $f(x) = e^x - \ln(x+1)$，其定义域为 $(-1, +\infty)$，

$f'(x) = e^x - \dfrac{1}{x+1}$。

因为函数 $f'(x) = e^x - \dfrac{1}{x+1}$ 在 $(-1, +\infty)$ 上单调递增，且 $f'(0) = 0$，

所以，当 $x \in (-1, 0)$ 时，$f'(x) < 0$；当 $x \in (0, +\infty)$ 时，$f'(x) > 0$。

所以 $f(x)$ 在 $(-1, 0)$ 上单调递减，在 $(0, +\infty)$ 上单调递增。

（2）当 $m \leqslant 2$，$x \in (-m, +\infty)$ 时，$\ln(x+m) \leqslant \ln(x+2)$，

故只需证明：当 $m=2$ 时，$f(x) > 0$。

当 $m=2$ 时，函数 $f'(x)=e^x-\dfrac{1}{x+2}$ 在 $(-2,+\infty)$ 上单调递增。

又因为 $f'(-1)=e^{-1}-1<0$，$f'(0)=\dfrac{1}{2}>0$，

故 $f'(x)=e^x-\dfrac{1}{x+2}$ 在 $(-2,+\infty)$ 上有唯一零点 x_0，且 $x_0\in(-1,0)$。

当 $x\in(-2,x_0)$ 时，$f'(x)<0$；当 $x\in(x_0,+\infty)$ 时，$f'(x)>0$。

所以当 $x=x_0$ 时，$f(x)$ 取得最小值 $f(x_0)$。

由 $f'(x_0)=0$，得 $e^{x_0}=\dfrac{1}{x_0+2}$，即 $\ln(x_0+2)=-x_0$。

所以

$$f(x)=e^x-\ln(x+2)\geqslant e^{x_0}-\ln(x_0+2)=\dfrac{1}{x_0+2}+x_0=\dfrac{(x_0+1)^2}{x_0+2}>0。$$

综上所述，当 $m\leqslant 2$ 时，$f(x)>0$。

在完成上述解法后，教师引导学生开展问题变式。

师：仿照这道高考题，能编拟一道新题吗？

变更参数位置及不等式结构，可得到如下问题变式。

变式 1：已知函数 $f(x)=e^{x+m}-\ln(x+1)$。

（1）若曲线 $y=f(x)$ 在点 $(0,f(0))$ 处的切线方程为 $y=1$，求 $f(x)$ 的单调区间；

（2）当 $m\geqslant 1$ 时，证明 $f(x)>2$。

变式 1 仅改变了函数表达式及设问角度，问题结构及解法与上述高考题类似。

变式 2：已知函数 $f(x)=e^{x+m}-x^3$，$g(x)=\ln(x+1)+2$。

（1）若曲线 $y=f(x)$ 在点 $(0,f(0))$ 处的切线斜率为 1，求实数 m 的值；

（2）当 $m\geqslant 1$ 时，证明：$f(x)>g(x)-x^3$。

变式 2 是 2016 年广州市"一测"理科数学第 21 题，基于变式 1，改变函数表达式及设问角度，采用等价变换的方式，保持不等式的本质不变，解法与上述高考题类似。

点评：上述两个问题变式围绕导数的几何意义、导数的运算及导数的应用设计问题，仅改变函数表达式，而问题结构保持不变，主要考查函数与方程思想、化归与转化思想，同时考查运算求解能力、推理论证能力及创新意识。这

样的问题变式有利于促进学生知识迁移，有利于强化学生的创新意识。

2. 在方法变式中培养学生的创新思维

如何培养学生的创新思维？笔者认为，方法变式是培养学生创新思维的有效途径。方法变式就是从不同思考角度出发，寻找问题解决的不同方法。方法变式有利于拓展学生的思维空间，有利于培养学生的创新思维。

师：下面请探究变式 1 第（2）问的证明方法。

生 1 给出第一种证明方法。

证法 1：当 $m \geq 1$ 时，$f(x) = e^{x+m} - \ln(x+1) \geq e^{x+1} - \ln(x+1)$，要证 $f(x) > 2$，只需证明 $e^{x+1} - \ln(x+1) > 2$。

设 $g(x) = e^{x+1} - \ln(x+1)$，则 $g'(x) = e^{x+1} - \dfrac{1}{x+1}$。

因为函数 $g'(x) = e^{x+1} - \dfrac{1}{x+1}$ 在 $(-1, +\infty)$ 上单调递增，且

$g'\left(-\dfrac{1}{2}\right) = e^{\frac{1}{2}} - 2 < 0$，$g'(0) = e - 1 > 0$，

所以函数 $g'(x) = e^{x+1} - \dfrac{1}{x+1}$ 在 $(-1, +\infty)$ 上有唯一零点 x_0，且 $x_0 \in \left(-\dfrac{1}{2}, 0\right)$。

当 $x \in (-1, x_0)$ 时，$g'(x) < 0$；当 $x \in (x_0, +\infty)$ 时，$g'(x) > 0$。

所以当 $x = x_0$ 时，$g(x)$ 取得最小值 $g(x_0)$。

由 $g'(x_0) = 0$，得 $e^{x_0+1} = \dfrac{1}{x_0+1}$，从而 $\ln(x_0+1) = -(x_0+1)$。

故 $g(x) \geq e^{x_0+1} - \ln(x_0+1) = \dfrac{1}{x_0+1} + x_0 + 1 \geq 2$，当且仅当 $x_0 = 0$ 时取等号。

综上可知，当 $m \geq 1$ 时，$f(x) > 2$。

师：生 1 的证法与上述高考题的证法类似，巧妙运用了导函数零点的代换功能。即先构造辅助函数，再求辅助函数的最小值，并用导函数零点对这个最小值进行恒等变换，最后用基本不等式放缩，最终达成了解题目标。若不用导函数零点的代换，能证明该不等式吗？

生 2 给出第二种证明方法。

证法 2：当 $m \geq 1$ 时，要证 $f(x) > 2$，只需证明 $e^{x+1} > \ln(x+1) + 2$。

先证 $e^x \geq x + 1$（$x \in \mathbf{R}$）。

设 $F(x) = e^x - x - 1$，则 $F'(x) = e^x - 1$。

当 $x < 0$ 时，F' (x) < 0；当 $x > 0$ 时，F' (x) > 0，

所以 F (x) 在 $(-\infty, 0)$ 上单调递减，在 $(0, +\infty)$ 上单调递增。

所以当 $x = 0$ 时，F (x) 取得最小值 F (0) $= 0$。

所以 F (x) $\geq F$ (0) $= 0$，即 $e^x \geq x + 1$ $(x \in \mathbf{R})$。

再证 $e^{x+1} - \ln$ $(x+1)$ $-2 > 0$。

由 $e^x \geq x + 1$ $(x \in \mathbf{R})$，得

$\ln$ $(x+1)$ $\leq x$ $(x > -1)$（当且仅当 $x = 0$ 时取等号），

$e^{x+1} \geq x + 2$（当且仅当 $x = -1$ 时取等号）。

因为 $x > -1$，所以

$e^{x+1} - \ln$ $(x+1)$ $-2 > (x+2) - \ln$ $(x+1)$ $-2 = x - \ln$ $(x+1)$ ≥ 0，

故 $e^{x+1} > \ln$ $(x+1)$ $+2$，

综上可知，当 $m \geq 1$ 时，f (x) > 2。

师：生 2 的证法先"化曲为直"，即 $e^{x+1} \geq x + 2$，$\ln$ $(x+1)$ $\leq x$，再适度放缩，颇具新意。下面我们来探究变式 2 第（2）小题的证法。

生 3：f (x) $> g$ (x) $- x^3$ 等价于 $e^{x+m} > \ln$ $(x+1)$ $+2$。

由于当 $m \geq 1$ 时，$e^{x+m} \geq e^{x+1}$，故只需证明 $e^{x+1} > \ln$ $(x+1)$ $+2$。

因此，变式 2 第（2）小题与变式 1 第（2）小题的证法相同。

师：很好！生 3 善于化陌生问题为熟知问题。

点评：上述方法变式提供了证明函数型不等式的两种方法。方法变式是学生发散思维的结晶。发散思维是创新思维的主要方式，是评价创新能力的重要指标。为了培养发散思维，教师要善于引导学生从不同角度探究问题的不同解法。这样的方法变式有利于培养学生的迁移能力和创新思维。

3. 在解题反思中发展学生的创新能力

解题反思是数学解题教学不可或缺的重要环节。解题过程一般包括四个步骤：理解题目—拟订方案—执行方案—回顾，其中"回顾"即解题反思。笔者坚信：解题反思是一个不断探索和优化的过程，解题反思对发展学生的创新能力具有不可低估的作用。在解题反思中，既要反思解题过程，积累解题经验；又要优化思维过程，促进解法迁移；更要认清问题本质，强化通性、通法。这样的解题反思，有利于发展学生的创新能力。

（1）反思解题过程，积累解题经验

师：在上述高考题及变式题的求解过程中，用到了什么方法？

生 4：构造函数法。

生 5：放缩法。

师：证明函数型不等式有两条经验，即构造辅助函数和适度放缩。构造辅助函数是证明不等式的常用方法；适度放缩是证明不等式的基本技能。

（2）优化思维过程，促进解法迁移

师：对于这道高考试题的第（2）小题，还有新的证法吗？

生 6：当 $m \leq 2$ 时，要证 $f(x) > 0$，只需证 $e^x - \ln(x+2) > 0$。

用导数方法可证 $e^x \geq x+1$（$x \in \mathbf{R}$），具体过程略。

从而 $\ln(x+1) \leq x$（$x > -1$），所以 $\ln(x+2) \leq x+1$（$x > -2$），

所以 $e^x \geq x+1 > \ln(x+2)$，即当 $m \leq 2$ 时，$f(x) > 0$。

点评：在上述高考试题第（2）小题的证明方法中，导函数的零点代换极富技巧，学生难以适应。相对来说，采用辅助不等式放缩，学生容易理解。在证明函数型不等式中，无论是构造辅助函数，还是构造辅助不等式，都需要较强的转化意识和较高的创新能力。

师：对于不等式 $e^{x+1} > \ln(x+1) + 2$，还有新的方法吗？

学生 7 给出第三种证明方法。

证法 3：要证 $e^{x+1} > \ln(x+1) + 2$，只需证明 $\dfrac{\ln(x+1)+2}{e^x} < e$。

设 $h(x) = \dfrac{\ln(x+1)+2}{e^x}$，则 $h'(x) = \dfrac{1}{e^x}\left[\dfrac{1}{x+1} - \ln(x+1) - 2\right]$。

设 $p(x) = \dfrac{1}{x+1} - \ln(x+1) - 2$，则 $p'(x) = -\dfrac{1}{(x+1)^2} - \dfrac{1}{x+1} < 0$，

所以函数 $p(x) = \dfrac{1}{x+1} - \ln(x+1) - 2$ 在 $(-1, +\infty)$ 上单调递减。

因为 $p(0) = -1$，$p\left(-\dfrac{2}{5}\right) = \ln\dfrac{5}{3} - \dfrac{1}{3} > 0$，

所以函数 $p(x)$ 在 $(-1, +\infty)$ 上有唯一零点 x_0，且 $x_0 \in \left(-\dfrac{2}{5}, 0\right)$。

所以当 $x \in (-1, x_0)$ 时，$p(x) > 0$，即 $h'(x) > 0$；

当 $x = x_0$ 时，$p(x_0) = 0$，即 $h'(x_0) = 0$；

当 $x \in (x_0, +\infty)$ 时，$p(x) < 0$，即 $h'(x) < 0$。

所以当 $x = x_0$ 时，$h(x)$ 取得最大值 $h(x_0)$。

因为 $h'(x_0) = 0$，所以 $\ln(x_0+1) + 2 = \dfrac{1}{x_0+1}$。

所以 $h(x) \leqslant h(x_0) = \dfrac{\ln(x_0+1)+2}{e^{x_0}} = \dfrac{1}{(x_0+1)e^{x_0}}$。

因为 $x_0 \in \left(-\dfrac{2}{5},\ 0 \right)$，

所以 $h(x) \leqslant h(x_0) = \dfrac{1}{(x_0+1)e^{x_0}} < \dfrac{1}{\dfrac{3}{5}e^{-\frac{2}{5}}} = \dfrac{5}{3}e^{\frac{2}{5}} < e$。

综上可知，当 $m \geqslant 1$ 时，$f(x) > g(x) - x^3$。

生8：给出第四种证明方法。

证法4：先证明 $e^{x+1} \geqslant x + 2$ $(x \in \mathbf{R})$。

设 $h(x) = e^{x+1} - x - 2$，则 $h'(x) = e^{x+1} - 1$。

因为当 $x < -1$ 时，$h'(x) < 0$，当 $x > -1$ 时，$h'(x) > 0$，所以当 $x < -1$ 时，函数 $h(x)$ 单调递减，当 $x > -1$ 时，函数 $h(x)$ 单调递增。

所以 $h(x) \geqslant h(-1) = 0$，即 $e^{x+1} \geqslant x + 2$（当且仅当 $x = -1$ 时取等号）。

再证明 $x \geqslant \ln(x+1)$。

设 $p(x) = x - \ln(x+1)$，则 $p'(x) = 1 - \dfrac{1}{x+1} = \dfrac{x}{x+1}$。

当 $-1 < x < 0$ 时，$p'(x) < 0$；当 $x > 0$ 时，$p'(x) > 0$，

所以当 $-1 < x < 0$ 时，函数 $p(x)$ 单调递减；当 $x > 0$ 时，函数 $p(x)$ 单调递增。

所以 $p(x) \geqslant p(0) = 0$，即 $x - \ln(x+1) \geqslant 0$（当且仅当 $x = 0$ 时取等号）。

由于取等号的条件不同，所以 $e^{x+1} > x + 2 \geqslant \ln(x+1) + 2$。

在用投影展示证法3和证法4后，教师引导学生讨论不同证法的优劣。

师：证法3与证法1都是先构造辅助函数，再用导函数零点进行恒等变换，最后放缩达成解题目标。这两种方法，哪种更优？

生9：我认为，证法1更优。

师：请说理由。

生9：与证法1相比，证法3中的函数结构复杂，求导更繁，零点难判，放缩更难。

师：证法4与证法2都是先证明辅助不等式，再用这个辅助不等式来放缩。这两种方法，哪种更优？

生10：我认为，证法2更优。理由是证法4两次用辅助函数法证明辅助不等式，与证法2相比，欠简洁。

师：一针见血。能简化证法 4 的解题过程吗？

生 11：不用证明 $x \geqslant \ln (x+1)$ 了，由 $e^{x+1} \geqslant x+2$ 可以得到 $e^x \geqslant x+1$ （$x \in$ **R**），取自然对数得 $x \geqslant \ln (x+1)$，多简洁啊。

点评：一题多解是培养学生创新能力的有效手段，它对于开阔解题思路、优化思维非常有益。因此，探讨解法的多样性，是解题反思的重要内容之一。必须指出，不能只追求解法的数量，而应对每一种解法进行深入分析，引导学生体会各种解法的特点及优劣，提炼通性、通法，只有这样，才能真正发挥一题多解的教育功能。

（3）反思问题结构，强化通性通法

问题结构是数学题的核心。在解题反思中要认清问题结构。认清问题结构有利于提高学生的解题反思水平。

上述高考试题的问题结构实质是证明不等式 $e^x > \ln (x+2)$；变式 1 与变式 2 的问题结构实质是证明不等式 $e^x > \ln x + 2$。这两个不等式的证明通法是构造函数并适度放缩。

4. 在解题教学中培养学生的创新个性

在解题教学中要着力培养学生的创新个性。解题教学要注重培养学生的好奇心、自信心和求知欲；要拓宽思维视角，让学生主动建构解法；要增强学生克服困难的决心和毅力；要适时鼓励和鞭策学生，使其养成良好的个性心理品质。

数学教育要以理性思维育人。在高中数学中如何落实培养核心素养，特别是如何培养创新素养，值得深入研究。

（本文发表在《中国数学教育（高中版）》2017 年第 5 期）

数学教育要培养理性思维素养

数学是科学的语言，是思维的工具，是理性的艺术。数学在形成人的理性思维和促进个人智力发展的过程中发挥着独特的、不可替代的作用。

数学教育最基本的价值在于提升学生的理性思维素养，但现行的功利化的高中数学教育却崇尚"为考试而教"，而不是"为思维而教"，忽视了理性思维素养的培养。笔者认为，数学教育要培养学生的理性思维素养。

一、数学与理性

（一）理性的涵义

理性是指运用理智的能力。理性是人类认识事物本质和规律的逻辑思维形式，包括形成概念、进行判断、进行推理等方面的能力；理性是人类独有的一种特性，能够帮助人们识别、判断、评估认识活动并使人的实践行为符合特定的认识目的。理性也是人类独有的用以调节和控制人的欲望和行为的一种精神力量，人可以凭借自己的理智，支配自身动物性，使自身需要在社会关系和社会规则的调节与制约下得到满足。

（二）理性认识

理性认识是对事物本质的、整体的、内部联系的概括和间接的反映。理性认识包括概念、判断、推理三种基本形式。在感性认识的基础上，经过判断、分析、综合、比较、推理，将获得的感性材料进行"去粗取精、去伪存真、由此及彼、由表及里"的整理和改造，就会形成理性认识。因此，理性认识是指依靠思维能力对感性材料进行抽象和概括、分析和综合，以形成概念、判断、推理的认识。

（三）理性精神

理性精神是指人类以理性认识为基础的对客观世界与自身的一种总体性看法。理性精神的基本内涵：首先，理性精神是一种信念，表现为对真理的追求，它相信自然是可以被认识的，反对愚昧与迷信，反对不可知主义，认为每个人都有认识世界的天赋，都可以认识世界；其次，理性精神坚持以理智或以理性为基础的思维方法作为判断真假、是非的标准。

（四）数学理性

数学理性是一种客观的、定量的看法，一种有理有据地推理、论证的思维，一种不迷信权威、坚持真理的精神。数学理性是人类理性精神形成的基础。郑毓信先生认为，客观的、理智的立场，精确的、定量的思维方式，批判的精神和开放的头脑，抽象的、超验的思维取向，是数学理性的主要内涵。

二、数学思维与理性思维

（一）思维的本质

思维是智力与能力的核心。"思维是人脑对客观事物的本质与事物内在的规律性关系的概括和间接的反映"（朱智贤，林崇德，1986）。思维的本质是具有意识的人脑对客观事物的反映，它反映的是一类事物共同的、本质的属性和事物间内在的、必然的联系。

（二）理性思维

理性思维是指有明确的思维方向，有充分的思维依据，能对事物或问题进行观察、比较、分析、综合、抽象与概括的一种思维。换言之，理性思维是一种建立在证据和逻辑推理基础上的思维方式。理性思维基于理性精神，是人们把握客观事物本质和规律的一种思维。

（三）数学思维

数学思维是人脑和数学对象交互作用并按照一般思维规律来反映数学对象本质的一种思维。数学思维既具有思维的属性，又具有数学的特征。

数学思维包括概念与判断、辨别与比较、分析与综合、归纳与演绎等，是获得新的数学知识的有效手段，是在概括基础上的再概括。因此，数学思维是高度的抽象性思维，是一种理性思维。

（四）数学思维能力

数学思维能力是在数学活动中获得的，是在掌握和运用数学知识、数学技能的过程中形成的。数学思维能力主要是指：会观察、比较、分析、综合、抽象和概括；会用归纳、演绎和类比进行推理；会合乎逻辑地、准确地阐述自己的思想和观点；能运用数学概念、思想与方法，辨明数学关系，形成良好的思维品质。

　　"人们在学习数学和运用数学解决问题时，不断经历直观感知、观察发现、归纳类比、空间想象、抽象概括、符号表示、运算求解、数据处理、演绎证明、反思与建构等思维过程，这些过程是数学思维能力的具体体现，有助于学生对客观事物中蕴涵的数学模式进行思考和做出判断。"数学思维能力在形成理性思维中发挥着独特的作用。

三、数学教育要培养理性思维素养

　　数学理性思维素养是反映数学精神与理性思维特点的一种关键能力和思维品质。数学精神是人类从事数学活动中的思维方式、行为规范、价值取向、理想追求的集中表征，是人类对数学经验、数学知识、数学方法、数学思想、数学意识、数学观念等不断概括和内化的产物。齐民友先生曾对数学的精神力量予以充分肯定："数学深刻地影响人类的精神生活，可以概括为一句话，就是它大大地促进了人类的思想解放，提高与丰富了人类的整个精神水平，从这个意义上讲，数学使人成为更完全、更丰富、更有力量的人。"

　　如何培养学生的数学理性思维素养？笔者认为，数学教育要树立"以理性思维育人"的教育观，树立"为思维而教"的教学观，帮助学生形成"说理、批判、质疑、反思"的理性思维习惯，着力培养"求真、求实、求简、求新"的理性思维品质，切实提高学生的数学理性思维能力。

（一）培养"说理、批判、质疑、反思"的理性思维习惯

1. 培养"说理"习惯

　　说理，是指讲清道理。数学学习的过程是一个"讲道理"的思维过程，数学教育要培养学生的"说理"习惯，处处"讲道理"。

　　例如，在"直线与平面平行的判定定理"的形成过程中就应"讲道理"。尽管"直线与平面平行的判定定理"是高中课程标准中不要求证明的第一个立体几何定理，但不证明并不意味着"不讲道理"。可借助实物模型，通过直观感知、合情推理、探究说理、操作确认，归纳出直线与平面平行的判定定理。比如，通过"将与地面平行的灯管降至地面，并平移以铺满整个平面"来阐明这样一个基本事实：平面内的任意一点均在某条直线上，这条直线与平面外的直线平行，以此来讲清"平面外的直线与该平面没有公共点"的道理。

2. 培养"批判"习惯

　　批判，是指批判精神。它包括批判性思维与批判性思维品质。批判性思维

是基于理性和事实而进行分析、批驳、评价与解释的一种思维形式，是有目的的、自我调控的、分析的、批驳的思维过程，主要包括识别错误、分析错因和评价改进等思维活动。批判性思维品质是指思维活动中善于严格地估计思维材料和精细地检查思维过程的智力品质。批判性思维品质是思维活动中自我意识作用的结果。

培养学生的"批判"习惯，可从培养学生的自主纠错能力入手。教学实践表明：在数学学习中，学生的错误不能单纯依靠正面示范和反复练习来纠正。因此，教学中教师要善于利用"有意差错"，让学生尝试错误、发现矛盾、自我纠错。

3. 培养"质疑"习惯

质疑，是指质问疑点、理性思辨。质疑包括提出疑问、解答疑问、形成观点等理性思辨过程。质疑是创新的起点，有疑问才有创新。

培养学生的"质疑"习惯，可从培养学生"凡事问个为什么"入手。教学中教师要鼓励学生提出疑问，敢于表达自己的观点和见解，敢于向书本挑战、向权威挑战。同时，也应让学生明白：质疑绝不是怀疑一切，绝不是利益驱动，而是坚守真理。

4. 培养"反思"习惯

反思，是指回头来思考过去的事情。反思是学习者对自己的认知过程的自我意识、自我监控。弗赖登塔尔曾精辟指出："反思是数学思维活动的核心和动力"，"没有反思，学生的理解就不可能从一个水平升华到更高的水平"。波利亚也曾说过："数学问题的解决仅仅只是一半，而更重要的是解题之后的回顾与反思"。因此，数学教学要提供反思的机会，让学生回过头来思考做了什么，为什么做，做得怎样。

培养学生的反思习惯，可从解题反思入手。在解题教学中，要引导学生反思解题的思维过程，不能满足于获得正确答案；要引导学生总结经验教训，优化解题方法；要引导学生反思问题结构，在"变更题目"中发现和提出新问题。

（二）培养"求真、求实、求简、求新"的理性思维品质

数学不仅追求真，还追求善，追求美。"求真、求实、求简、求新"的理性思维品质，是"求真、求善、求美"的数学精神的具体表现。

1. 培养"求真"的理性思维品质

求真，是指尊重规律，追求真理。求真是数学发展的内在动力。数学求真

比任何学科都更重视逻辑，数学中凡是未被逻辑论证，未得到理性批判的结论都是不可靠的；数学求真尊重事实、尊重规律、不迷信权威、不盲从经验；数学的求真精神还是一种刻苦钻研的精神。因此，"求真"的理性思维品质是数学理性精神的精髓。

培养学生"求真"的理性思维品质，可从培养学生的逻辑思维、批判态度、意志品质等方面入手，结合具体数学知识的学习，激发学生追求和坚持真理的勇气和信心，培养学生发现问题、解决问题的习惯，培养学生不惧怕困难、不屈服挫折、持之以恒的意志品质。

2. 培养"求实"的理性思维品质

求实，是指严谨求实，实事求是。求实是追求"数学的善"，是追求"模式"的实质。郑毓信先生曾指出："无论是数学的概念和命题，还是数学的问题和方法，都是一种模式。""数学是（量化）模式的建构与研究"。数学以逻辑的严密性和结论的可靠性来反映数学对象的本质属性，这种数学对象的本质属性，大多以量化模式来呈现。

培养学生的"求实"理性思维品质，可从数学量化模式的建构和运用入手，着力培养学生的抽象概括能力、分析问题和解决问题能力。

3. 培养"求简"的理性思维品质

求简，是指追求简洁，追求和谐。数学简化了人类的思维过程，无论是数学的概念与命题，还是数学的方法和语言，都是以最简单的形式来表征的。数学的首要特点在于它的简洁，简洁性是数学美的基本特征之一。数学的另一特点在于它的和谐，和谐性是数学美的又一个基本特征。"求简"体现了对简洁性与和谐性的追求。

培养学生的"求简"理性思维品质，可从追求数学美入手，着力培养学生的审美意识与审美能力。

4. 培养"求新"的理性思维品质

求新，是指追求创新。创新是一个标新立异、建构意义的过程。数学作为人类思维活动的创造物，其概念、公式、定理、思想、方法都凝聚着人类创造性思维的成果，为解释客观世界提供了各种合理的结构和量化模式，从而为人类创新意识的培养提供了理想的平台。没有创新，就没有数学。

培养学生的"求新"理性思维品质，可从培养创新思维品质入手，着力提高学生的创新意识和创新能力。

（三）培养数学理性思维能力

1. 培养抽象概括能力

抽象概括能力是数学思维能力的核心。培养学生数学理性思维能力，要从引导学生从现象中抽取事物的本质入手，学会数学抽象概括的方法，建构抽象的数学模式，使学生从感性认识上升到理性认识。

2. 培养逻辑推理能力

培养逻辑推理能力是培养学生数学理性思维能力的基本途径。教学中，培养逻辑推理能力要注重逻辑思维的训练，因为逻辑思维是主要的数学思维形式，有意识地使用逻辑思维，数学思维活动才更加富有成效。

3. 培养自我监控能力

自我监控能力是一种元认知能力，主要体现在学习的计划性、学习过程的自我调节、监控与反思上，是由教师在教学中持久地培养而形成的。因此，教学中要选择有教育价值的问题，给学生留下自我调节与自我反思的时空，使学生通过自我监控产生对自我认知的再认知，从而提高理性思维水平。培养自我监控能力要与培养学生的发现问题和解决问题能力有机结合起来。教学实践表明：解题反思是培养学生自我监控能力的有效策略。

4. 培养数学基本态度

数学基本态度是数学活动经验的结晶，对个体的数学活动产生直接的或动力的影响。数学教育要培养学生的数学基本态度（兴趣、动机、性格等）。持久的数学学习兴趣、适度的数学学习动机、良好的数学学习性格，有利于促进学生数学理性思维的发展。

综上所述，数学教育要帮助学生学会用数学的眼光看待世界、用数学的思维方式思考问题、用数学的思想方法解决问题，切实提高学生的数学理性思维素养。

基于核心素养的高中数学优效课堂的基本特征

如何培养学生的核心素养，已成为课堂教学质量改进的热门话题。在高中数学"优效课堂"的实证研究中，笔者曾对高中数学"优效课堂"的理论建构进行了初步探讨。随着研究的深入，对高中数学"优效课堂"的价值取向更加明晰：高中数学"优效课堂"要"为核心素养而教"，要实施优效教学，要着力培养学生的理性思维素养和创新素养。在此价值引领下，我们深化了对高中数学"优效课堂"基本特征的认识。

一、核心素养引领下的教学目标设置

数学课堂教学目标要体现核心素养的培养要求。设置与陈述教学目标，是构建高中数学"优效课堂"的关键。教学目标是"预期的学生学习结果"，教学目标具有导学、导教、导测评的功能。

1. 教学目标设置的理论依据：布卢姆认知目标分类模型

2001 年，L·W·安德森等合作完成了对布卢姆认知教育目标分类学的修订，构建了二维认知目标分类框架（表2）。

表 2　二维认知目标分类

知识维度	认知过程维度					
	1 记忆	2 理解	3 运用	4 分析	5 评价	6 创造
A 事实性知识						
B 概念性知识						
C 程序性知识						
D 元认知知识						

上述分类框架，对教学目标的设置具有现实的指导意义。

2. 教学目标陈述的实践诉求：落实核心素养的培养目标

教学目标的陈述要基于教学任务的精准分析和学生学情的准确把握，要发挥教师的组织者、引导者的主导作用，要体现课堂教学中培养数学核心素养的基本要求。高中数学"优效课堂"应将数学核心素养的培养落实到每一节课的教学目标中。核心素养引领下的课堂教学目标设计，要坚持以学生发展为本的原则，充分考虑学生的现有发展水平，重视获得数学知识与技能的过程与方法，关注情感态度和价值观的培养与体验，着力于学生的可持续发展，致力于学生数学核心素养的提升。

案例1：等比数列（第一课时）的教学目标

依据《普通高中数学课程标准（实验）》的内容标准及人教 A 版实验教材《数学5》的编写意图与教学建议，等比数列新授课（第一课时）的教学任务如下：

（1）通过背景实例，让学生经历从实际问题抽象出数列模型的过程，感悟现实世界中存在的等比数列模型；通过"观察"具体数列的等比关系，"类比""归纳"出等比数列的定义。

（2）类比等差数列通项公式的推导过程，让学生探索等比数列的通项公式；通过具体的等比数列的图像表征，引领学生探索等比数列通项公式的图像特征，建立等比数列与指数函数之间的联系。

（3）通过教材例1（放射性物质的半衰期问题）的教学，进一步培养学生从实际问题中抽象出等比数列模型的能力。通过例3的教学，帮助学生体会等比数列通项公式的作用及方程思想的运用。

从知识维度来看，等比数列新授课（第一课时）的教学重点是理解等比数列的概念，探索等比数列的通项公式；教学难点是在具体问题情境中抽象出等比关系；教学关键在于渗透类比与归纳思想。从认知过程维度来看，主要定位在记忆、理解和运用上。从核心素养来看，涉及数学抽象、推理、建模、运算和直观想象。

从"二维认知目标分类框架"来分析，等比数列新授课（第一课时）的目标设置见表3：

表3　等比数列新授课（第一课时）的目标设置

知识维度	认知过程维度					
	1 记忆	2 理解	3 运用	4 分析	5 评价	6 创造
A 事实性知识						
B 概念性知识		目标 1				
C 程序性知识			目标 2			
D 元认知知识	目标 3					

基于上述认识，等比数列新授课（第一课时）的教学目标宜陈述为：

目标 1：通过细胞分裂模型、"一尺之棰"的论述、计算机病毒的传播、储蓄中复利的计算等 4 个背景实例，抽象出等比数列的概念，培养数学抽象和建模素养。

目标 2：通过与等差数列的类比，探索等比数列的通项公式，培养数学推理素养。

目标 3：探索等比数列通项公式的图像特征，培养直观想象素养。

二、教学策略的适切化

教学策略是指在教学过程中为实现预期的教学目标而采取的一系列的教学行为方式。教学策略是在特定的教学情境下为完成特定的教学任务而产生的计策和谋略，包括教学活动中方法的选择、材料的组织、对师生行为的规范等。对于教学来说，不存在能实现各种教学目标的、最佳的教学策略。

教学策略的适切化，是指所选择的教学策略与教学目标相匹配。"低耗"和"高效"是高中数学"优效课堂"的教学追求，教学策略的选择要遵循"低耗化"和"高效化"的原则。

"低耗化"原则，是指教学策略应有利于"节能减耗"。"低耗"是高中数学"优效课堂"的基本目标，"低耗化"课堂是教学垃圾较少的课堂。在高中数学"优效课堂"中，教师要摒弃"注入式教学"和"题海战术"，力戒"新课一晃而过、训练铺天盖地"，避免简单模仿、机械操作；要激发学生的数学学习兴趣，减少学习时间与精力的投入；要"精讲精练"，专注于数学核心知识和思想方法，着力培养学生的数学核心素养。

"高效化"原则，是指教学策略应有利于提高效能。"高效"是高中数学优效课堂的价值追求，高效化是确保课堂教学效能的基本策略，高效化课堂是提高学习效能的课堂，是提升教学效能的课堂。在高中数学优效课堂中，教师要经常反问自己：什么样的教学才是优效的？什么样的教学策略才能有效地促进学生的"数学优效学习"？高效化课堂要整合教学内容，凸显数学本质；要优化教学行为，引导学生积极参与，留足学生思考、探究、交流的时间，清除缺少思维含量的互动交流活动，为思维而教，着力培养学生的理性思维。

三、教学过程的最优化

数学教学过程是师生双方在数学教学目标指引下，以教材为中介，教师组织和引导学生主动掌握数学知识、发展数学能力、形成良好个性品质的活动过程。基于核心素养的数学教学过程，应该把握数学知识的本质，把握学生认知的规律；创设合适的教学情境，提出合适的数学问题；启发学生独立思考，鼓励学生合作交流；让学生在掌握知识技能的同时，感悟数学的思想方法，积累基本的数学活动经验，形成和发展学生的数学核心素养。

教学过程的最优化，是指在一定的教学条件下寻求合理的教学方案，使教师和学生花最少的时间和精力获得最佳的教学效果，从而使学生获得最好的发展。教学过程的最优化，源于著名教育家巴班斯基的教学过程最优化原则。教学过程最优化原则，要求"从若干可行的教学过程方案中，有意识地选择出这样一种方案"，"这种方案能够保证在完成学生的教养、教育和发展任务方面，可能取得最高效率，而且使教师和学生付出的时间和精力均为合理。"巴班斯基强调指出："探索、比较各种方案的可能性，采取最好的教学决策，这就是教学最优化的根本所在"，"只有同时做到提高教学效果又合理使用师生的时间，才能达到教学最优化"。

1. 教学设计的精准化

数学教学设计是以教学目标为导向，选择适切的教学策略，创设良好的教学环境，拟定有序的教学活动，以促进学生能更高效地学习的一个动态过程。在这一过程中，教师要明确教学目标、选择教学策略、制定教学过程。

数学教学设计的精准化，是指教师要依据数学教学的基本原则和学生身心发展的特点，在研究课程标准教材编写意图的基础上，确定利于导学、导教、导测评的教学目标，明确课堂教学的重点、难点和关键，选择适切的教学策略（含教学方法和手段），设计自然连贯的师生互动交往方式，拟定可行的课堂反馈和评价方案，有效地促进学生的数学学习和个性发展。

2. **教学活动的有序化**

教学活动的有序化，是指在课堂教学中能精心创设教学情境，合理安排教学程序，教学环节层层递进，数学思维活动自然连贯，师生交往活动有序开展。

（1）教学导入：创设合适的教学情境，提出合适的数学问题。

教学情境的创设具有十分重要的价值，因为数学核心素养是在特定情境中表现出来的知识、能力和态度，只有通过合适的教学情境，才有利于学生感悟、理解、形成和发展核心素养。情境和问题是联系在一起的，一个教学情境是否合适并不取决于情境本身，而在于能否在情境中提出合适的数学问题。

在数学教学导入中，教师应当结合教学任务及其蕴含的数学核心素养，设计合适的情境和问题，引导学生用数学的眼光观察现象、发现问题，引导学生用数学的语言描述背景、表达问题，引导学生用数学的思维分析问题、解决问题。在问题解决的过程中，促进学生数学核心素养的形成和发展。

案例 2：基本不等式的教学导入

从培育学生的数学核心素养的视角来看，基本不等式的教学导入方式有：史料导入（关注数学抽象素养）、问题导入（关注数学建模素养）和几何导入（关注直观想象素养）。

（2）教学实施：合理安排教学程序，展现自然连贯的思维过程。

高中数学教学应展现自然连贯的思维过程，鼓励学生积极参与教学活动，鼓励学生发现数学规律和问题解决的途径，让学生体验探究的乐趣，让学生独立思考并灵活运用所学知识去分析解决具体问题。具体来说，在概念教学、规则教学和解题教学中，都要展现数学的思维过程。

① 概念教学要展现数学概念形成的思维过程。

在概念教学中展现数学概念的形成过程，一是要有基于学生数学现实的引入过程，可从实际问题和学生熟悉的日常生活中的例子自然而然地引出概念，使学生感到数学概念不是硬性规定的，而是与实际生活有密切联系的；二是要经历数学概念的抽象过程。

案例 3：函数的概念

教学过程简述：

上课伊始，教师让学生观察如下三个实例。

实例 1： 详见人教 A 版实验教材《数学 1》"1.2.1 函数的概念"（炮弹距地面的高度 h（单位：m）随时间 t（单位：s）变化的规律 $h = 130t - 5t^2$）。

实例2：估计人口数量变化趋势是我们制定一系列相关政策的依据。从人口统计年鉴中可以查得从1949年至1999年我国人口的数据资料（表4）。

表4　1949年至1999年我国人口数据

年份	1949	1954	1959	1964	1969	1974	1979	1984	1989	1994	1999
人口数/百万	542	603	672	705	807	909	975	1035	1107	1177	1246

实例3：图24为某市一天24小时内的气温变化图。

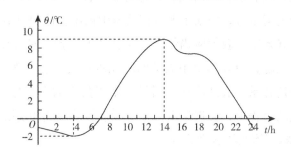

图24

（**设计意图**：从实例入手，让学生认识到函数是描述客观世界中变量关系的重要数学模型）

然后，教师提出两个问题让学生思考：

问题1：以上三个实例中，隐含了哪些我们熟悉的东西？

问题2：分析、归纳以上三个实例，两个变量之间的关系有何共同特征？

（**设计意图**：让学生归纳共同特征）

在学生思考的基础上，归纳出共同特征：

都涉及两个非空数集；

都涉及两个变量之间的一种确定的对应关系。

问题3：如果把一种对应关系称为对应法则 f，数集 A，B 中的元素名称分别记为 x，y，那么上述三个例子的共同特点如何叙述呢？

（**设计意图**：让学生概括出函数的新定义）

最后，引导学生运用集合与对应的语言来刻画函数概念，自然地抽象出函数的新定义。

评析：在案例3中，教师通过三个背景实例和三个问题让学生经历观察、归纳、抽象的思维过程。这三个实例从解析式、表格、图像三个角度让学生体验了函数是描述客观世界中变量关系的重要数学模型。这三个问题让学生充分感悟了函数的本质内涵。这样的教学过程，较好地展现了函数概念的形成与发展过程，有利于培养学生的数学抽象素养。

② 规则教学要展现数学公式、定理的发现与形成的思维过程。

在数学公式、定理的发现与形成的教学中，教师要有目的地提出一些供研究的素材，并作必要的启示或指引，让学生独立思考，通过观察、分析、类比、归纳等步骤，自己建立猜想，然后设法进行证明，最后获得数学定理（公式）。这样的教学过程，不仅能大大调动学生的主动性和积极性，也能有效地提高学生的思维能力，并能使学生对定理（公式）的理解更深刻、更牢固。

案例4：余弦定理的教学

教学过程简述：

首先，让学生回顾正弦定理的发现与证明过程，然后提出如下问题引领学生探究。

问题1：在直角三角形中，三角形的三边存在何种数量关系？这种数量关系对于斜三角形成立吗？

（**设计意图**：用问题导引学习）

问题2：能将锐角三角形分解为直角三角形吗？

（**设计意图**：提供先行组织者）

问题3：能提出一个对任意三角形的三边都存在的数量关系的猜想吗？

（**设计意图**：发现余弦定理）

问题4：从向量的角度，能给出一个证明吗？

（**设计意图**：用向量法证明余弦定理）

最后，给出余弦定理的变式与简单运用。

评析：在案例4中，教师以问题导引学习，暴露了余弦定理的形成与证明过程，有效地促进了学生对余弦定理的理解，学生的创新意识得到强化，推理素养得到熏习。

③ 解题教学要展现数学解题的思维过程。

在解题教学中，展现数学解题的思维过程可通过启发性的提问，引导学生探索解题途径；通过变式探究，引导学生深入思考，让学生"通过解题学会数学地思维"，从而培育学生的数学核心素养。

案例5：椭圆和双曲线相关性质的变式探究

教学过程略。

评析：在案例 5 中，通过归纳、类比、推理，教师引领学生发现新的结论。这样的教学过程，基于椭圆与双曲线的联系，注重数学知识的理解与迁移，有助于学生体验数学的研究过程，有助于学生形成发现、探究问题的意识。

3. 教学方法的程式化

教学方法的程式化，是指在高中数学"优效课堂"中，要固化适用于不同课型特征的操作模式。在高中数学"优效课堂"研究中，我们进一步固化了基本操作模式：问题—建构—变式—优化—创新—评价。同时，我们针对不同课型，还构建了适合五类课型（概念课、规则课、解题课、复习课、讲评课）特征的优效教学模式。

4. 课堂结构的最优化

课堂结构的最优化主要表现在以下五个方面：一是课堂教学结构符合学生的认知规律；二是师生互动的有效化，课堂师生互动有利于形成学生的数学认知结构；三是课堂结构的精细化，课堂教学的所有要素错落有致地分布在课堂时空中，每一节课都好似一个生命体，每一个要素都发挥其不可替代的特殊角色；四是课堂结构的简约化，课堂教学的基本环节层次递进，每一个环节都围绕促进学生学会学习展开，都能反映核心知识的自主生成；五是学生学习负担的最低化。

四、课堂评价的多元化

课堂评价，即课堂教学评价。课堂评价基于课堂教学质量观。课堂教学质量观包含了对课堂教学活动的本质和功能的基本看法，蕴含着对教学价值取向的基本认识。课堂教学质量观从"三维目标"转向"核心素养"已成为一种趋势。

课堂评价的多元化，是指课堂教学评价方式的多元化，如采用问卷调查、课堂行为观察、练习反馈、目标检测等方式诊断课堂教学效果。在高中数学"优效课堂"的课堂评价中，首先要明确教学内容与核心素养的关系，建立基于数学核心素养的课堂评价标准，将数学核心素养指标进一步细化；其次，要通过课堂评价结果的运用促进学生的"数学优效学习"，促进教学质量的提高。

（本文发表在《中国数学教育（高中版）》2017 年第 12 期。中国人民大学复印报刊资料《高中数学教与学》2018 年第 2 期全文转载）

高中数学"优效课堂"的好课味道

在高中数学"优效课堂"的实证研究中，我们对"优效课堂"的涵义和基本特征进行了阐述。"好课"如同好菜，色香味俱全，是教师实践智慧的结晶，是学生核心素养培育的摇篮，是师生课堂交往活动散发出的一种美妙味道。

一节高中数学"优效课堂"好课，如同一桌好菜，荤素合理搭配，教学要素整体优化，教学目标明确具体，教学活动连贯合理，教学策略减耗增效，课堂评价激励发展。我们认为，高中数学"优效课堂"的好课有三种味道：数学味、文化味和艺术味。

一、"优效课堂"的数学味

数学味，是指数学课要体现数学的抽象化、形式化、模式化等特点，展现"数学化"过程，以数学化的思维方式育人。这种味道的本质在于数学化。数学具有抽象化、形式化、模式化等学科特点，抽象化、形式化、模式化的本质就是数学化。

弗赖登塔尔认为，人们在观察、认识和改造客观世界的过程中，运用数学的思想和方法来分析和研究客观世界的种种现象并加以整理和组织的过程，就是数学化。简言之，数学地组织现实世界的过程就是数学化。数学化主要表现在两个方面：一是对数学本身的数学化；二是对客观世界的数学化。对数学本身的数学化，由具体到抽象，表现在对已经符号化了的问题作进一步抽象化处理，从而深化数学知识或者使数学知识系统化，形成不同层次的公理体系和形式体系。对客观世界的数学化，由现实问题到数学问题，表现在形成数学概念、运算法则、公式、定理，以及为解决实际问题而构造的数学模型等。数学化是由现实问题到数学问题，由具体问题到抽象概念的认识过程。数学化是人类文明进步的产物，是人类发现活动在数学领域的具体体现。

高中数学"优效课堂"要以数学化方式育人，要凸显数学化味道。正如弗赖登塔尔所说："数学教学必须通过数学化来进行。"课堂教学中的数学化应是教育意义下的数学化。核心素养视域下的数学教学，既要让学生获得数学知识、提高数学能力，还要帮助学生养成数学思维习惯，培育数学核心素养。

"优效课堂"的数学味，要求课堂教学要遵循数学教学原则，反对"去数学化"，彰显数学化味道。

第一，课堂教学要遵循数学教学原则。在高中数学"优效课堂"中，要落实"学习数学化""适度形式化""问题驱动"和"渗透数学思想方法"等数学教学的基本原则。

第二，课堂教学要旗帜鲜明地反对"去数学化"。一是防止问题情境的"滥化"，防范非本质属性的"泛化"；二是避免把数学教学窄化为习题讲解和机械训练；三是尊重学生认知特点，循序渐进，使不同的学生有不同的数学化；四是合理运用教学媒体，信息技术的运用要凸显抽象的价值，处理好归纳与演绎的关系，追求数学对象关联性的理解，不要华而失实，不能喧宾夺主。

第三，课堂教学要彰显数学化味道。数学化味道主要包括表述严谨、善于抽象、勤于化归、讲究条理、分类讨论、数形结合、追求简约，高中数学"优效课堂"要洋溢数学化味道。

二、"优效课堂"的文化味

文化味，是指数学课要发挥数学的内在力量，体现数学的文化价值，崇尚理性精神，以数学的理性思维育人。文化味的本质在于理性思维。

《普通高中数学课程标准（2017年版）》明确指出："数学承载着思想和文化，是人类文明的重要组成部分。""数学在形成人的理性思维、科学精神和促进个人智力发展的过程中发挥着不可替代的作用"，"高中数学教学以发展学生数学学科核心素养为导向，创设合适的教学情境，启发学生思维，引导学生把握数学内容的本质……不断引导学生感悟数学的科学价值、应用价值、文化价值和审美价值。"由于理性思维是数学文化的精髓，数学学习是一个"文化传承"的过程，因此，数学课堂教学要着力培养学生的理性思维。

"优效课堂"的文化味，要求教学过程设计要体现数学的文化价值，构建数学课堂文化，提炼数学思想方法，培育理性思维素养。

1. 教学过程设计要体现数学的文化价值

教学过程设计要围绕"数量关系""空间形式""数形结合"和"公理化

思想"等主线展开；呈现本源性问题，让学生在思考和解决这些本源性问题的过程中，逐渐学会数学地思考和解决问题的方法，提高学生发现问题、提出问题、分析问题和解决问题的能力；介绍数学创新故事，让学生经历从直观描述到精确形式化表达的基本过程，感悟数学家誓不罢休的精神，着力培育学生的探索创新意识。例如，三角函数的教学，要以周期现象这一本源性问题来展开；又如，数系的扩充和复数的引入就要展示数学家艰辛探索和不屈不挠的探索创新意识。这样做，有利于学生理解数学，欣赏数学的文化价值。

2. 课堂教学要构建数学课堂文化

课堂文化的本质是教育理念和价值观，其表象是课堂教学行为。数学课堂教学行为以"尊重、赞赏、引导"为教师主导，以"自主、合作、探究"为学生主体，以"平等、建构、互动"为课堂氛围，以"收获、成长、反思"为学习效果。数学课堂教学应是数学共同体的建构、反思、证明、批判的互动过程。数学学习不仅是一个知识经验的累积过程，而且是一个文化继承的过程。高中数学"优效课堂"倡导一种积极的、平等的、建构的、互动的数学课堂文化。

3. 教学过程要提炼数学思想方法

数学思想方法是对数学对象的本质认识，是对数学知识进行提炼、概括而形成的。在数学教学过程中，要展现数学思想方法的形成和领悟过程，一堂有文化味的数学课往往体现在思想性上。有思想深度的数学课，能给学生留下长久的心灵激荡和对知识的深刻理解，以后即使忘记了具体的数学知识，但数学地思考问题的方式和方法将长存，这样的教学才具有真正的实效和长效，才真正能提高学生的数学素质。

4. 教学过程要着力培育数学理性思维素养

数学理性思维素养是反映数学精神与理性思维特点的一种关键能力和思维品质。理性思维素养需要通过日积月累的数学知识的学习和应用才能育成。理解数学知识、掌握数学方法、学会数学地思考问题和解决问题、培育数学理性思维是数学教学的核心目标，高中数学"优效课堂"要帮助学生形成"说理、批判、质疑、反思"的理性思维习惯；要着力培育"求真、求实、求简、求新"的理性思维品质；要引导学生从数学角度发现和提出问题、分析和解决问题，渗透数学思想方法，培养理性思维能力。

三、"优效课堂"的艺术味

艺术味，是指数学课要讲究教学艺术，既要获得数学"四基"，又要展现

"再创造"过程，形成"情感体验"，崇尚"以美启真"。艺术味的本质在于创新。

数学学习是一种"再创造"的活动。建构主义数学学习观认为，数学学习是一个"意义赋予"和"文化继承"的过程。弗赖登塔尔指出："学生应当通过再创造来学习数学"。因此，学生学习数学是一个根据自己的体验并用自己的思维方式"再创造"有关的数学知识的过程，是一个"解释""理解"和"反思"的过程。

数学教学是一种充满智慧的教学艺术。说它是教学艺术，是因为教学既要遵循数学教学原则，又要结合学生实际进行创造性劳动。教学艺术是情感性、审美性、创造性的统一。没有情感的教学枯燥无味，没有审美的教学机械呆板，没有创新的教学因陈守旧。数学教学要"动之以情"，让学生"情感体验"（情感性）；要"传之以美"，让学生"以美启真"（审美性）；要"创之以新"，让学生"创新思维"（创新性）。具有教学艺术的教师，能使学生学得扎实而又灵活，轻松而又愉快，使学生陶醉于一种艺术享受而留下难以磨灭的美好回忆。具有教学艺术的教师，能以丰富深刻的内容、生动活泼的方式以及严密准确的论证，向学生传授知识，以提高能力。具有教学艺术的教师，能以独特的教学风格、创设新奇的教学情境，以质疑解惑的方法、开拓学生的思路，有效地增强学生的情感体验，培养学生的创新素养。

"优效课堂"的艺术味，要求优化教学过程设计，展现数学审美过程，优化课堂教学行为，注重课堂动态生成，着力培育创新素养。

1. 优化教学过程设计

教学过程设计反对照本宣科，反对把教科书当作圣典，要整体把握教材内容，既要对教材进行深入细致的解构，也要针对教学实际进行整合重组。

2. 展现数学审美过程

课堂教学应该体现教师的主导作用和学生的主体地位，实现从学术形态到教学形态的转化，展现从"冰冷的美丽"到"火热的思考"的互动交往过程。

3. 优化课堂教学行为

数学教学行为应该凸显科学性、智慧性与艺术性。"科学性"是指在认知方面重视促进学生的深刻理解与帮助学生建立良好的数学认知结构，在非认知方面促进激发学生的数学求知欲与求识欲，在元认知方面重视给予学生必要的数学学习方法指导，恰到好处地发挥数学的教育性，让学生适时沐浴数学精神、思想与方法，获得理性的数学思维教育。"智慧性"是指在选择教学内容以及教学方法等方面具有智慧，在调控教学节奏方面也显现着教学的智慧。"艺术性"是指在导入、讲解、启发、追问、板书、小结等方面显现着艺术特征。

4. 注重课堂动态生成

教师和学生是建构数学知识的主人，课堂教学既要有所预设，也要注重生成，反对过度忠实于教学设计，倡导课堂动态生成。课堂上复杂多变，计划有时赶不上变化，过度忠实于教案只会凝固思维，窒息生成。数学教学是数学思维活动的教学，这种思维活动的效益是通过学习共同体中的师生、生生的互动交流得以实现的，优质高效的教学质量是在课堂中动态生成的。

5. 着力培育创新素养

"优效课堂"要创设"再创造"情境，让学生在"再创造"过程中形成创新意识。"再创造"过程是一个"知识创新"的过程。知识创新是学生对教学内容的拓展与延伸，是对问题的变式与推广，是对已有解题方法的突破。对学生而言，只要是以自我的"发现"得到新知识、新方法、新问题，就是创新。创新素养也可通过问题变式、方法变式和解题反思来培养。

综上所述，高中数学"优效课堂"的好课氤氲数学味、文化味和艺术味。"数学味"反映了教师的数学观，体现了教师的数学修养，这是基本要求。"文化味"反映了教师的文化观，体现了教师的文化修养，这是较高要求。"艺术味"反映了教师的创新观，体现了教师的教学风格，这是更高追求。

（本文发表在《中国数学教育（高中版）》2018 年第 3 期）

高中数学"优效课堂"要为核心素养而教

——以"方程的根与函数的零点"为例

高中数学"优效课堂"追求"负担轻、效率高、效益佳、质量优"。高中数学"优效课堂"的基本特征是：核心素养引领下的教学目标设置，教学策略的适切化，教学过程的最优化，课堂评价的多元化。高中数学"优效课堂"的教学策略是：目标定向，面向全体，问题驱动，过程展示，变式探究，方法提炼，文化熏陶。

笔者认为，高中数学"优效课堂"要为核心素养而教，要树立以发展学生数学核心素养为导向的教学设计意识，要按照数学核心素养的培养要求设计好每一节课，着力创设培养学生数学核心素养的教学情境，将数学核心素养的培养目标落实到课堂教学中。下面以"方程的根与函数的零点"的教学为例，分享我们的实践与思考。

一、教学设计

1. 教学内容解析

教材地位："方程的根与函数的零点"是人教 A 版《普通高中课程标准实验教科书数学 1（必修）》第三章第 3.1.1 节的教学内容。本小节通过判断一元二次方程根的存在性以及根的个数，建立起一元二次方程的根与二次函数的联系，并推广到一般方程与函数的情形，让学生了解函数的零点与方程的根的关系以及掌握函数在某个区间上存在零点的判定方法，为"二分法求方程的近似解"和后续学习提供认知基础。因此，本节课的内容具有承上启下的作用，对学生感悟"由特殊到一般"和"函数与方程"等数学思想具有十分重要的教学价值。

教学任务：了解函数零点概念，理解函数零点存在性定理，让学生经历从特殊到一般，从直观到抽象的数学思维过程。

教学重点：建构函数零点与方程实根的联系，理解函数零点的存在性定理。

教学难点：理解函数零点存在性定理。

2. 学生学情分析

从知识基础来看，在初中阶段，学生对一元二次方程、二次函数已有初步认识，对一元二次方程根的存在性也已熟悉；在高一开学以来，学生学习了指数函数、对数函数和幂函数的图像与性质，并会画简单函数的图像，能够通过图像去研究函数性质，对函数思想已有进一步的认识，为函数的应用提供了知识基础。

从认知基础来看，在初中阶段，通过函数的学习，学生已初步了解用图像法求方程的近似解，但却无法保证这个近似解达到一定的精确度；通过方程的学习，学生对一元一次方程、一元二次方程的根与一次函数、二次函数的联系已有一定认识，初步具备用所学函数知识解决方程问题的认知基础，但用函数观点研究方程问题的认知结构尚待进一步建构与完善。

3. 教学目标设置

基于教学内容解析和学生学情分析，本节课的教学目标分解如下：

（1）在探索方程的根与函数零点的关系中，建构函数零点概念，培育数学抽象与建模素养。

（2）在探索函数零点存在性定理过程中，理解函数零点存在性定理，培育直观想象素养。

（3）在函数零点存在性定理的运用中，感悟函数与方程思想，培育逻辑推理与运算求解素养。

4. 教学策略选择

本节课主要采用问题驱动、过程展示、变式探究、文化熏陶等教学策略。

方程的根与函数零点的教学流程如图25：

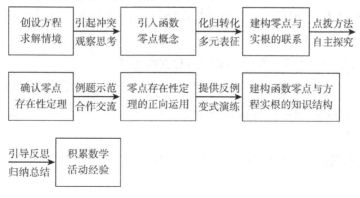

图 25

5. **教学过程设计**

(1) 创设方程求解情境，引入函数零点概念。

问题1：方程 $x^3 - 8 = 0$ 有解吗？若有，解是多少？函数 $f(x) = x^3 - 8$ 有何图像特征？

(**设计意图**：基于学生现有水平，提供先行组织者，指明研究方法)

问题2：方程 $x^5 - 3x + 1 = 0$ 有实数根吗？

(**设计意图**：引起认知冲突，激发学习欲望，简介方程求解历程)

问题3：会画函数 $y = x^2 - 2x - 3$，$y = x^2 - 2x + 1$，$y = x^2 - 2x + 3$ 的图像吗？观察这三个函数图像，你能得出何种结论？一般地，二次函数与其对应的一元二次方程之间有何联系？

(**设计意图**：引导学生直观感知，从特殊到一般，得出一元二次方程的根与对应的一元二次函数的图像和 x 轴交点坐标的关系，培育直观想象和数学抽象素养)

问题4：能将二次函数与一元二次方程之间的联系推广到一般情形吗？能用函数观点来处理方程问题吗？

(**设计意图**：引入函数零点概念，培育数学抽象与数学建模素养)

(2) 多元表征函数零点的概念，建构函数零点与方程实根的联系。

问题5：函数 $f(x) = x^3 - 2x^2 - 3x$ 有零点吗？若有零点，有几个零点？

(**设计意图**：运用函数零点概念解题，培育数学运算素养)

问题6：若方程 $f(x) = 0$ 有实根，你能得出什么结论？若函数 $y = f(x)$ 有零点，你能得出什么结论？

(**设计意图**：建构函数零点与方程实根之间的联系：方程 $f(x) = 0$ 有实数根 $\Leftrightarrow$ 函数 $y = f(x)$ 的图像与 x 轴有交点 $\Leftrightarrow$ 函数 $y = f(x)$ 有零点，培养化归意识和逻辑推理素养)

(3) 观察函数图像，探究函数零点存在性定理。

问题7：函数 $f(x) = x^2 - 2x - 3$ 在 $[-2, 2]$ 上的图像有何特征？计算 $f(-2) \cdot f(2)$ 的值，你能发现什么？函数 $f(x) = x^2 - 2x - 3$ 在 $(-2, 2)$ 上有零点吗？

(**设计意图**：引导学生观察、发现，直观感知零点存在性定理，培育直观想象素养)

问题8：会画函数 $f(x) = x^5 - 3x + 1$ 在 $[-1, 1]$ 上的图像吗？函数 $f(x)$

$=x^5-3x+1$ 在 $(-1,1)$ 上有零点吗? 计算 $f(-1)\cdot f(1)$ 的值, 你能发现什么?

(**设计意图**: 引导学生观察、发现, 直观感知零点存在性定理, 培育直观想象素养)

问题 9: 在何种条件下, 函数 $y=f(x)$ 在区间 (a,b) 上一定有零点?

(**设计意图**: 引导学生观察、猜想, 归纳出函数零点存在性定理: 如果函数 $y=f(x)$ 在区间 $[a,b]$ 上的图像是连续不断的一条曲线, 并且有 $f(a)\cdot f(b)<0$, 那么, 函数 $y=f(x)$ 在区间 (a,b) 内有零点, 即存在 $c\in(a,b)$, 使得 $f(c)=0$, 这个 c 也就是方程 $f(x)=0$ 的根, 培育直观想象素养)

问题 10: 判断下列说法是否正确, 如果不正确, 请举出反例。

① 若函数 $y=f(x)$ 在区间 $[a,b]$ 上的图像是连续不断的曲线, 则函数 $y=f(x)$ 在区间 (a,b) 内有零点。

② 若函数 $y=f(x)$ 满足 $f(a)\cdot f(b)<0$, 则函数 $y=f(x)$ 在区间 (a,b) 内一定有零点。

③ 函数 $y=f(x)$ 在区间 (a,b) 内有零点, 则 $f(a)\cdot f(b)<0$。

④ 若函数 $y=f(x)$ 在区间 $[a,b]$ 上的图像是连续不断的一条曲线, 且 $f(a)\cdot f(b)<0$, 则函数 $y=f(x)$ 在区间 (a,b) 内有零点。

⑤ 若单调函数 $y=f(x)$ 在区间 $[a,b]$ 上的图像是连续不断的一条曲线, 且 $f(a)\cdot f(b)<0$, 则函数 $y=f(x)$ 在区间 (a,b) 内有唯一零点。

(**设计意图**: 引导学生举出反面例证, 确认函数零点存在性定理中的两个条件缺一不可, 培育逻辑推理素养)

(4) 例题示范, 运用函数零点存在性定理解题。

问题 11: 求函数 $f(x)=\ln x+2x-6$ 的零点个数 (教材例 1)。

(**设计意图**: 运用函数零点存在性定理解题, 培育逻辑推理与数学运算素养)

(5) 变式训练, 理解函数零点存在性定理。

变式 1: 函数 $f(x)=\lg x+2x$ 在区间 $\left(\dfrac{1}{10},1\right)$ 内有零点吗? 说明理由。

变式 2: 判断函数 $f(x)=e^{x-1}+4x-4$ 在区间 $(0,1)$ 内是否有零点, 求函数 $f(x)$ 的零点个数。

(**设计意图**: 在问题变式中理解函数零点存在性定理, 培育逻辑推理与数学

运算素养)

(6) 反思总结，积累数学活动经验。

问题 12：回顾上述学习过程，有何感悟？

（设计意图：建构"方程的根与函数零点"的认知结构，培养反思能力)

二、教学实录

依据上述教学设计，我们进行了课堂操作。限于篇幅，下面仅呈现两个教学片断。

片断 1：函数零点概念的引入。

教师：前面我们学习了指数函数、对数函数、幂函数，今天我们来学习用函数观点处理方程问题。先请回答问题：

（问题 1）方程 $x^3 - 8 = 0$ 有解吗？若有，解是多少？$f(x) = x^3 - 8$ 有何图像特征？

学生 2：方程 $x^3 - 8 = 0$ 有解，解是 2。

学生 2：函数 $f(x) = x^3 - 8$ 的图像单调上升，与 x 轴的交点是（2，0）。

教师：正确！由上述方程和对应函数的联系，同学们有何发现？

学生 3：方程的解是对应函数与 x 轴交点的横坐标。

教师：很好！（问题 2）方程 $x^5 - 3x + 1 = 0$ 有实数根吗？

学生 4：五次方程，不会求解……

教师：确实困难。在数学发展史中，数学家发现了一元二次、三次、四次方程的求根公式，随后几乎所有的数学家都坚持不懈地对五次及五次以上的高次方程的求根公式进行了艰辛探索。直至 1824 年，数学家阿贝尔证明了五次及五次以上的一元高次方程没有求根公式。但数学家们用函数观点对方程的近似解进行了深入研究。

（问题 3）会画函数 $y = x^2 - 2x - 3$，$y = x^2 - 2x + 1$，$y = x^2 - 2x + 3$ 的图像吗？观察这三个函数图像，你能得出何种结论？一般地，二次函数与其对应的一元二次方程之间有何联系？

学生 5：会画，上述二次函数的图像与 x 轴有几个交点，对应的一元二次方程就有几个解。

学生 6：并且这些二次函数与 x 轴交点的横坐标，就是其对应的一元二次方程的根。

教师：正确！（追问）一般地，二次函数与其对应的一元二次方程之间有何联系？

接下来，学生自主建立起一元二次方程的根与二次函数的图像与 x 轴交点之间的联系。

教师：（问题4）能将二次函数与其对应的一元二次方程之间的联系推广到一般情形吗？

教师：为了用函数观点来处理方程问题，我们引入函数的零点：对于函数 $y = f(x)$，我们把方程 $f(x) = 0$ 的实根 x 叫做函数 $y = f(x)$ 的零点。

片断2： 探究函数零点存在性定理。

教师：（问题7）函数 $f(x) = x^2 - 2x - 3$ 在 $[-2, 2]$ 上的图像有何特征？计算 $f(-2) \cdot f(2)$ 的值，你能发现什么？函数 $f(x) = x^2 - 2x - 3$ 在 $(-2, 2)$ 上有零点吗？

学生7：函数 $f(x) = x^2 - 2x - 3$ 在 $[-2, 2]$ 上的图像是连续不断的一段抛物线。

学生8：$f(-2) \cdot f(2) < 0$。

学生9：函数 $f(x) = x^2 - 2x - 3$ 在 $(-2, 2)$ 上有零点。

教师：很好！也就是说，因为函数 $f(x) = x^2 - 2x - 3$ 在 $[-2, 2]$ 上的图像是连续不断的一条曲线，且 $f(-2) \cdot f(2) < 0$，所以该函数在 $(-2, 2)$ 上有零点。

（问题8）会画函数 $f(x) = x^5 - 3x + 1$ 在 $[-1, 1]$ 上的图像吗？函数 $f(x) = x^5 - 3x + 1$ 在 $(-1, 1)$ 上有零点吗？计算 $f(-1) \cdot f(1)$ 的值，你能发现什么？

几分钟后，学习小组派代表与同学们分享：

学生10：用描点法作函数 $f(x) = x^5 - 3x + 1$ 在 $[-1, 1]$ 上的图像，我们发现它有零点。

学生11：计算得 $f(-1) \cdot f(1) < 0$，我们猜想：函数 $f(x) = x^5 - 3x + 1$ 在 $(-1, 1)$ 上有零点。

学生12：我们不会作函数 $f(x) = x^5 - 3x + 1$ 在 $[-1, 1]$ 上的图像，但能画出函数 $y = x^5$，$y = 3x - 1$ 的图像，观察这两个图像，发现它们有交点，且交点的横坐标在区间 $(-1, 1)$ 内，所以函数 $f(x) = x^5 - 3x + 1$ 在 $(-1, 1)$ 上有零点。

学生13：我们令 $x^5 - 3x + 1 = 0$，但算不出具体的解……

教师：很好，有想法。下面我们用几何画板来画函数 $f(x) = x^5 - 3x + 1$ 在 $[-1, 1]$ 上的图像，观察函数 $f(x) = x^5 - 3x + 1$ 在 $[-1, 1]$ 上的图像（如图26），能发现什么？

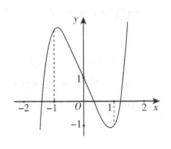

图 26

（追问）函数 $f(x) = x^5 - 3x + 1$ 在 $(-1, 1)$ 上有零点吗？

学生14：函数 $f(x) = x^5 - 3x + 1$ 在 $[-1, 1]$ 上的图像是连续不断的一条曲线，且 $f(-1) \cdot f(1) < 0$。

学生15：函数 $f(x) = x^5 - 3x + 1$ 在 $(-1, 1)$ 上有零点。

教师：图像直观表明，由于函数 $f(x) = x^5 - 3x + 1$ 在 $[-1, 1]$ 上的图像是连续不断的一条曲线，且 $f(-1) \cdot f(1) < 0$，因此函数 $f(x) = x^5 - 3x + 1$ 在 $(-1, 1)$ 上有零点。

教师：再请观察如图27所示的函数 $y = f(x)$ 的图像，能发现什么？

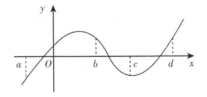

图 27

（问题9）在何种条件下，函数 $y = f(x)$ 在区间 (a, b) 上一定有零点？

学生16：函数 $y = f(x)$ 在区间 $[a, b]$ 上的图像是连续不断的一条曲线，并且有 $f(a) \cdot f(b) < 0$。

学生17：函数 $y = f(x)$ 在区间 (a, b) 上有零点。

学生18：函数 $y = f(x)$ 在区间 (b, c) 上有零点。

学生19：函数 $y = f(x)$ 在区间 (c, d) 上有零点。

师生合作，归纳出函数零点存在性定理：

如果函数 $y=f(x)$ 在区间 $[a, b]$ 上的图像是连续不断的一条曲线，并且有 $f(a) \cdot f(b) < 0$，那么，函数 $y=f(x)$ 在区间 (a, b) 内有零点，即存在 $c \in (a, b)$，使得 $f(c)=0$，这个 c 也就是方程 $f(x)=0$ 的根。

教师：判断下列说法是否正确，如果不正确，请举出反例（详见问题10）。

三、教学反思

上述教学设计与课堂操作，着力创设培育数学核心素养的教学情境，学生参与充分，既独立思考，又合作交流，经历了从特殊到一般、从直观到抽象的数学思维过程。主要亮点如下：

1. 注重问题驱动，目标定位清晰

教学目标既是课堂教学的起点，又是课堂教学的归宿，支配着教学的全过程。本节课设计了基于核心素养培育的课堂教学目标，较好地体现了高中数学"优效课堂"的基本特征。

问题驱动是数学教学的一条基本原则。本节课围绕函数零点概念和函数零点存在性定理，通过层层递进的12个问题来突出重点、突破难点。这样的问题设计，较好地运用了高中数学"优效课堂"倡导的问题驱动策略。

2. 注重过程展示，培育核心素养

函数零点概念的建立既是一个数学抽象、数学建模的过程，也是一个数学地、有条理地解决问题的过程；函数零点存在性定理的探究过程是学生数学地、理性地、有条理地思考问题的过程。

在函数零点概念的引入中，本节课创设了方程求解情境，学生认识到引入函数零点概念的必要性：用函数观点研究方程问题的需要（特别是求方程近似解）。问题1提供先行组织者，让学生明白研究方法（数形结合）。问题2引起认知冲突，让学生产生学习欲望。问题3让学生直观感知，得出一元二次方程的根与对应的一元二次函数的图像和 x 轴交点坐标的关系，有利于培养学生的直观想象素养。问题4从特殊到一般，引导学生用函数观点来处理方程问题，旨在引入函数零点概念，追寻知识发展的内在逻辑，培育学生的数学抽象、数学建模素养。

在函数零点存在性定理的探究中，展示了直观感知和猜想发现过程。问题7、问题8引导学生观察、发现，直观感知零点存在性定理。问题9引导学生探

究，归纳出函数零点存在性定理。在问题 7、8、9 的引领下，学生参与充分、讨论热烈，经历了从特殊到一般、从直观到抽象的数学思维活动过程。这样的思维活动过程，有利于培养学生的直观想象素养，学生的合作探究能力和逻辑推理能力也得到了培养。

3. 注重变式探究，突出数学理解

问题 5 让学生理解函数零点概念，通过计算方程的根得出函数的零点。问题 6 着眼于概念多元表征，让学生建构函数零点与方程实根之间的联系，从而培养化归意识和逻辑推理素养。问题 10 从不同角度设计变式问题，引导学生举出反面例证，确认函数零点存在性定理中的两个条件缺一不可，加深了对函数零点存在性定理的理解，有利于培育学生的逻辑推理素养和批判性思维品质。问题 11 提供了运用零点存在性定理的教学情境，并通过 2 个变式来强化零点存在性定理的正向运用，让学生认识函数单调性在确定函数零点个数中的重要作用，有利于培养学生的知识迁移能力和逻辑推理素养。

4. 注重反思总结，积累活动经验

问题 12 引导学生回顾"方程的根与函数零点"知识结构的建构过程，有利于培养学生的反思能力。

在高中数学课堂教学中，如何让数学核心素养的培育目标落地，值得深入探究。

基于优效课堂的数学概念课的课堂评价

——以"函数的单调性"新授课的评价为例

如何评价课堂教学质量，是值得研究的问题。高中数学概念课的课堂评价，基于高中数学"优效课堂"的基本观点、基本特征、教学策略、好课味道和好课标准，旨在建构数学概念课的课堂评价量表。

笔者认为，高中数学概念课的课堂评价，要体现数学概念课型特点，既要关注教师的课堂教学行为，又要重视学生的课堂学习过程；通过课堂评价，促进学生数学学科核心素养的发展，帮助教师改进教学。下面以"函数的单调性"的课堂评价为例，与同行分享。

一、高中数学概念课的评价依据

1. 高中数学"优效课堂"的基本观点

高中数学"优效课堂"要"为核心素养而教""以理性思维育人"，要彰显数学的思维方式，洋溢数学的味道。高中数学"优效课堂"追求"负担轻、效率高、效益佳、质量优"，要求教师在遵循教学规律与学生认知规律的基础上，实施"优效教学"，促进学生"优效数学学习"，在适度的时间和精力投入后实现课堂教学目标，促进学生数学核心素养的发展。

2. 高中数学"优效课堂"的基本特征

高中数学"优效课堂"的基本特征有：教学目标的素养化、教学策略的适切化、教学过程的最优化、课堂评价的多元化。

3. 高中数学"优效课堂"的教学策略

高中数学"优效课堂"的教学策略有：目标定向、面向全体、问题驱动、过程展示、变式探究、方法提炼、文化熏陶。

4. 高中数学"优效课堂"的好课味道

高中数学"优效课堂"的好课有三种味道：数学味、文化味和艺术味。数学味是指数学课要展现"数学化"过程,以数学的方式育人,其本质是数学化。文化味是指数学课要发挥数学的内在力量,体现数学的文化价值,以数学的理性思维育人,其本质是理性思维。艺术味是指数学课要讲究教学艺术,既要获得数学"四基",又要展现"再创造"过程,以形成情感体验,其本质在于创新。

5. 高中数学"优效课堂"的好课标准

(1)教学目标反映课标要求,明确具体、动态生成、适宜测评;

(2)教学策略能有效促进学生的优效数学学习;

(3)教学活动合理有序、关注个性、变式适度、讲究效率;

(4)学习活动状态优良、参与充分、注重创新、善于反思。

二、高中数学概念课的评价量表

1. 高中数学概念课的课型特征

数学概念课是以获得概念为主的课型。数学概念因客观现实或数学自身发展的需要而产生,是数学思维的基本形式,是反映空间形式和数量关系的本质属性的理性认识。数学概念教学包括概念的引入、概念的明确与理解、概念的巩固和运用等三个阶段,因此数学概念课的一般教学结构是:引入概念—理解概念—运用概念—反思提炼。

(1)教学目标。数学概念课的主要教学目标是帮助学生获得数学概念,并在概念学习过程中形成抽象概括能力、理解数学方法、领悟数学思想、感受数学文化。

(2)教学要求。数学概念教学要引导学生经历概念学习过程,理解数学概念的本质,把握概念中蕴含的数学思想方法,着力培养学生的数学学科核心素养。数学概念教学的一般要求是:通过概念的引入,让学生认识概念的来龙去脉;通过概念的明确,让学生掌握概念的内涵和外延,掌握概念的名称、定义、示例、属性、符号表示等;通过概念的运用,让学生建构相关数学概念的联系。

(3)教学策略。概念形成与概念同化是掌握概念的两种基本教学策略。概念形成是由概念原型概括出新概念。概念同化是由已有概念获得新概念,直接用数学语言给出数学概念,也可用概念形成与概念同化相结合的方式获得数学概念。在数学概念教学中,宜将概念形成与概念同化相结合,以促进学生对数学概念的理解。

2. 高中数学概念课的课堂评价量表

基于高中数学概念课的评价依据及课型特征,我们构建出如下高中数学概念课的课堂评价表(见表5)。

表5　高中数学"优效课堂"的概念课评价表

课题									
教师行为						**学生行为**			
项目	评价要点	优秀	良好	一般	项目	评价要点	优秀	良好	一般
教学目标		5	4	3	学习目标		5	4	3
	1. 明确具体、可操作					1. 明确概念定义			
	2. 基于学情、可测评					2. 会用概念解题			
教学过程与方法		30	24	18	学习过程与方式		30	24	18
	3. 提供概念背景					3. 辨别概念原型			
	4. 引导观察归纳					4. 归纳共同属性			
	5. 确认关键属性					5. 提取关键属性			
	6. 揭示内涵外延					6. 明确概念定义			
	7. 探究概念变式					7. 表征数学概念			
	8. 组织变式训练					8. 运用概念解题			
	9. 建立概念体系					9. 建构概念联系			
	10. 师生互动交往					10. 善于合作交流			
	11. 提供教学反馈					11. 举出正反实例			
	12. 运用教学媒体					12. 学习方式适切			
教学效果		15	12	10	学习效果		15	12	10
	13. 达成教学目标					13. 获得数学概念			
	14. 培育抽象素养					14. 形成抽象意识			
	15. 变式练习适度					15. 作业正确率高			
	16. 注重激励评价					16. 感悟思想方法			
	17. 培养创新意识					17. 发表个人见解			
得分					得分				
等级	优秀（90－100）（　　）　　　　良好（80－89）（　　） 一般（60－79）（　　）　　　　较差（59以下）（　　）								

说明：从教师行为、学生行为两个维度进行量化评价（各50分，满分100分），每个维度又分三个一级指标（目标占5分、过程占30分、效果占15分），每个一级指标又分为几个二级指标（评价要点），共17个二级指标，每个二级指标占3分（其中第2个二级指标占2分），评价要点中优秀、良好、一般所赋分值均为该等级上限。

三、高中数学概念课的评价案例

下面以"函数的单调性"新授课为例（详见《基于数学核心素养的教学设计——以函数的单调性新授课为例》），呈现高中数学概念课的评价实践。

（1）对教学目标与学习目标的量化评价

通过查阅教学设计、观察课堂表现，教学目标定位准确，学习目标清晰，评定为10分。

（2）对教学过程与学习过程的量化评价

从教学过程来看，教师提供概念背景、引导观察归纳、揭示内涵外延、探究概念变式、组织变式训练、提供教学反馈；从学习过程来看，学生提取关键属性、明确概念定义、表征数学概念、运用概念解题、举出正反实例。问题1引导学生观察三个具体函数的图像"上升""下降"特征，学生明白不同函数有不同的图像特征；问题2引领学生描述函数图像"上升""下降"的变化趋势，学生给出增函数、减函数的描述性定义；问题3引起认知冲突，学生体验到形式化定义的必要性；问题4从定量刻画入手，学生感悟到定量刻画函数 $f(x) = x^2 + 1$ 在区间 $(0, +\infty)$ 上随 x 的增大而增大的方法；问题5搭建脚手架，引导学生获得增函数、减函数的形式化定义；问题6提供运用增函数和减函数定义的教学情境，通过4个变式来强化定义的正向运用，学生理解单调性概念，培养了逻辑推理素养；问题7通过反例变式，深化学生的概念理解，培养了学生的批判性思维品质；问题8、问题9创设探究概念变式的教学情境，引领学生提出新观点、新命题，培养了学生的创新意识；问题10关注数学活动经验的积累，有利于培养学生的元认知能力。

总之，教师着力于问题驱动、建构函数单调性概念，学生经历图形语言、文字语言向符号语言转换的过程，体会到从具体到抽象，从定性到定量的研究方法。但教学媒体运用不够，学习方式较为单一，因此，教学过程与学习过程的量化评价中，评定为54分。

（3）对教学效果与学习效果的量化评价

从教学效果与学习效果来看，教学目标达成良好，获得单调性概念。教师注重培养抽象素养和创新意识，变式练习适度，注重激励评价；学生形成抽象意识，感悟思想方法，作业正确率较高，发表个人见解。因此，在教学效果与学习效果的量化评价中，评定为 28 分。

综上所述，总分评定为 92 分，评定等级为优秀。

课堂评价，难度较大。不同的教学理念，有不同的课堂评价标准。在数学核心素养引领下，高中数学概念课的课堂评价值得深入探究。

高中数学"优效课堂"的解题课评价研究

高中数学解题课是以知识运用为主要教学任务的课型，旨在引领学生运用数学知识，建构解题程序，促进数学理解，完善认知结构，提高学生发现和提出问题、分析和解决问题的能力，发展数学抽象、逻辑推理、数学建模、直观想象、数学运算和数据分析等核心素养。高中数学"优效课堂"的解题课评价研究，力图建构促进学生知识理解、知识迁移和知识创新的评价方式。

一、高中数学"优效课堂"的解题课评价依据

高中数学"优效课堂"的解题课评价，要践行"优效课堂"的教学主张，彰显"优效课堂"的好课味道与好课标准（详见《基于优效课堂的数学概念课的课堂评价》），体现解题教学的课型特征。

高中数学解题课的教学目标是：巩固所学数学知识，训练学生的思维方法和解题方法，并形成一定的技能、技巧，提高学生的数学问题解决能力，促进学生良好个性品质的形成，培育学生的数学核心素养。

数学解题课的教学结构是：知识梳理—典例示范—变式探究—反思优化—布置作业。

数学解题课的教学要求是：①审清题目结构，明确解题目标；②引导解题思考，探索解题思路；③表述解题过程，建构解题步骤；④反思解题过程，优化解题模式。

数学解题课的教学策略有：①培养审题习惯，提高审题能力；②暴露解题过程，突出思维参与；③注重变式探究，优化思维品质；④建构解题模式，提炼思想方法；⑤重视问题解决，培养创新意识。

二、高中数学"优效课堂"的解题课评价量表

依据高中数学"优效课堂"的教学主张和数学解题教学的课型特征，我们

建构出如下高中数学"优效课堂"的解题课评价表（见表6）。

表6 高中数学"优效课堂"的解题课评价表

课题									
教师行为					学生行为				
项目	评价要点	优秀	良好	一般	项目	评价要点	优秀	良好	一般
教学目标		5	4	3	学习目标		5	4	3
	1. 明确具体、可操作					1. 明确解题要求			
	2. 基于学情、可测评					2. 形成思维能力			
教学过程与方法		30	24	18	学习过程与方法		30	24	18
	3. 呈现典型例题					3. 明确解题目标			
	4. 引导解题思考					4. 探索解题思路			
	5. 规范解题过程					5. 建构解题步骤			
	6. 引导求异思维					6. 尝试不同方法			
	7. 引导题目变更					7. 探究问题变式			
	8. 培养意志品质					8. 分享解题感悟			
	9. 提炼思想方法					9. 建构解题方法			
	10. 引导解题反思					10. 回顾解题过程			
	11. 组织变式训练					11. 独立完成作业			
	12. 运用教学媒体					12. 积累解题经验			
教学效果		15	12	10	学习效果		15	12	10
	13. 达成教学目标					13. 获得解题策略			
	14. 培育核心素养					14. 建立解题模式			
	15. 变式练习适度					15. 运算求解正确			
	16. 注重激励评价					16. 形成反思习惯			
	17. 培养创新意识					17. 提出新的见解			
得分					得分				
等级	优秀（90－100）（　　　）　　　良好（80－89）（　　　） 一般（60－79）（　　　）　　　较差（59以下）（　　　）								

说明：从教师行为、学生行为两个维度进行量化评价（各50分，满分100分），每个维度又分三个一级指标（目标占5分、过程与方法占30分、效果占15分），每个一级指标又分为几个二级指标（评价要点），共17个二级指标，每个二级指标占3分（其中第2个二级指标占2分），评价要点中优秀、良好、一般所赋分值均为该等级上限。

三、高中数学"优效课堂"的解题课评价案例

下面以"导数在研究函数中的应用"为例，呈现高中数学解题课的评价实践。

（一）教学过程描述

1. 演练习题，梳理知识

上课伊始，教师让学生独立求解教材习题：利用函数的单调性，证明不等式：$\ln x < x < e^x$，$x > 0$。（人教A版普通高中课程标准实验教科书《数学选修2-2》习题1.3（B组）第1（4）题）

5分钟后，学生给出证明过程：

学生1：先证 $x > \ln x$。

设函数 $f(x) = x - \ln x$，则 $f'(x) = 1 - \dfrac{1}{x} = \dfrac{x-1}{x}$。

当 $0 < x < 1$ 时，$f'(x) < 0$，所以函数 $f(x)$ 在区间 $(0，1)$ 上单调递减；当 $x > 1$ 时，$f'(x) > 0$，所以函数 $f(x)$ 在区间 $(1，+\infty)$ 上单调递增。所以 $f(x) \geq f(1) = 1$，即 $x - \ln x \geq 1 > 0$，所以 $x > \ln x$。

学生2：再证 $e^x > x$。设函数 $g(x) = e^x - x$，则 $g'(x) = e^x - 1$。

当 $x \geq 0$ 时，$g'(x) \geq 0$，所以函数 $g(x)$ 在区间 $[0，+\infty)$ 上单调递增。所以 $g(x) \geq g(0) = 1$，即 $g(x) = e^x - x \geq 1$，所以 $e^x \geq x + 1 > x$。

综上所述，$\ln x < x < e^x$，$x > 0$。

然后教师引导学生提炼"用导数法证明不等式"的解题模式：

构造辅助函数—求导函数—研究函数性质—作出结论。

2. 提出问题，变式探究

接下来，教师引导学生发现和提出问题。

教师：依据不等式 $\ln x < x < e^x$（$x > 0$）及其证明过程，请同学们编拟一道变式题，并用函数与导数知识予以解答。

学习小组1得到：

变式 1：设函数 $f(x) = e^x - 1 - x$，证明：$f(x) \geqslant 0$。（证明过程略）

学习小组 2 得到：

变式 2：设函数 $f(x) = x - 1 - \ln x$。证明：当 $x > 0$ 时，$f(x) \geqslant 0$。

（证明过程略）

学习小组 3 得到：

变式 3：设函数 $f(x) = e^x - \ln x$。证明：当 $x > 0$ 时，$f(x) > 0$。

学生 3：求导得 $f'(x) = e^x - \dfrac{1}{x}$。由函数 $y = e^x$ 与 $y = \dfrac{1}{x}$ 的图像可知，存在

$x_0 > 0$，使 $f'(x_0) = e^{x_0} - \dfrac{1}{x_0} = 0$，但不知道在 x_0 的左右两侧 $f'(x)$ 的符号

如何？

学生 4：分类讨论。

当 $0 < x < x_0$ 时，$e^x < e^{x_0} = \dfrac{1}{x_0} < \dfrac{1}{x}$，$f'(x) = e^x - \dfrac{1}{x} < 0$；

当 $x > x_0$ 时，$e^x > e^{x_0} = \dfrac{1}{x_0} > \dfrac{1}{x}$，$f'(x) = e^x - \dfrac{1}{x} > 0$。

所以 $f(x) \geqslant f(x_0) = e^{x_0} - \ln x_0 = e^{x_0} - \ln \dfrac{1}{e^{x_0}} = \dfrac{1}{x_0} + x_0 \geqslant 2 > 0$。

教师：很好！但函数 $f'(x) = e^x - \dfrac{1}{x}$ 有零点还需讲清道理。

学生 5：因为 $f'(x) = e^x - \dfrac{1}{x}$，

所以 $f'(1) = e - 1 > 0$，$f'\left(\dfrac{1}{2}\right) = e^{\frac{1}{2}} - 2 < 0$。

又函数 $f'(x) = e^x - \dfrac{1}{x}$ 在 $\left[\dfrac{1}{2}, 1\right]$ 上的图像连续不间断，

所以函数 $f'(x) = e^x - \dfrac{1}{x}$ 有零点 $x_0 \in \left(\dfrac{1}{2}, 1\right)$。

当 $0 < x < x_0$ 时，……（后续学生 4 的表述）。

教师：解题过程完美！由变式 1 ~ 变式 3，我们得到不等式：$e^x \geqslant x + 1$；$\ln x$

$\leqslant x - 1$；$e^x > \ln x$。这 3 个不等式有何几何意义？

学生 6：不等式 $e^x \geqslant x + 1$ 反映了指数函数 $y = e^x$ 的图像与直线 $y = x + 1$ 的位

置关系。

学生 7：不等式 $e^x \geqslant x + 1$ 的几何意义是：指数函数 $y = e^x$ 的图像在直线 $y =$

$x+1$ 的上方。直线 $y=x+1$ 是曲线 $y=e^x$ 在点（0，1）处的切线。

学生8：不等式 $\ln x \leqslant x-1$ 的几何意义是：对数函数 $y=\ln x$ 的图像在直线 $y=x-1$ 的下方。直线 $y=x-1$ 是曲线 $y=\ln x$ 在点（1，0）处的切线。

学生9：不等式 $e^x > \ln x$ 的几何意义是：指数函数 $y=e^x$ 的图像在对数函数 $y=\ln x$ 的图像的上方。

教师：数缺形时少直观，数形结合百般好！考虑到指数函数 $y=e^x$ 与对数函数 $y=\ln x$ 互为反函数，回顾变式3及其解题过程，还能提出新的变式题吗？

学习小组4得到：

变式4：设函数 $f(x)=e^x-\ln x$。证明：当 $x>0$ 时，$f(x)>2$。

教师：提出问题诚可贵，解决问题价更高！能给出变式4的解题过程吗？

学生10：当 $x>0$ 时，可以证明 $e^x>x+1$，$\ln x \leqslant x-1$（证明过程略）。

所以，当 $x>0$ 时，$f(x)=e^x-\ln x > x+1-\ln x \geqslant x+1-(x-1)=2$。

教师：对于变式4还有其他解法吗？

学生11：当 $x>0$ 时，$f(x)>2$ 等价于 $e^x-\ln x-2>0$。

设 $g(x)=e^x-\ln x-2$，则 $g'(x)=e^x-\dfrac{1}{x}$。

设 $h(x)=e^x-\dfrac{1}{x}$，则 $h'(x)=e^x+\dfrac{1}{x^2}>0$，

所以 $h(x)=e^x-\dfrac{1}{x}$ 在区间（0，$+\infty$）上单调递增。

又 $h(1)=e-1>0$，$h\left(\dfrac{1}{2}\right)=e^{\frac{1}{2}}-2<0$，

函数 $h(x)=e^x-\dfrac{1}{x}$ 在 $\left[\dfrac{1}{2}，1\right]$ 上的图像连续不间断，

所以函数 $h(x)=e^x-\dfrac{1}{x}$ 有零点 $x_0 \in \left(\dfrac{1}{2}，1\right)$，且 $e^{x_0}-\dfrac{1}{x_0}=0$。

当 $0<x<x_0$ 时，$e^x<e^{x_0}=\dfrac{1}{x_0}<\dfrac{1}{x}$，所以

$h(x)=e^x-\dfrac{1}{x}<0$，即 $g'(x)<0$；

当 $x>x_0$ 时，$e^x>e^{x_0}=\dfrac{1}{x_0}>\dfrac{1}{x}$，$h(x)=e^x-\dfrac{1}{x}>0$，即 $g'(x)>0$。

所以 $g(x) \geqslant g(x_0)=e^{x_0}-\ln x_0-2=e^{x_0}-\ln \dfrac{1}{e^{x_0}}-2=\dfrac{1}{x_0}+x_0-2>2-2=0$。

所以，当 $x>0$ 时，$f(x)>2$。

教师：要善于转换思考视角，增强知识迁移能力！学生 10 的解法基于不等式 $e^x \geq x+1$ 与 $\ln x \leq x-1$ 的放缩功能。学生 11 先探讨导函数的单调性和零点存在性，再用零点等式的代换功能，将含指数和对数的式子转化为有理式，最后用基本不等式达成解题目标。

3. 变式拓展，迁移方法

教师：下面引入参数，请独立求解变式 5、变式 6，并与同学们分享。

变式 5：（2017 年高考全国Ⅲ卷理科数学第 21 题节选）

已知函数 $f(x)=x-1-a\ln x$，若 $f(x) \geq 0$，求 a 的值。

10 分钟后，学生 12 分享了变式 5 的解题过程：

函数 $f(x)$ 的定义域为 $(0,+\infty)$。$f'(x)=1-\dfrac{a}{x}=\dfrac{x-a}{x}$，且 $f(1)=0$。

（1）若 $a\leq 0$，则 $f'(x)>0$，$f(x)$ 在 $(0,+\infty)$ 上单调递增，

所以当 $0<x<1$ 时，$f(x)<f(1)=0$，不满足题意。

（2）若 $a>0$，则当 $0<x<a$ 时，$f'(x)<0$，$f(x)$ 在 $(0,a)$ 上单调递减；当 $x>a$ 时，$f'(x)>0$，则 $f(x)$ 在 $(a,+\infty)$ 上单调递增。

若 $0<a<1$，则 $f(x)$ 在 $(a,1)$ 上单调递增，所以当 $x\in(a,1)$ 时，$f(x)<f(1)=0$，不满足题意；

若 $a=1$，则 $f(x)$ 在 $(0,1)$ 上单调递减，在 $(1,+\infty)$ 上单调递增，所以 $x=1$ 是 $f(x)$ 的最小值点，所以 $f(x) \geq f(1)=0$。

若 $a>1$，则 $f(x)$ 在 $(1,a)$ 上单调递减，所以当 $x\in(1,a)$ 时，$f(x)<f(1)=0$，不满足题意；

综上所述，$a=1$。

变式 6：（2010 年新课标全国卷理科数学第 21 题节选）

设函数 $f(x)=e^x-1-x-ax^2$，若当 $x\geq 0$ 时，$f(x) \geq 0$，求 a 的取值范围。

学生 13 分享了变式 6 的解题过程：$f'(x)=e^x-1-2ax$。

（1）若 $a\leq 0$，则当 $x\geq 0$ 时，$f'(x)=e^x-1-2ax\geq 0$，

所以 $f(x)=e^x-1-x-ax^2$ 在 $[0,+\infty)$ 上是增函数，

所以当 $x\geq 0$ 时，$f(x) \geq f(0)=0$。

（2）若 $a>0$，设 $g(x)=e^x-1-2ax$，则 $g'(x)=e^x-2a$。由 $g'(x)=e^x-2a=0$，得 $x=\ln(2a)$。

若 $0<a\leqslant\dfrac{1}{2}$，则当 $x\geqslant0$ 时，$g'(x)\geqslant0$，所以 $g(x)$ 在 $[0，+\infty)$ 上是增函数，从而 $f'(x)\geqslant f'(0)=0$，所以 $f(x)$ 在 $[0，+\infty)$ 上是增函数，所以当 $x\geqslant0$ 时，$f(x)\geqslant f(0)=0$。

若 $a>\dfrac{1}{2}$，则 $x=\ln(2a)>0$。

当 $x\in(0，\ln(2a))$ 时，$g'(x)<0$，所以 $g(x)$ 在 $(0，\ln(2a))$ 上是减函数，从而 $f'(x)<f'(0)=0$，所以 $f(x)$ 在 $(0，\ln(2a))$ 上是减函数，故当 $x\in(0，\ln(2a))$ 时，$f(x)<f(0)=0$。

综上所述，a 的取值范围为 $\left(-\infty，\dfrac{1}{2}\right]$。

教师（点评）：变式 5 的实质是不等式 $\ln x\leqslant x-1$，由变式 6 得 $e^{x}\geqslant1+x+\dfrac{x^{2}}{2}$（$x\geqslant0$）。

4. 回顾反思，完善结构

教师：通过这节课的学习，同学们有何感悟？

学生 14：用导数法解决了不等式问题。

学生 15：用导数法证明不等式的解题步骤是：①根据不等式结构特征构造辅助函数；②求辅助函数的导函数；③研究辅助函数的性质（单调性、最值、零点等）；④作出结论。

学生 16：用导数法处理含参数的不等式恒成立问题，需对参数进行分类讨论。

学生 17：用导数法解决不等式问题要把握好两个关键词：构造和放缩。

5. 课后演练，积累经验

临近下课，教师布置课后作业：

（1）设函数 $f(x)=e^{x}-\ln x$。证明：当 $x\geqslant1$ 时，$f(x)\geqslant e$。

（2）（2018 年高考全国 I 卷文科数学第 21 题节选）

已知函数 $f(x)=ae^{x}-\ln x-1$，证明：当 $a\geqslant\dfrac{1}{e}$ 时，$f(x)\geqslant0$。

（3）（据 2010 年课标全国卷理科数学第 21 题改编）

设函数 $f(x)=e^{x}-ax^{2}$（$x\geqslant0$），证明：当 $a\leqslant\dfrac{1}{2}$ 时，$f(x)\geqslant x+1$。

（4）（2017 年全国Ⅱ卷理科数学第 21 题节选）已知函数 $f(x) = ax^2 - ax - x\ln x$，且 $f(x) \geqslant 0$，求 a。

（5）（2013 年高考全国Ⅱ卷理科数学第 21 题）已知函数 $f(x) = e^x - \ln(x + m)$。

（Ⅰ）设 $x = 0$ 是 $f(x)$ 的极值点，求 m，并讨论 $f(x)$ 的单调性；

（Ⅱ）当 $m \leqslant 2$ 时，证明 $f(x) > 0$。

（二）课堂评价记录

1. 关于目标的量化评价

查阅教学设计，教师的教学目标定位准确。通过课堂观察，学生知道学习目标。因此，教学目标与学习目标的量化评价为 10 分。

2. 关于过程的量化评价

执教者从课本习题演练入手，先让学生明确学习任务；然后，引导学生提出变式问题并用导数知识解决问题；再通过变式探究，让学生积累求解不等式问题的解题经验，让学生掌握这类问题的解题方法。整节课以不等式问题为载体，注重学生独立思考、合作探究，师生互动交流充分，充分暴露学生的思维过程，通过有层次推进的解题活动，学生经历了"用导数法处理不等式问题"的思维过程，形成了运用函数与导数知识解决不等式问题的认知结构和解题模式。

变式探究活动有效。在本节课的教学中，重视问题解决，培养创新意识。既探究不同解法，又探究问题变式；既数形结合，又分类讨论，充分展现了"用导数法处理不等式问题"的思维过程。这样的教学处理，符合数学解题课的教学要求和教学策略。

学生深度参与学习。在本节课的教学中，教师引导学生从数与形两个方面认识不等式的本质，从构造与放缩两个维度引导学生深度思考，学生主动参与解题活动，经历了解题方法的建构过程，积累了"用导数法处理不等式问题"的解题经验，形成了较为完善的处理不等式问题的认知结构。

因此，教学过程与学习过程的量化评价为 54 分。

3. 关于效果的量化评价

从教学效果来看，教学目标达成良好，培育了逻辑推理、数学建模、直观想象、数学运算等核心素养，变式练习适度，注重激励评价，并培养了创新意识。

从学习效果来看，学生获得了解题策略，感悟了思想方法，作业正确率较高，并形成反思习惯，提出新的见解。

因此，教学效果与学习效果的量化评价为 28 分。

综上所述，总分评定为 92 分，评定等级为优秀。

（本文发表在《数学通讯》下半月（教师）2019 年第 1 期）

核心素养导向下的高中数学定理课的评价研究
——以"正弦定理"新授课的课堂评价为例

高中数学定理课教学中如何落实数学核心素养的培养要求，是值得研究的课题。笔者认为，核心素养导向的数学定理课的课堂评价既要关注教师的课堂教学行为，又要重视学生的课堂学习过程，要引领教师创设问题情境，让学生经历归纳猜想、抽象概括、演绎证明、符号表示、模式建构等思维过程，着力培育学生的数学抽象、逻辑推理、数学建模等核心素养。

一、基于核心素养的数学定理课的教学特征

数学定理是表达数学对象的数量关系和空间形式的真命题。数学定理课教学旨在建构一个正确的数学概念之间的本质联系，揭示数学对象的规律性或逻辑必然性。从教学结果来看，数学定理的教学就是要让学生掌握定理的条件和结论，并且掌握定理的证明方法，从而获得数学定理；从教学过程来看，数学定理的教学就是要让学生经历从定理的背景中发现和提出猜想、推理论证获得定理的过程。

数学定理学习属于规则学习，其学习过程一般包括：定理的引入，定理的形成，定理的理解，定理的运用等递进的四个阶段。数学定理教学具有定理形成的过程性、定理表征的多元性、定理理解的层次性、定理运用的操作性等基本特征。因此，数学定理课的一般教学结构是：

引入定理—证明定理—理解定理—变式练习—归纳总结。

（一）教学目标

数学定理教学的目标就是获得数学定理，培养学生的数学抽象、推理、建模等数学核心素养，帮助学生形成数学理性思维习惯。

（二）教学要求

（1）注重数学定理的提出方式。数学定理的提出方式有呈现式和发生式。

呈现式是指教师直接将要学习的定理展示给学生，学生通过辨认定理的条件和结论，直接建立起几个数学概念的某种本质联系。发生式是指将定理形成过程揭示出来，使学生在体悟命题发生和发展的认识中获得定理。

（2）掌握数学定理的证明方法。一般先用分析法探索证明途径，再用综合法简炼地表述定理的证明过程。

（3）重视数学定理的应用。通过变式练习，加深对定理结构（条件和结论）的认识，明确定理的应用范围，揭示定理之间的内在联系，建构新的认知结构。

（三）教学策略

数学定理教学是建立几个数学概念的某种本质联系的过程。在数学定理教学中，有如下几条常用的教学策略：

（1）先行组织者策略。以先行组织者来提取相关知识，明确定理学习任务。

（2）问题驱动策略。以本原性问题或适当的问题情境来驱动定理学习，引起认知冲突，激发学习兴趣，引领学生积极思维。

（3）过程展示策略。呈现数学定理获得的思维活动过程，让学生经历数学定理的产生、推证过程及数学思想方法的提炼和运用过程。

（4）变式教学策略。用过程性变式来帮助学生建构数学定理，通过方法变式与问题变式来深化对数学定理的理解。

（5）多元表征策略。呈现定理的多元表征形式，通过多元表征来帮助学生沟通概念之间的联系，从不同视角来认识数学定理。

（6）系统化策略。整理定理之间的逻辑关系，揭示新旧命题之间的联系和区别，帮助学生建构命题体系。

（四）教学模式

（1）发生型模式：归纳定理—证明定理—应用定理—形成命题体系。

（2）结果型模式：呈现定理—证明定理—应用定理—形成命题体系。

（3）问题解决模式：问题情境—提出猜想—验证猜想—形成定理—变式练习—建构命题体系。

二、基于核心素养的数学定理课的课堂评价

依据高中数学定理课的教学特征，基于高中数学核心素养的培养目标和高

中数学"优效课堂"的基本特征，我们构建出高中数学定理课的课堂评价表（见表7）。

表7 高中数学"优效课堂"的定理课的课堂评价表

课题									
教师行为					学生行为				
项目	评价要点	优秀	良好	一般	项目	评价要点	优秀	良好	一般
教学目标	1. 明确具体、可操作				学习目标	1. 理解数学定理			
	2. 基于学情、可测评					2. 会用定理解题			
教学过程与方法	3. 创设问题情境				学习过程与方法	3. 积极思考问题			
	4. 引导归纳猜想					4. 主动提出猜想			
	5. 揭示命题结构					5. 弄清条件结论			
	6. 启导证明思路					6. 探索证题途径			
	7. 明确数学定理					7. 表征数学定理			
	8. 组织变式训练					8. 演练变式问题			
	9. 提炼思想方法					9. 建构操作程序			
	10. 师生互动交往					10. 交流不同解法			
	11. 提供教学反馈					11. 优化解题过程			
	12. 运用教学媒体					12. 总结解题经验			
教学效果	13. 达成教学目标				学习效果	13. 获得数学定理			
	14. 培育推理素养					14. 具有推理意识			
	15. 变式练习适度					15. 推理论证有效			
	16. 注重激励评价					16. 形成反思习惯			
	17. 培养创新意识					17. 提出新的见解			
得分					得分				
等级	优秀（90－100）（　　　） 良好（80－89）（　　　） 一般（60－79）（　　　） 较差（59以下）（　　　）								

说明：从教师行为、学生行为两个维度进行量化评价（各50分，满分100

分），每个维度又分三个一级指标（目标占5分、过程占30分、效果占15分），每个一级指标又分为几个二级指标（评价要点），共17个二级指标，每个二级指标占3分（其中第2个二级指标占2分），评价要点中优秀、良好、一般所赋分值均为该等级上限。

三、基于核心素养的数学定理课的评价案例

下面以"正弦定理"新授课为例，呈现高中数学定理课的评价实践。

（一）课堂实录

1. 正弦定理的导入

师：（问题1）在初中几何中，我们知道，在任意三角形中有"大边对大角，小边对小角"的边角关系。我们是否能得到这种边、角关系准确量化的表示呢？具体地说，在△ABC中，角A，B，C所对的边长分别是a，b，c，则A，B，C与a，b，c之间有怎样的数量关系？

2. 正弦定理的发现

师：（问题2）请同学们回忆直角三角形中边角之间的数量关系，并思考：在Rt△ABC中，能用一条边及一个角的正弦值来表示斜边c吗？

生1：在直角三角形ABC中，有$\dfrac{a}{\sin A}=\dfrac{b}{\sin B}=\dfrac{c}{\sin C}$。

师：（问题3）$\dfrac{a}{\sin A}=\dfrac{b}{\sin B}=\dfrac{c}{\sin C}$对等边三角形成立吗？对内角分别为30°，30°，120°的三角形成立吗？对任意三角形成立吗？

生2：在等边三角形中成立。

生3：在内角分别为30°，30°，120°的三角形中也成立。

师：很好！能提出一个猜想吗？

生：（猜想）在任意三角形中，三边与其所对角的正弦的比都相等。

3. 证明猜想

师：只要敢猜想，就会有发现！能证明上述猜想吗？能将斜三角形转化为直角三角形吗？请分享交流。

生4：（证法1：作高法）

（1）当△ABC是锐角三角形时，作AB边上的高CD（如图28），则

$$CD = a\sin B，\quad CD = b\sin A，$$

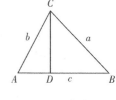

图28

所以 $a\sin B = b\sin A$，即 $\dfrac{a}{\sin A} = \dfrac{b}{\sin B}$。

同理，在 $\triangle ABC$ 中，$\dfrac{b}{\sin B} = \dfrac{c}{\sin C}$。

故 $\dfrac{a}{\sin A} = \dfrac{b}{\sin B} = \dfrac{c}{\sin C}$。

（2）当 $\triangle ABC$ 是直角三角形时，显然有 $\dfrac{a}{\sin A} = \dfrac{b}{\sin B} = \dfrac{c}{\sin C}$；

（3）当 $\triangle ABC$ 是钝角三角形时，无妨设角 A 为钝角。作 AB 边上的高 CD（如图 29），则 $CD = a\sin B$，$CD = b\sin(\pi - A) = b\sin A$，

所以 $a\sin B = b\sin A$，

所以 $\dfrac{a}{\sin A} = \dfrac{b}{\sin B}$，

同理，$\dfrac{b}{\sin B} = \dfrac{c}{\sin C}$。

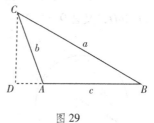

图 29

综上，对任意三角形，有 $\dfrac{a}{\sin A} = \dfrac{b}{\sin B} = \dfrac{c}{\sin C}$。

师：好！我们在 $\triangle ABC$ 中分三种情况证明了等式 $\dfrac{a}{\sin A} = \dfrac{b}{\sin B} = \dfrac{c}{\sin C}$ 成立，这一等式表明，三角形的各边和它所对角的正弦的比相等，这就是正弦定理。这种证明方法的实质是什么？

生 5：用两种不同的数量关系表示三角形的同一条高。

教师：深刻！对于给定的三角形，还有哪些几何量是不变的？还有其他方法证明正弦定理吗？请同学们尝试并交流。

学生 6：三角形的面积不变。

学生 6：（证法 2：等积法）。

由证法 1 可知，$\triangle ABC$ 的边 AB 上的高 $CD = b\sin A$。

所以 $S_{\triangle ABC} = \dfrac{1}{2} AB \cdot CD = \dfrac{1}{2} bc\sin A$。

同理，$S_{\triangle ABC} = \dfrac{1}{2} ca\sin B$，$S_{\triangle ABC} = \dfrac{1}{2} ab\sin C$，

所以 $\dfrac{1}{2} bc\sin A = \dfrac{1}{2} ca\sin B = \dfrac{1}{2} ab\sin C$，即 $\dfrac{a}{\sin A} = \dfrac{b}{\sin B} = \dfrac{c}{\sin C}$。

师：有新意！由三角形的面积不变，我们得到了正弦定理的又一种证明方法。

师：三角形的各边和它所对角的正弦的比相等，这个比值有何几何意义？回看直角三角形中的正弦定理，不难发现，在直角三角形中，这个比值是该直角三角形的外接圆的直径。还有其他方法证明正弦定理吗？

生7：对于给定的三角形，三角形的外接圆的直径不变。

生8：（证法3，外接圆法）设 $\triangle ABC$ 的外接圆半径为 R。

（1）当 A 为直角时，如图30，$a = 2R\sin A$；

（2）当 A 为锐角时，如图31，作直径 BD，连接 CD，则 $\angle BCD = 90°$，$a = 2R\sin D$，又 $\angle D = \angle A$，所以 $a = 2R\sin A$；

（3）当 A 为钝角时，如图32，作直径 BD，连接 CD，则 $\angle BCD = 90°$，$a = 2R\sin D$，又 $\angle D = 180° - \angle A$，所以 $a = 2R\sin A$。

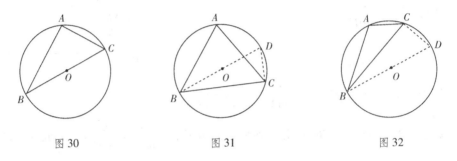

图30   图31   图32

所以，不论当 A 是锐角、直角、钝角，都有 $a = 2R\sin A$。

同理可证：$b = 2R\sin B$，$c = 2R\sin C$。所以 $\dfrac{a}{\sin A} = \dfrac{b}{\sin B} = \dfrac{c}{\sin C}$。

教师：很棒！鼓掌祝贺。由证法3可知，在任意三角形中，三边与其所对角的正弦的比是一个定值，这个定值就是三角形外接圆的直径。

教师：我们学过平面向量的数量积，能用这一知识来证明正弦定理吗？要证 $a\sin C = c\sin A$，只要证明 $a\cos(90° - C) = c\cos(90° - A)$。由此可得：

生9：（证法4，向量法）如图33，在锐角 $\triangle ABC$ 中，过 A 作单位向量 $\boldsymbol{j}$ 垂直于 $\overrightarrow{AC}$，则 $\boldsymbol{j}$ 与 $\overrightarrow{AB}$ 的夹角为 $90° - A$，$\boldsymbol{j}$ 与 $\overrightarrow{CB}$ 的夹角为 $90° - C$。

因为 $\overrightarrow{AC} + \overrightarrow{CB} = \overrightarrow{AB}$，所以 $\boldsymbol{j} \cdot (\overrightarrow{AC} + \overrightarrow{CB}) = \boldsymbol{j} \cdot \overrightarrow{AB}$，即

$|\boldsymbol{j}| \, |\overrightarrow{AC}| \cos 90° + |\boldsymbol{j}| \, |\overrightarrow{CB}| \cos(90° - C) = |\boldsymbol{j}| \, |\overrightarrow{AB}| \cos(90° - A)$，

所以 $a\cos(90° - C) = c\cos(90° - A)$，即 $a\sin C = c\sin A$，

所以 $\dfrac{a}{\sin A} = \dfrac{c}{\sin C}$。

同理，$\dfrac{c}{\sin C}=\dfrac{b}{\sin B}$，

所以 $\dfrac{a}{\sin A}=\dfrac{b}{\sin B}=\dfrac{c}{\sin C}$。

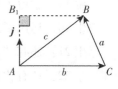

图 33

当 $\triangle ABC$ 为钝角三角形或直角三角形时，同理可证。

教师：很好！

4. 正弦定理的表征

师：能用文字语言和符号语言来表达正弦定理吗？能给出正弦定理的变式吗？

生 10：（文字语言）在任意三角形中，三边与其所对角的正弦的比都相等。

生 11：（符号语言）在 $\triangle ABC$ 中，角 A，B，C 所对的边长分别是 a，b，c，则 $\dfrac{a}{\sin A}=\dfrac{b}{\sin B}=\dfrac{c}{\sin C}$。

生 12：$a:b:c=\sin A:\sin B:\sin C$。

生 13：$\dfrac{a}{b}=\dfrac{\sin A}{\sin B}$，$\dfrac{a}{c}=\dfrac{\sin A}{\sin C}$，$\dfrac{b}{c}=\dfrac{\sin B}{\sin C}$。

生 14：$a\sin B=b\sin A$，$a\sin C=c\sin A$，$b\sin C=c\sin B$；

生 15：$\sin A=\dfrac{a\sin B}{b}=\dfrac{a\sin C}{c}$，$\sin B=\dfrac{b\sin A}{a}=\dfrac{b\sin C}{c}$，$\sin C=\dfrac{c\sin A}{a}=\dfrac{c\sin B}{b}$。

生 16：在 $\triangle ABC$ 中，角 A，B，C 所对的边长分别是 a，b，c，$\triangle ABC$ 的外接圆半径为 R，则 $\dfrac{a}{\sin A}=\dfrac{b}{\sin B}=\dfrac{c}{\sin C}=2R$。

生 17：$a=2R\sin A$，$b=2R\sin B$，$c=2R\sin C$。

生 18：$\sin A=\dfrac{a}{2R}$，$\sin B=\dfrac{b}{2R}$，$\sin C=\dfrac{c}{2R}$。

师：很好！要善于用不同方式表达同一数学知识。

5. 正弦定理的简单应用

例题：在 $\triangle ABC$ 中，角 A，B，C 所对的边长分别是 a，b，c。

（1）已知 $A=45°$，$B=30°$，$b=10$，求角 C 及 a，c；

（2）已知 $a=6$，$b=2\sqrt{3}$，$A=30°$，求角 B，C 及 c。

师生合作完成解题过程。

6. 回顾反思

师：从知识与思想方法等角度回顾学习过程，大家有何收获与感悟？

生19：学习了正弦定理。

生20：运用了从特殊到一般的归纳推理思想。

生21：还有"分类与整合"的思想方法。

生22：还有化归与转化、数形结合的思想方法。

生23：应用正弦定理解三角形。

7. 布置作业

师：正弦定理能解决哪些问题？能用正弦定理量化表示"大边对大角"吗？大家思考这些问题，下节课我们一起来分享。

（二）评价记录

1. 教学目标与学习目标的评价

通过查阅教学设计，观察师生课堂表现，本节课教师的教学目标定位准确，学生的学习目标清晰，因此，在教学目标与学习目标的评价中，评定为10分。

2. 教学过程与学习过程的评价

创设问题情境，注重学生猜想。在正弦定理的导入和发现环节，教师注重创设问题情境：问题1用先行组织者引导学生探究，明确探究课题；问题2引导学生发现直角三角形中的正弦定理，明确探究目标；问题3引导学生提出猜想，明确探究方法。

突出教学重点，形成知识结构。本节课以"正弦定理的发现与证明"为教学重点，以师生互动交流方式形成了正弦定理的知识结构。既教猜想，又教证明，充分暴露"正弦定理的发现与证明"过程。先让学生回顾直角三角形的边角之间的数量关系，并让学生用一条边及一个角的正弦来表示斜边 c，自然引出直角三角形中的正弦定理，然后从"三角形一条高的不同表示"出发，引导学生探究锐角三角形中的正弦定理和钝角三角形中的正弦定理，并获得正弦定理，最后从几何不变量出发，引导学生探究正弦定理的其他证明方法。这样的教学处理，展示了由特殊到一般的归纳思想及数学推理过程，符合数学定理课的教学要求。

暴露思维过程，注重思维参与。本节课以灵活多样的提问引导学生思维深度参与，注重培养学生的理性思维能力，学生主动参与教学活动，获得正弦定理，符合新课程提倡的"改善学生的学习方式，使学生主动地学习"的教学要求。在"正弦定理的发现"中，先以"在 Rt$\triangle ABC$ 中，能用一条边及一个角的正弦值来表示斜边 c 吗"的追忆型提问，引导学生发现直角三角形中的正弦定理；再以"能提出一个猜想吗"的指导型提问，引领学生归纳猜想。在"正弦定理的证明"中，以"能将斜三角形转化为直角三角形吗"的指导型提问，引导学生作三角形的高，这种化斜为直的提问，为学生提供了方法指引；以"还有其他方法证明正弦定理吗"的引申型提问，引导学生探究证明方法，学生得到了正弦定理的多种推导方法，强化了创新意识，培养了思维能力。特别是用外接圆法证明正弦定理时，铺垫适度。通过"外接圆法"，正弦定理有了完整的表示。在"正弦定理的表征"中，以"能用文字语言和符号语言来表达正弦定理吗？能给出正弦定理的变式吗"的表征型提问，引导学生多元表征，这样的表征方式，有利于学生理解并建构正弦定理的知识网络。在回顾反思环节，以"从知识与思想方法等角度回顾学习过程，大家有何收获与感悟"的反思型提问，引导学生回顾反思，感悟数学思想方法。最后，以"正弦定理能解决哪些问题"及"能用正弦定理量化表示大边对大角吗"引导学生课后思考，为下一节课的学习埋下伏笔。

但在教学过程与学习过程中，变式训练欠充足，需扣除 6 分。

因此，在教学过程与学习过程的量化评价中，评定为 54 分。

3. **教学效果与学习效果的评价**

从教学效果来看，教学目标达成良好，培育推理素养，注重激励评价，培养创新意识；从学习效果来看，学生获得数学定理，感悟思想方法，推理论证有效，提出新的见解。但在"变式练习适度"指标中需扣除 2 分。

因此，在教学效果与学习效果的量化评价中，评定为 28 分。

综上所述，总分评定为 92 分，评定等级为优秀。

教学主张不同，课堂评价指标也不同。高中数学定理课要为核心素养而教。在核心素养引领下，高中数学定理课的课堂评价值得深入探究。

（本文发表在《中学数学教学参考》（上旬）2019 年第 6 期）

构建优效课堂，实施优效教学

——高中数学"优效课堂"研究报告

高中数学"优效课堂"研究（广东省教育科学"十二五"规划 2015 年度一般研究项目），基于高效课堂的反思和优效教学的推广，旨在构建"优效课堂"，实施"优效教学"。

一、研究内容与方法

（一）研究内容

1. 高中数学"优效课堂"的理论研究

从学与教两个维度进行研究，提炼高中数学"优效课堂"的基本观点、基本特征、教学策略与课堂结构，建构与不同课型相匹配的高中数学"优效课堂"的课堂评价方式。

2. 高中数学"优效课堂"的实践研究

基于课堂观察和案例研究，提炼出高中数学概念课、规则课、解题课、复习课的"优效课堂"的教学设计观点与课堂操作模式。

（二）研究方法

1. 文献研究法

通过查阅国内外教育名家关于现代数学教育的相关理论及国内研究者关于高效率学习的研究成果，建构高中数学"优效课堂"的理论框架。

2. 案例研究法

通过问卷、访谈、观察，探明高中生"优效数学学习"的课堂教与学方式；通过高中数学概念课、规则课、解题课、复习课的案例研究，提炼出高中数学"优效课堂"的基本特征与教学策略；通过对教学设计、课堂教学行为的反思，建构适合高中数学不同课型特征的课堂评价方式。

二、研究的理论依据

科学取向的教学论、高效率学习理论、现代数学教育理论、教学过程最优化理论，为高中数学"优效课堂"研究提供了理论基础。

三、研究的主要成果

（一）高中数学"优效课堂"的内涵界定

高中数学"优效课堂"践行"为核心素养而教"的教育理念，秉持"以理性思维育人"的数学教育观，坚持"为思维而教"的数学教学观，彰显高中数学"优效教学"的教学主张，是一种教学目标明确具体、教学活动合理有序、教学成本消耗最低、教学效果优质高效的课堂，是一种低耗、高效、可生成、可持续的优质课堂形态。

（二）高中数学"优效课堂"的价值取向

（1）高中数学"优效课堂"要着力培养学生的数学核心素养。

（2）高中数学"优效课堂"要着力培养学生的理性思维素养。

（3）高中数学"优效课堂"要着力培养学生的数学创新素养。

（三）高中数学"优效课堂"的基本观点

（1）高中数学"优效课堂"要"为核心素养而教"。

（2）高中数学"优效课堂"要"以理性思维育人"。

（3）高中数学"优效课堂"要"为数学思维而教"。

（4）高中数学"优效课堂"要"实施优效教学"。

（5）高中数学"优效课堂"要"洋溢数学的味道"。

（四）高中数学"优效课堂"的基本特征

（1）核心素养引领下的教学目标设置。

（2）教学策略的适切化。

（3）教学过程的最优化。

（4）课堂评价的多元化。

（五）高中数学"优效课堂"的教学策略

1. 目标定向策略

在数学课堂教学中，要用具体化、可操作、可测评的教学目标引领学生课堂学习。在特定数学内容的学习中，教学目标要反映学生数学核心素养的培育要求。

2. 面向全体策略

面向全体策略，是指课堂教学要使每位学生都能得到适合自身特点的个性化发展。面向全体策略要求教师正视学生知识水平的差异性和认知能力的差异性,在数学教学中注重因材施教,使每位学生都得到适合自己的数学知识,提高数学核心素养。为此,在高中数学"优效课堂"中可采用"低起点、多层次、勤交流、常总结、善反思"的教学措施。

3. 问题驱动策略

问题驱动策略,是指用问题来导引学生的数学学习。"问题是数学的心脏。"一方面,学生的数学学习要解决"问题",课后练习是演练"问题",数学考试是回答"问题",因此,问题是学生开展数学学习的驱动力之一;另一方面,由于数学研究是由问题驱动的,数学学习要模拟数学研究的过程,因此,数学教学也必须用问题驱动。

4. 过程展示策略

过程展示策略,是指数学教学要展示数学思维活动过程。展示数学思维活动过程可从展示知识的形成过程、问题的提出与探究过程、方法的建构与反思过程等三个方面进行。

5. 变式探究策略

变式探究策略,是指通过"问题变式"引领学生提出问题、分析问题、探究解决问题的方案、获得新的结论或新的方法。变式探究策略是变式教学和探究学习的融合。不断变化的问题变式,有利于多角度地理解数学问题的本质和建立实质性联系;循序渐进地解决一系列的变式问题,有利于形成比较系统的数学知识模块;问题变式为学生数学学习提供了合适的认知台阶,有利于培养问题意识,有利于培养创新品质。通过具有适当变化性的问题情境,把那些具有相似或相关的内容,用变式的形式串联起来,在变化中求不变,从变式中揭示数学知识的本质,从而领悟数学思想方法的真谛。

6. 方法提炼策略

数学思想与数学方法是数学肌体的灵魂,数学教学要提炼数学思想与数学方法。

7. 文化熏陶策略

文化熏陶策略,是指数学教学要传承数学文化,崇尚理性思维,培育数学精神,追求数学的"真、善、美"。数学的"真"是指理解理性数学文明的文化价值,体会数学真理的严谨性、精确性;数学的"善"是指用数学思想方法分析问题和解决问题的能力;数学的"美"是指喜欢数学、热爱数学,并能够欣赏数学的智慧之美。数学教学要展示数学思想的文化背景、数学知识的形成过程、数学思维的运用过程，要体现数学的文化价值和审美价值，要以数学的思想方法与思维方式育人。

（六）高中数学"优效课堂"的课堂评价

1. 高中数学"优效课堂"的好课味道

详见《高中数学"优效课堂"的好课味道》。

2. 高中数学"优效课堂"的好课标准

详见《基于优效课堂的数学概念课的课堂评价》。

3. 高中数学"优效课堂"的评价量表

依据高中数学"优效课堂"的好课味道和好课标准，我们构建出高中数学"优效课堂"的评价量表（表8～表10）。

表8　高中数学"优效课堂"的课堂评价表（通用型）

课题									
教师行为					学生行为				
项目	评价要点	优秀	良好	一般	项目	评价要点	优秀	良好	一般
教学目标		5	4	3	学习目标		5	4	3
	1. 明确具体、可操作					1. 知道学习内容			
	2. 基于学情、可测评					2. 适合自我评价			
教学过程与方法		30	24	18	学习过程与方法		30	24	18
	3. 创设教学情境					3. 提出数学问题			
	4. 引导学生探究					4. 转换思维角度			
	5. 建构数学知识					5. 建构新旧联系			
	6. 组织变式训练					6. 独立完成作业			
	7. 点拨解题方法					7. 归纳解题方法			
	8. 揭示数学本质					8. 探寻本质属性			
	9. 总结活动经验					9. 积累学习经验			
	10. 师生互动交往					10. 善于合作交流			
	11. 提供教学反馈					11. 总结经验教训			
	12. 运用教学媒体					12. 学习方式适切			

课题									
教师行为					学生行为				
项目	评价要点	优秀	良好	一般	项目	评价要点	优秀	良好	一般
		15	12	10			15	12	10
教学效果	13. 达成教学目标				学习效果	13. 获得数学理解			
	14. 培养理性思维					14. 感悟数学思想			
	15. 变式练习适度					15. 作业正确率高			
	16. 注重激励评价					16. 形成反思习惯			
	17. 培养创新意识					17. 发表个人见解			
得分					得分				
等级	优秀（90－100）（　　　）　　　　良好（80－89）（　　　） 一般（60－79）（　　　）　　　　较差（59及以下）（　　　）								

说明：从教师行为、学生行为两个维度进行量化评价（各50分，满分100分），每个维度又分三个一级指标（目标占5分、过程与方法占30分、效果占15分），每个一级指标又分为几个二级指标（评价要点），共17个二级指标，每个二级指标占3分（其中第2个二级指标占2分），评价要点中优秀、良好、一般所赋分值均为该等级上限。

（高中数学"优效课堂"概念课的课堂评价表详见《基于优效课堂的数学概念课的课堂评价》中表5）

表9　高中数学"优效课堂"规则课（定理课）的课堂评价表

课题									
教师行为					学生行为				
项目	评价要点	优秀	良好	一般	项目	评价要点	优秀	良好	一般
		5	4	3			5	4	3
教学目标	1. 明确具体、可操作				学习目标	1. 理解数学规则			
	2. 基于学情、可测评					2. 会用规则解题			

课题									
教师行为					**学生行为**				
项目	评价要点	优秀	良好	一般	项目	评价要点	优秀	良好	一般
		30	24	18			30	24	18
教学过程与方法	3. 创设问题情境				学习过程与方法	3. 积极思考问题			
	4. 引导归纳猜想					4. 主动提出猜想			
	5. 揭示命题结构					5. 弄清条件结论			
	6. 启导证明思路					6. 探索证题途径			
	7. 明确数学规则					7. 表征数学规则			
	8. 组织变式训练					8. 演练变式问题			
	9. 提炼思想方法					9. 建构操作程序			
	10. 师生互动交往					10. 交流不同解法			
	11. 提供教学反馈					11. 优化解题过程			
	12. 运用教学媒体					12. 总结解题经验			
		15	12	10			15	12	10
教学效果	13. 达成教学目标				学习效果	13. 获得数学规则			
	14. 培育推理素养					14. 具有推理意识			
	15. 变式练习适度					15. 推理论证有效			
	16. 注重激励评价					16. 形成反思习惯			
	17. 培养创新意识					17. 提出新的见解			
得分					得分				
等级	优秀（90－100）（　　）　　　良好（80－89）（　　　） 一般（60－79）（　　）　　　较差（59及以下）（　　　）								

说明：见表8。

（高中数学"优效课堂"解题课的课堂评价表详见《高中数学"优效课堂"的解题课评价研究》评价表6）

表10 高中数学"优效课堂"复习课的课堂评价表

课题									
教师行为					学生行为				
项目	评价要点	优秀	良好	一般	项目	评价要点	优秀	良好	一般
		5	4	3			5	4	3
教学目标	1. 明确具体、可操作				学习目标	1. 明确复习要求			
	2. 基于学情、可测评					2. 完善认知结构			
		30	24	18			30	24	18
教学过程与方法	3. 梳理知识结构				学习过程与方法	3. 自主梳理知识			
	4. 创设问题情境					4. 发现提出问题			
	5. 引导思考讨论					5. 独立思考问题			
	6. 示范解题过程					6. 建构解题步骤			
	7. 组织变式探究					7. 参与变式探究			
	8. 培养意志品质					8. 分享解题喜悦			
	9. 完善认知结构					9. 建构知识网络			
	10. 引导解题反思					10. 总结解题规律			
	11. 组织变式训练					11. 演练变式问题			
	12. 运用教学媒体					12. 善于知识迁移			
		15	12	10			15	12	10
教学效果	13. 达成复习目标				学习效果	13. 理解复习内容			
	14. 培育核心素养					14. 建立解题模式			
	15. 变式练习适度					15. 形成综合能力			
	16. 注重激励评价					16. 元认知能力强			
	17. 培养创新意识					17. 提出新的见解			
得分					得分				
等级	优秀（90-100）（　　） 良好（80-89）（　　） 一般（60-79）（　　） 较差（59及以下）（　　）								

说明：见表8。

（本文发表在《中小学数学（高中版)》2018年第5期）

主张 ④

优效备考

　　高考数学复习课是以建构数学知识体系、完善数学认知结构、优化数学思维素质、提升数学核心素养为主要任务的课型。我们认为，高考数学复习课要追求优质高效的教学质量。

　　优效备考要把握基础复习课、专题复习课、试卷讲评课的课型特征，明确不同课型的操作模式；要研究高考试题，注重题案分析，暴露思维过程，注重变式探究，着力培养学生的独立思考习惯和探究创新意识；要注重解题反思，优化解题策略，建构解题模块，着力提升学生的解题能力。

在变式探究中培育数学核心素养

——以圆锥曲线对称轴平分"焦点弦张角"问题为例

培养学生核心素养是当前数学教学的热门话题。数学学科核心素养是在数学学习和应用的过程中逐步形成和发展的。笔者认为，课堂是培养学生数学核心素养的主阵地，变式探究可培育学生的数学核心素养。下面以圆锥曲线对称轴平分"焦点弦张角"问题的变式探究为例，分享我们的实践、反思与感悟。

一、教学实践

（一）例题示范

在一次两节连堂的复习课中，教师先呈现如下题目：

例：（2018 年高考全国 I 卷理科数学第 19 题）设椭圆 C：$\dfrac{x^2}{2} + y^2 = 1$ 的右焦点为 F，过 F 的直线 l 与 C 交于 A，B 两点，点 M 的坐标为（2，0）。

（1）当 l 与 x 轴垂直时，求直线 AM 的方程；

（2）设 O 为坐标原点，证明：$\angle OMA = \angle OMB$。

然后，教师引导学生理解题意，探求解题思路。

教师：本题的已知条件是什么？解题目标是什么？

学生 1：已知直线 l 过椭圆 C 的右焦点 F（1，0），且与椭圆 C 相交于 A，B 两点，点 M 的坐标为（2，0）。

学生 2：解题目标有两个，一是求直线方程，二是证两角相等。

教师：如何建立题目条件与解题目标之间的联系？

学生 3：在第（1）问中，由 l 与 x 轴垂直可知，直线 l 的方程为 $x = 1$。欲求直线 AM 的的方程，由于点 M 的坐标已知，只需求点 A 的坐标。

学生 4：在第（2）问中，如何证明 $\angle OMA = \angle OMB$ 呢？

教师：画示意图看看！能用几何语言或代数语言表示 $\angle OMA = \angle OMB$ 吗？由角可联想什么？

学生5：从示意图看出，直线 OM 是椭圆 C 的对称轴，$\angle OMA = \angle OMB$ 表明椭圆 C 的对称轴平分 $\angle AMB$。

学生6：从示意图可看出，$\angle OMA$，$\angle OMB$ 分别与直线 AM，BM 的倾斜角有关。

学生7：将几何等式 $\angle OMA = \angle OMB$ 转化为坐标等式。

学生8：由倾斜角想到斜率。由椭圆 C 的对称性可知，当 l 与 x 轴垂直时，直线 AM 与直线 BM 的斜率之和 $k_{AM} + k_{BM} = 0$。

学生9：当 l 与 x 轴不垂直时，还需证明 $k_{AM} + k_{BM} = 0$ 成立。

教师：好念头！通过上面的讨论，同学们有解题思路吗？请独立书写解题过程！

10分钟后，教师规范解题过程：

解：（1）椭圆 C：$\dfrac{x^2}{2} + y^2 = 1$ 的右焦点为 F（1，0）。

当 l 与 x 轴垂直时，直线 l 的方程为 $x = 1$。

将 $x = 1$ 代入 $\dfrac{x^2}{2} + y^2 = 1$，得 $y = \pm\dfrac{\sqrt{2}}{2}$，

所以点 A 的坐标为 $\left(1, \dfrac{\sqrt{2}}{2}\right)$ 或 $\left(1, -\dfrac{\sqrt{2}}{2}\right)$。

所以直线 AM 的斜率为 $\pm\dfrac{\sqrt{2}}{2}$，

所以直线 AM 的方程为 $y = -\dfrac{\sqrt{2}}{2}x + \sqrt{2}$ 或 $y = \dfrac{\sqrt{2}}{2}x - \sqrt{2}$。

（2）当直线 l 与 x 轴垂直时，OM 为 AB 的垂直平分线，所以 $\angle OMA = \angle OMB$。

当直线 l 与 x 轴不垂直时，设直线 l 的方程为 $y = k(x - 1)$。

将 $y = k(x - 1)$ 代入 $\dfrac{x^2}{2} + y^2 = 1$，整理可得

$(2k^2 + 1)x^2 - 4k^2x + 2k^2 - 2 = 0$，

设过 F 的直线 l 与 C 交于 $A(x_1, y_1)$，$B(x_2, y_2)$ 两点，则

$x_1 + x_2 = \dfrac{4k^2}{2k^2 + 1}$，$x_1x_2 = \dfrac{2k^2 - 2}{2k^2 + 1}$，

所以直线 AM，BM 的斜率之和为

$$k_{AM} + k_{BM} = \frac{y_1}{x_1 - 2} + \frac{y_2}{x_2 - 2} = \frac{k(x_1 - 1)(x_2 - 2) + k(x_2 - 1)(x_1 - 2)}{(x_1 - 2)(x_2 - 2)}$$

$$= \frac{k[2x_1 x_2 - 3(x_1 + x_2) + 4]}{(x_1 - 2)(x_2 - 2)},$$

因为 $2x_1 x_2 - 3(x_1 + x_2) + 4 = \dfrac{2(2k^2 - 2)}{2k^2 + 1} - \dfrac{12k^2}{2k^2 + 1} + 4 = 0$,

所以 $k_{AM} + k_{BM} = 0$,

所以 MA, MB 的倾斜角互补, 即 $\angle OMA = \angle OMB$。

教师点评: 上述高考试题, 以直线与椭圆的位置关系为背景, 设问常规, 注重变化, 主要考查直线、椭圆等基础知识和坐标法, 着力考查数形结合、化归转化、分类讨论、方程观点等基本思想, 以及推理论证和运算求解能力。第 (1) 问求直线方程, 难度不大。第 (2) 问证明两角相等, 注重坐标方法的运用, 突出推理论证与运算求解, 能有效检测考生的数学素养。

(二) 提出问题

教师: 反思上述高考题的结构特征, 有何疑问? 能提出新的问题吗?

一石激起千层浪, 学生们踊跃发言。

学生 10: 在上述高考题中, 点 M 的坐标为何是 (2, 0)?

学生 11: 从解题过程来看, 点 M 的坐标与焦点 F 的坐标是相关的, 点 M 的坐标与焦点 F 的坐标有何联系?

学生 12: 满足何种条件时, 双曲线或抛物线有类似的结论?

学生 13: 如果直线 l 过定点 F, 是否存在点 M, 使 $\angle OMA = \angle OMB$?

教师: 学贵有疑, 有疑才有问题, 提出问题很重要! 为叙述方便, 当直线过圆锥曲线的焦点且与圆锥曲线相交于两点时, 我们把连接这两个交点的线段称为 "焦点弦"; 在焦点弦 AB 与点 M 构成的三角形中, 我们把 $\angle AMB$ 称为 "焦点弦张角"。梳理上述疑问, 我们需要探讨下面两个问题:

问题 1: "焦点弦张角" 的顶点满足何种条件时, 圆锥曲线的对称轴平分 "焦点弦张角"?

问题 2: 将 "焦点弦张角" 改为 "定点弦张角", 当圆锥曲线的对称轴平分 "定点弦张角" 时, 有何结论?

教师: 下面我们一起来解决这两个问题。

（三）变式探究

1. 类比探究

教师：请同学们类比上述高考试题，编拟一道变式题并给出解答。请小组合作探究并与全班同学交流分享。

10 分钟后，分享探究成果：

学生 14（学习小组 1）：将"右焦点"改为"左焦点"，考虑到椭圆的对称性，可得：

变式 1：设椭圆 C：$\dfrac{x^2}{2} + y^2 = 1$ 的左焦点为 F，过 F 的直线 l 与 C 交于 A，B 两点，点 M 的坐标为（-2，0），设 O 为坐标原点，证明：$\angle OMA = \angle OMB$。

变式 1 的证明过程与上述高考题第（2）问类似。

学生 15（学习小组 2）：将椭圆改为抛物线，可得：

变式 2：设抛物线 C：$y^2 = 4x$ 的焦点为 F，过 F 的直线 l 与 C 交于 A，B 两点，点 M 的坐标为（-1，0），O 为坐标原点，证明：$\angle OMA = \angle OMB$。

证明：当直线 l 与 x 轴垂直时，直线 OM 为 AB 的垂直平分线，所以 $\angle OMA = \angle OMB$。

当直线 l 与 x 轴不垂直时，设 l 的方程为 $y = k$（$x-1$）（$k \neq 0$），

将 $y = k$（$x-1$）代入 $y^2 = 4x$，得 $k^2 x^2 - （2k^2 + 4）x + k^2 = 0$，

设过 F 的直线 l 与抛物线 C 交于 A（x_1，y_1），B（x_2，y_2）两点，则

$$x_1 + x_2 = \frac{2k^2 + 4}{k^2}，\quad x_1 x_2 = 1。$$

所以直线 AM，BM 的斜率之和为

$$k_{AM} + k_{BM} = \frac{y_1}{x_1 + 1} + \frac{y_2}{x_2 + 1} = \frac{k（x_1 - 1）（x_2 + 1）+ k（x_2 - 1）（x_1 + 1）}{（x_1 + 1）（x_2 + 1）}$$

$$= \frac{k\left[2x_1 x_2 - 2\right]}{（x_1 + 1）（x_2 + 1）} = 0，$$

所以 MA，MB 的倾斜角互补，即 $\angle OMA = \angle OMB$。

教师：很好！将椭圆改为双曲线，我编拟了如下变式题，请同学们解答。

变式 3：设双曲线 C：$\dfrac{x^2}{6} - \dfrac{y^2}{3} = 1$ 的右焦点为 F，过 F 的直线 l 与双曲线 C 的右支交于 A，B 两点，点 M 的坐标为（2，0），O 为坐标原点，证明：$\angle OMA = \angle OMB$。

学生 16（学习小组 3）给出如下证法：

证明：当直线 l 与 x 轴垂直时，直线 OM 为 AB 的垂直平分线，所以 $\angle OMA$ $= \angle OMB$。

当直线 l 与 x 轴不垂直时，设直线 l 的方程为 $y = k\,(x-3)$ $\left(k > \dfrac{\sqrt{2}}{2} \text{ 或 } k < \right.$ $\left. -\dfrac{\sqrt{2}}{2}\right)$。

将 $y = k\,(x-3)$ 代入 $\dfrac{x^2}{6} - \dfrac{y^2}{3} = 1$，整理可得

$(2k^2 - 1)\,x^2 - 12k^2 x + 18k^2 + 6 = 0$，

设直线 l 与双曲线 C 的右支交于 $A\,(x_1, y_1)$，$B\,(x_2, y_2)$ 两点，则

$x_1 + x_2 = \dfrac{12k^2}{2k^2 - 1}$，$x_1 x_2 = \dfrac{18k^2 + 6}{2k^2 - 1}$，

所以直线 AM，BM 的斜率之和为

$$k_{AM} + k_{BM} = \frac{y_1}{x_1 - 2} + \frac{y_2}{x_2 - 2} = \frac{k\,(x_1 - 3)\,(x_2 - 2) + k\,(x_2 - 3)\,(x_1 - 2)}{(x_1 - 2)\,(x_2 - 2)}$$

$$= \frac{k\,[2x_1 x_2 - 5\,(x_1 + x_2) + 12]}{(x_1 - 2)\,(x_2 - 2)},$$

因为 $2x_1 x_2 - 5\,(x_1 + x_2) + 12 = \dfrac{2\,(18k^2 + 6)}{2k^2 - 1} - \dfrac{60k^2}{2k^2 - 1} + 12 = 0$，

所以 $k_{AM} + k_{BM} = 0$，

所以 MA，MB 的倾斜角互补，即 $\angle OMA = \angle OMB$。

教师点评：变式 1 ~ 变式 3 着眼于类比探究，注重坐标方法的运用，运用韦达定理优化运算过程，通过运算来证明圆锥曲线的对称轴平分"焦点弦张角"。

2. 逆向探求

教师：将上述高考题的结论 $\angle OMA = \angle OMB$ 与某个条件交换，能编一道变式题吗？

学生 17：将 $\angle OMA = \angle OMB$ 作为条件，探究直线 AB 是否过焦点，可得如下变式问题。

变式 4：已知直线 l 与椭圆 C：$\dfrac{x^2}{2} + y^2 = 1$ 相交于 A，B 两点，O 为坐标原点，点 M 的坐标为 $(2, 0)$，$\angle OMA = \angle OMB$。当直线 l 与 x 轴不垂直时，直线 l 是否过定点？

10 分钟后，学生 17 给出了变式 4 的解题过程：

解：设直线 l 的方程为 $y = kx + t$，直线 l 与椭圆 C 相交于 A (x_1, y_1)，B (x_2, y_2) 两点。

将 $y = kx + t$ 代入 $\dfrac{x^2}{2} + y^2 = 1$，可得 $(1 + 2k^2) x^2 + 4ktx + 2 (t^2 - 1) = 0$，

所以 $\triangle = (4kt)^2 - 8 (1 + 2k^2) (t^2 - 1) = 8 (4k^2 - t^2 + 2) > 0$，

$4k^2 - t^2 + 2 > 0$，

$x_1 + x_2 = -\dfrac{4kt}{1 + 2k^2}$，$x_1 x_2 = \dfrac{2t^2 - 2}{1 + 2k^2}$。

因为 $\angle OMA = \angle OMB$，所以 $k_{AM} + k_{BM} = 0$，

即 $\dfrac{y_1}{x_1 - 2} + \dfrac{y_2}{x_2 - 2} = 0$，$y_1 (x_2 - 2) + y_2 (x_1 - 2) = 0$，

所以 $(kx_1 + t) (x_2 - 2) + (kx_2 + t) (x_1 - 2) = 0$，即

$(t - 2k) (x_1 + x_2) + 2kx_1 x_2 - 4t = 0$。

将 $x_1 + x_2 = -\dfrac{4kt}{1 + 2k^2}$，$x_1 x_2 = \dfrac{2t^2 - 2}{1 + 2k^2}$ 代入上式，整理得 $t = -k$，经检验，当 $t = -k$ 时，符合 $\triangle > 0$。

所以直线 l 的方程为 $y = k (x - 1)$，所以直线 l 过定点 $(1, 0)$。

教师点评：变式 4 着眼于逆向探究，其解法注重 $\angle OMA = \angle OMB$ 的坐标化。

教师：先休息 10 分钟，下节课我们继续探究。

3. 推广研究

第二节课伊始，教师明确任务：

教师：本节课我们进行推广研究。先请同学们将上述高考题第（2）问一般化。

学生们很快提出探索性问题：

变式 5：已知直线 l 过椭圆 C：$\dfrac{x^2}{a^2} + \dfrac{y^2}{b^2} = 1$ $(a > b > 0)$ 的右焦点 F，且与 C 相交于 A，B 两点，在 x 轴上是否存在异于 F 的点 M，使得 $\angle OMA = \angle OMB$ 成立？若存在，求点 M 的坐标，若不存在，请说明理由。

师生共同探究，得出解题过程：

椭圆 C 的右焦点为 F $(c, 0)$ $(c = \sqrt{a^2 - b^2})$。

假设存在点 M $(m, 0)$ $(m \neq c)$，使得 $\angle OMA = \angle OMB$ 成立。

当直线 l 与 x 轴重合时，A，B 为椭圆在 x 轴上的顶点，则当 $|m| > a$ 时，存在无数个点 $M(m, 0)$ $(m \neq c)$，使得 $\angle OMA = \angle OMB$ 成立。

当直线 l 与 x 轴不重合时，设直线 l 的方程为 $x = ty + c$，

若 $t = 0$，则直线 l 的方程为 $x = c$，由椭圆的对称性易知，存在无数个点 M $(m, 0)$ $(m \neq c)$，使得 $\angle OMA = \angle OMB$ 成立。

若 $t \neq 0$，将 $x = ty + c$ 代入 $\dfrac{x^2}{a^2} + \dfrac{y^2}{b^2} = 1$，得

$(a^2 + b^2 t^2) y^2 + 2tcb^2 y - b^2 (a^2 - c^2) = 0$，

设直线 l 与 C 相交于 $A(x_1, y_1)$，$B(x_2, y_2)$ 两点，则

$$y_1 + y_2 = -\frac{2tcb^2}{a^2 + b^2 t^2}, \quad y_1 y_2 = -\frac{b^2 (a^2 - c^2)}{a^2 + b^2 t^2}。$$

因为 $\angle OMA = \angle OMB$，所以 $k_{AM} + k_{BM} = 0$，即

$$k_{AM} + k_{BM} = \frac{y_1}{x_1 - m} + \frac{y_2}{x_2 - m} = \frac{y_1}{ty_1 + c - m} + \frac{y_2}{ty_2 + c - m}$$

$$= \frac{y_1 (ty_2 + c - m) + y_2 (ty_1 + c - m)}{(ty_1 + c - m)(ty_2 + c - m)}$$

$$= \frac{2ty_1 y_2 + (c - m)(y_1 + y_2)}{(ty_1 + c - m)(ty_2 + c - m)}$$

$$= \frac{-\dfrac{2tb^2 (a^2 - c^2)}{a^2 + b^2 t^2} - \dfrac{2tcb^2 (c - m)}{a^2 + b^2 t^2}}{(ty_1 + c - m)(ty_2 + c - m)}$$

$$= -\frac{2tb^2 (a^2 - c^2) + 2tcb^2 (c - m)}{(ty_1 + c - m)(ty_2 + c - m)(a^2 + b^2 t)} = 0，$$

所以 $2tb^2 (a^2 - c^2) + 2tcb^2 (c - m) = 0$，解得 $m = \dfrac{a^2}{c}$。

故存在点 $M\left(\dfrac{a^2}{c}, 0\right)$，使得 $\angle OMA = \angle OMB$ 成立。

教师：点 $M\left(\dfrac{a^2}{c}, 0\right)$ 是椭圆 C 的右焦点 $F(c, 0)$ 对应的准线 $x = \dfrac{a^2}{c}$ 与 x 轴的交点。回顾变式 4~变式 5 的解题过程，同学们有何发现？

师生合作，概括出结论：

结论 1：若直线 l 过椭圆 C：$\dfrac{x^2}{a^2} + \dfrac{y^2}{b^2} = 1$ $(a > b > 0)$ 的右焦点 $F(c, 0)$，

且与椭圆 C 相交于 A，B 两点，O 为坐标原点，点 M 的坐标为 $\left(\dfrac{a^2}{c}, 0\right)$，则

$\angle OMA = \angle OMB$。

学生18：结论1中，右焦点改为左焦点，点 M 的坐标改为 $\left(-\dfrac{a^2}{c}, 0\right)$，也成立。

学生19：将变式4一般化，我们小组得到下面结论。

结论2：若直线 l 与椭圆 C：$\dfrac{x^2}{a^2} + \dfrac{y^2}{b^2} = 1$（$a > b > 0$）相交于 A，B 两点，且与椭圆 C 的对称轴不垂直，O 为坐标原点，点 M 的坐标为 $\left(\dfrac{a^2}{c}, 0\right)$（其中 $c = \sqrt{a^2 - b^2}$），$\angle OMA = \angle OMB$，则直线 l 过椭圆 C 的右焦点。

学生20：结论2中，点 M 的坐标改为 $\left(-\dfrac{a^2}{c}, 0\right)$，则直线 l 过椭圆 C 的左焦点。

教师：基于上述结论和类比探究，同学们有何发现？请大胆猜想。

学生21：（猜想1）设双曲线 C：$\dfrac{x^2}{a^2} - \dfrac{y^2}{b^2} = 1$（$a > 0$，$b > 0$）的右焦点为 F（c，0），过 F 的直线 l 与双曲线 C 的右支交于 A，B 两点，O 为坐标原点，点 M 的坐标为 $\left(\dfrac{a^2}{c}, 0\right)$，则 $\angle OMA = \angle OMB$。

学生22：（猜想2）设抛物线 C：$y^2 = 2px$（$p > 0$）的焦点为 F，过 F 的直线 l 与 C 交于 A，B 两点，O 为坐标原点，点 M 的坐标为 $\left(-\dfrac{p}{2}, 0\right)$，则 $\angle OMA = \angle OMB$。

接下来，学生证明上述2个猜想成立（过程从略），得到如下结论：

结论3：若直线 l 过双曲线 C：$\dfrac{x^2}{a^2} - \dfrac{y^2}{b^2} = 1$（$a > 0$，$b > 0$）的右焦点 F，且与双曲线 C 的右支交于 A，B 两点，O 为坐标原点，点 M 的坐标为 $\left(\dfrac{a^2}{c}, 0\right)$，则 $\angle OMA = \angle OMB$。

结论4：若直线 l 过抛物线 C：$y^2 = 2px$（$p > 0$）的焦点 F，且与 C 交于 A，B 两点，O 为坐标原点，点 M 的坐标为 $\left(-\dfrac{p}{2}, 0\right)$，则 $\angle OMA = \angle OMB$。

（四）课堂小结

教师：通过这节课，我们有何感悟？

学生23：用坐标法解决了圆锥曲线对称轴平分"焦点弦张角"问题。

学生24：解决了问题1，获得了"焦点弦张角"问题的一般性结论，即当"焦点弦张角"的顶点为对应准线与对称轴的交点时，圆锥曲线的对称轴平分"焦点弦张角"！

（五）布置作业

教师：这两节课我们获得了"焦点弦张角"问题的4个结论。请同学们课后继续探究问题2：将"焦点弦张角"改为"定点弦张角"，当圆锥曲线的对称轴平分"定点弦张角"时，有何结论？比如，在椭圆中将"焦点弦张角"改为"定点弦张角"，可得如下变式问题：

已知椭圆 C：$\dfrac{x^2}{a^2} + \dfrac{y^2}{b^2} = 1$（$a > b > 0$），过点 P（u，0）（$|u| < a$）的直线 l 与 C 相交于 A，B 两点，在 x 轴上是否存在异于 F 的点 M，使得 $\angle OMA = \angle OMB$ 成立？

二、教学反思

数学核心素养如何落实在课堂？上述课堂教学实践作了一次有益的探索。教学过程从一道高考题的解法探讨入手，在学生质疑中发现和提出问题，通过启发性提示语引领学生独立思考、合作探究、规范表达，在变式探究中以椭圆作为类比对象，关注圆锥曲线的整体性，注重坐标思想的一致性，建构逻辑连贯的教学情境，注重培育学生的数学核心素养，着力做实以下几个方面的工作。

（一）启发学生思考，问题导引学习

在例题示范环节，教师用"本题的已知条件是什么？解题目标是什么？""如何建立题目条件与解题目标之间的联系？""能用几何语言或代数语言表示 $\angle OMA = \angle OMB$ 吗？由角可联想什么？"等启发性提示语，引导学生理解题意，探寻解题思路。在提出问题环节，教师用"反思上述高考题的结构特征，有何疑问？能提出新的问题吗？"引导学生发现和提出问题，明确研究对象。

（二）注重变式探究，把握数学本质

在变式探究环节，教师先用"请同学们类比上述高考试题，编拟一道变式题并给出解答。请小组合作探究并与全班同学交流分享。"引导学生变式探究，学生顺利得到变式1和变式2，由椭圆改为双曲线时学生有困难，教师编拟变式3供学生解答。变式1~变式3为学生后续探究搭建了脚手架。接下来，教师用"将上述高考题的结论 $\angle OMA = \angle OMB$ 与某个条件交换，能编一道变式题吗？"

引导学生逆向探究，得到变式4及解答。第2节课伊始，教师明确任务："本节课我们进行推广研究。先请同学们将上述高考题第（2）问一般化。"学生们很快提出变式5，并探索出结论。接着，教师用"回顾变式4～变式5的解题过程，同学们有何发现？"引领学生把握圆锥曲线对称轴平分"焦点弦张角"问题的本质，获得了对学生来说具有创新价值的一般结论。在课堂小结环节，教师引导学生回顾反思，感悟坐标方法，把握数学本质，获得成功体验。在布置作业环节，教师引领学生继续探究。

（三）聚焦核心素养，积累活动经验

上述课堂教学实践围绕圆锥曲线对称轴平分"焦点弦张角"问题展开，注重营造问题变式的教学情境，留足课堂时间让学生独立思考、合作交流，聚焦抽象、推理、想象、运算等核心素养，引领学生提出新命题，积累数学活动经验。着力于解题思路的引导和解题方法的形成，致力于让学生经历问题变式过程，体会类比、联想、特殊化、一般化、数形结合的数学研究方法。通过对2018年高考数学全国 I 卷理科第19题的变式探究，引导学生发现和提出问题、分析和解决问题，强化通性通法（坐标法），得到了圆锥曲线的对称轴平分"焦点弦张角"的一般结论。这样的变式探究，有利于培养学生的探究意识和创新意识，有利于提高学生的数学抽象、逻辑推理、直观想象、数学运算等核心素养。

三、教学感悟

培育数学核心素养，是当前高中数学教学中探讨的热点问题。高中数学教学要"以发展学生数学学科核心素养为导向，创设合适的教学情境，启发学生思考，引导学生把握数学内容的本质。提倡独立思考、自主学习、合作交流等多种学习方式，激发学习数学的兴趣，养成良好的学习习惯，促进学生实践能力和创新意识的发展。"核心素养统领下的教学设计与实践，要"通过抽象化、一般化获得研究对象，根据研究对象的特点确定合适的类比对象并构建研究路径，通过类比、联想、特殊化、一般化等思维活动发现和提出问题、形成研究思路、找到研究方法"，"使课堂教学超越数学知识技能进而使数学核心素养'落地'"。培养学生的数学核心素养必须要落实到课堂教学中，关键在于按数学核心素养的培养要求设计好每一节数学课。

（一）解题教学要培育数学核心素养

数学核心素养的培育需要合适的问题情境与教学过程。学生的思维品质、关键能力的形成和发展，需要在情境与过程中模仿、探究、体验、感悟，问题情境与教学过程是理解数学的必经之路。数学解题教学要"为思维而教"，"为核心素养而教"。解题教学要充分暴露解题思路与方法的形成过程，注重解题过程的自觉反思。一是探求解题思路，发挥数学思想方法的引领作用，暴露解决问题的思维过程，让学生自发领悟解决问题的基本思想方法；二是反思解题过程，自觉分析典型问题的解题过程，自觉反思问题表征与策略选择，在熟练掌握基本知识与基本方法的基础上，提高发现和提出问题、分析和解决问题的能力。

（二）解题教学要帮助学生学会解题

解题教学只进行简单模仿、变式练习是不够的。数学解题教学要帮助学生学会解题。分析典型例题的解题过程是学会解题的有效途经。

学会解题需要经历"选题—解题—变题—反思"的过程。"选题"要基于课程标准，尽量选择具有思维价值、便于变式探究的典型问题，如高考试题。"解题"要注重解法探讨，重在解题策略和思路的引导与探究，既让学生经历解题思路的探究过程，学会探寻思路；又让学生规范表达解题过程，明确解题步骤，提炼通性通法。"变题"要揭示问题本质，让学生在题目条件或结论的变化中改变思维角度，经历变式问题的提出过程，并学会类比联想，变式拓展。"反思"要注重迁移创新，既让学生在解题过程的自觉反思中明确一类问题最本质的解法，学会知识迁移、举一反三、融会贯通，强化通性通法；又让学生提出新的见解，学会完善结论，总结规律。

在高中数学解题教学中，教师要研究高考试题的教学运用，努力追求优质高效的解题教学效果。高考试题的教学运用绝不是教师解题成果的展示与填鸭，而是学生解题思路的探求与体验，是师生对解题过程的反思与优化，是学生对数学思想方法的理解与提升。如何真正发挥高考试题的导向作用，最大限度地提高数学课堂教学效益，促进学生数学核心素养的发展，是值得深入探讨的课题。

（本文发表在《中国数学教育（高中版）》2019 年第 1－2 期）

完善认知结构，提升核心素养

——以"三角形中的最值问题"专题复习课为例

高考数学复习课是以建构数学知识体系、完善数学认知结构、提升数学核心素养为主的课型，包括基础复习课和专题复习课等。基础复习课是高考数学第一轮复习的主要课型，专题复习课是高考数学第二轮复习的主要课型。在高考数学专题复习课中，如何完善学生的认知结构，提升学生的核心素养，是值得探讨的问题。

数学认知结构，就是学生头脑里的数学知识按照自己的理解深度、广度，结合着自己的感觉、知觉、记忆、思维、联想等认知特点，组合成的一个具有内部规律的整体结构。学生的数学认知结构是在数学学习活动中逐渐形成的，数学学习是学生的数学认知结构不断得到发生、变化和发展的过程。学生的数学认知结构存在差异，善于学习的学生，能形成良好的数学认知结构，有较强的知识迁移能力；不善于学习的学生，会形成较差的数学认知结构，不能合理地组织数学知识，知识迁移能力较低。

数学核心素养是数学课程目标的集中体现，是具有数学基本特征的思维品质、关键能力以及情感、态度与价值观的综合体现，是在数学学习和应用的过程中逐步形成和发展的。

笔者认为，高考数学专题复习课既要完善学生的数学认知结构，又要提升学生的数学核心素养。

一、高考数学专题复习课的教学特征

1. 高考数学专题复习课的基本特点

高考数学复习既要梳理所学知识、弥补知识缺陷、建构知识系统、完善知识结构，又要揭示数学思想方法、提炼解题模式、完善认知结构、提升学生的数学核心素养。高考数学专题复习课是在完成数学知识系统化工作后，围绕高考数学的主干知识和核心内容而设计的课型。高考数学专题复习课具有两个基本特点：

（1）结构化。高考数学专题复习课要精选复习专题，通过典型例题的分析和讲解，强化学生对数学双基的理解和掌握，将知识和方法结构化，及时查漏补缺，完善学生的数学知识结构和认知结构。

（2）模式化。高考数学专题复习课要通过专题演练，优化数学思维方式，强化通性通法和一般解题策略，形成一类问题的解题模式，帮助学生形成知识迁移能力和解决问题能力，提升学生的数学核心素养。

2. 高考数学专题复习课的教学目标

高考数学专题复习课的主要教学目标是使知识结构化和模式化，提升学生的数学思维能力和数学核心素养。

3. 高考数学专题复习课的教学模式

高考数学专题复习课的常见操作模式有两种：

先讲后练式：知识梳理—重点评析—问题变式—总结提炼—专题演练。

先练后讲式：解题尝试—典例示范—变式深化—回顾反思—专题演练。

4. 高考数学专题复习课的教学策略

（1）优化教学设计。高考数学专题复习课要依据高考数学的主干内容和核心素养发展要求，设计适切的复习目标，突出复习重点，突破复习难点；依据复习目标精心设计典型例题和变式练习，典型例题和变式练习的设计应体现系统化、结构化、综合化、模式化。

（2）优化教学过程。高考数学专题复习课要注重联系与综合，通过具有针对性、探究性、综合性的范例和练习，强化学生对基础知识的理解和基本方法的掌握，帮助学生完善认知结构，将知识和方法系统化、结构化。

（3）优化思维素质。高考数学专题复习课要注重变式探究，着力提高学生的数学思维品质和综合运用知识解决问题的能力；要注重回顾反思，提炼数学思想方法，积累数学活动经验，促进学生数学核心素养的提升。

（4）优化复习方式。高考数学专题复习课要选择适切的教学方式，让学生主动参与复习过程。知识梳理要注重系统化、结构化，典例示范要凸显思维过程，注重推理和运算，总结提炼要突出思想方法，专题演练要注重积累思维经验。

二、高考数学专题复习课的教学案例

下面以"三角形中的最值问题"为例，呈现高考数学专题复习课的教学实践。

环节1：解题尝试

上课伊始，教师让学生尝试求解如下高考试题：

（2014年高考数学课标I卷理科第16题）已知 a，b，c 分别为 $\triangle ABC$ 的三个内角 A，B，C 的对边，$a=2$，$(2+b)(\sin A-\sin B)=(c-b)\sin C$，则 $\triangle ABC$ 面积的最大值为_____。

5分钟后，学生展示如下两种解法：

生1：（解法1）由题设条件可得 $(a+b)(\sin A-\sin B)=(c-b)\sin C$，

由正弦定理得 $(a+b)(a-b)=(c-b)c$，即 $b^2+c^2-a^2=bc$。

由余弦定理得 $\cos A=\dfrac{b^2+c^2-a^2}{2bc}=\dfrac{1}{2}$，又 $0<A<\pi$，故 $A=\dfrac{\pi}{3}$。

因为 $b^2+c^2-bc=a^2=4$，

所以 $4=b^2+c^2-bc\geqslant 2bc-bc=bc$，当且仅当 $b=c=2$ 时取等号。

所以 $\triangle ABC$ 面积 $S_{\triangle ABC}=\dfrac{1}{2}bc\sin A=\dfrac{\sqrt{3}}{4}bc\leqslant\dfrac{\sqrt{3}}{4}\times 4=\sqrt{3}$，

所以 $\triangle ABC$ 面积的最大值为 $\sqrt{3}$。

生2：（解法2）由解法1知 $A=\dfrac{\pi}{3}$。

由正弦定理得 $\dfrac{2}{\sin\dfrac{\pi}{3}}=\dfrac{b}{\sin B}=\dfrac{c}{\sin C}$，则 $b=\dfrac{4}{\sqrt{3}}\sin B$，$c=\dfrac{4}{\sqrt{3}}\sin C$。

所以 $\triangle ABC$ 的面积

$$S=\dfrac{1}{2}bc\sin A=\dfrac{4}{\sqrt{3}}\sin B\sin C=\dfrac{4}{\sqrt{3}}\sin B\sin\left(\dfrac{2\pi}{3}-B\right)，$$

即 $S=\dfrac{4}{\sqrt{3}}\sin B\left(\dfrac{\sqrt{3}}{2}\cos B+\dfrac{1}{2}\sin B\right)=\dfrac{1}{\sqrt{3}}(\sqrt{3}\sin 2B+1-\cos 2B)$

$$=\dfrac{1}{\sqrt{3}}\left[2\sin\left(2B-\dfrac{\pi}{6}\right)+1\right]。$$

当 $2B-\dfrac{\pi}{6}=\dfrac{\pi}{2}$，即 $B=\dfrac{\pi}{3}$ 时，$\triangle ABC$ 的面积取最大值 $\sqrt{3}$。

接着，教师引导学生梳理知识：

教师：上述问题是何种问题？求解这类问题，需用哪些数学知识？

学生 3：三角形中的最值问题。

学生 4：需用正弦定理、余弦定理、三角形面积公式、三角变换基本公式、三角函数性质及基本不等式。

教师：下面我们继续探究"三角形中的最值问题"。

环节 2：典例示范

教师呈现如下典例：

例：（2013 年高考数学课标 Ⅱ 卷理科第 17 题）在 $\triangle ABC$ 中，内角 A，B，C 的对边分别为 a，b，c，已知 $a = b\cos C + c\sin B$。

（Ⅰ）求 B；

（Ⅱ）若 $b = 2$，求 $\triangle ABC$ 面积的最大值。

教师引导审题：本题的解题目标是什么？已知条件是什么？涉及哪些数学知识与方法？

学生 5：目标是在 $\triangle ABC$ 中求 B，已知条件是 $a = b\cos C + c\sin B$。

学生 6：解题目标还有求 $\triangle ABC$ 面积的最大值。

学生 7：涉及的数学知识有正弦定理、余弦定理、三角形面积公式、三角变换基本公式、三角函数性质及基本不等式。

学生 8：涉及的数学方法有边角互化法、目标函数法、基本不等式法。

10 分钟后，学生 9 与全班同学分享了如下解法：

学生 9：（解法 1）（Ⅰ）由 $a = b\cos C + c\sin B$ 及正弦定理可得

$\sin A = \sin B\cos C + \sin C\sin B$。

在 $\triangle ABC$ 中，$A = \pi - B - C$，所以

$\sin A = \sin(B + C) = \sin B\cos C + \cos B\sin C$。

由以上两式得 $\sin B = \cos B$，即 $\tan B = 1$，

又 $B \in (0, \pi)$，所以 $B = \dfrac{\pi}{4}$。

（Ⅱ）$\triangle ABC$ 的面积 $S = \dfrac{1}{2}ac\sin B = \dfrac{\sqrt{2}}{4}ac$，由 $b = 2$ 及余弦定理得

$4 = a^2 + c^2 - 2ac\cos B = a^2 + c^2 - \sqrt{2}ac$，

因为 $a^2 + c^2 \geqslant 2ac$，所以 $4 \geqslant 2ac - \sqrt{2}ac$，

即 $ac \leqslant \dfrac{4}{2-\sqrt{2}}=4+2\sqrt{2}$，当且仅当 $a=c$ 时取等号。

故 $\triangle ABC$ 面积的最大值为 $\sqrt{2}+1$。

教师：过程规范，思维严谨！还有其他解法吗？

学生 10：（解法 2）（Ⅰ）由 $a=b\cos C+c\sin B$ 及余弦定理可得

$a=b \cdot \dfrac{a^2+b^2-c^2}{2ab}+c\sin B$，即 $\dfrac{a^2+c^2-b^2}{2ac}=\sin B$，

所以 $\cos B=\sin B$，即 $\tan B=1$。

又 $B\in(0,\pi)$，所以 $B=\dfrac{\pi}{4}$。

（Ⅱ）由正弦定理可得 $c\sin B=b\sin C$，

又 $a=b\cos C+c\sin B$，$b=2$，所以 $a=2(\cos C+\sin C)$。

故 $\triangle ABC$ 的面积 $S = \dfrac{1}{2}ab\sin C = a\sin C$

$\qquad\qquad = 2(\cos C+\sin C)\sin C = 2\sin C\cos C+2\sin^2 C$

$\qquad\qquad = \sin 2C-\cos 2C+1 = \sqrt{2}\sin\left(2C-\dfrac{\pi}{4}\right)+1$。

又 $A+C=\dfrac{3\pi}{4}$，所以 $2C-\dfrac{\pi}{4}\in\left(-\dfrac{\pi}{4},\dfrac{5\pi}{4}\right)$，

所以当 $2C-\dfrac{\pi}{4}=\dfrac{\pi}{2}$，即 $A=C=\dfrac{3\pi}{8}$ 时，$\triangle ABC$ 的面积取最大值 $\sqrt{2}+1$。

教师：漂亮！基本不等式法和目标函数法是求解"三角形中的最值问题"的常用方法。

环节 3：变式深化

教师：若变更已知条件或解题目标，你能求解吗？请同学们解答如下 3 道变式题。

变式 1：（2016 年高考数学北京卷理科第 15 题）在 $\triangle ABC$ 中，内角 A，B，C 的对边分别为 a，b，c，$a^2+c^2=b^2+\sqrt{2}ac$。

（Ⅰ）求 B；

（Ⅱ）求 $\sqrt{2}\cos A+\cos C$ 的最大值。

变式 2：（根据 2016 年高考数学江苏卷第 14 题改编）已知 A，B，C 为锐角 $\triangle ABC$ 的内角，$\boldsymbol{a}=(\sin A,\sin B\sin C)$，$\boldsymbol{b}=(1,-2)$，$\boldsymbol{a}\perp\boldsymbol{b}$。

（Ⅰ）证明：$\tan B+\tan C=2\tan B\tan C$；

（Ⅱ）求 $\tan A\tan B\tan C$ 的最小值。

变式3：（山西省太原市2018届高三3月模拟考试理科数学第17题）

$\triangle ABC$ 的内角 A，B，C 的对边分别为 a，b，c，已知 $\dfrac{a}{\cos C\sin B}=\dfrac{b}{\sin B}$

$+\dfrac{c}{\cos C}$。

（Ⅰ）求 $\sin(A+B)+\sin A\cos A+\cos(A-B)$ 的最大值；

（Ⅱ）若 $b=\sqrt{2}$，当 $\triangle ABC$ 的面积最大时，求 $\triangle ABC$ 的周长。

20分钟后，3位学生与全班同学分享变式1、变式2、变式3的解题过程：

学生11：（变式1的解法）（Ⅰ）因为 $a^2+c^2=b^2+\sqrt{2}ac$，

所以 $a^2+c^2-b^2=\sqrt{2}ac$，

由余弦定理，得 $\cos B=\dfrac{a^2+c^2-b^2}{2ac}=\dfrac{\sqrt{2}ac}{2ac}=\dfrac{\sqrt{2}}{2}$，

又 $0<B<\pi$，所以 $B=\dfrac{\pi}{4}$。

（Ⅱ）因为 $A+B+C=\pi$，所以 $A+C=\dfrac{3}{4}\pi$，所以

$\sqrt{2}\cos A+\cos C=\sqrt{2}\cos A+\cos\left(\dfrac{3\pi}{4}-A\right)=\dfrac{\sqrt{2}}{2}\sin A+\dfrac{\sqrt{2}}{2}\cos A=\sin\left(A+\dfrac{\pi}{4}\right)$，

因为 $A+C=\dfrac{3}{4}\pi$，所以 $A\in\left(0,\dfrac{3}{4}\pi\right)$，$A+\dfrac{\pi}{4}\in\left(\dfrac{\pi}{4},\pi\right)$．

所以当 $A=\dfrac{\pi}{4}$时，$\sin\left(A+\dfrac{\pi}{4}\right)$ 取最大值1，

即 $\sqrt{2}\cos A+\cos C$ 的最大值为1。

学生12：（变式2的解法）（Ⅰ）依题意有 $\sin A=2\sin B\sin C$。

在 $\triangle ABC$ 中，$A=\pi-B-C$，所以

$\sin A=\sin(B+C)=\sin B\cos C+\cos B\sin C$，

所以 $2\sin B\sin C=\sin B\cos C+\cos B\sin C$。

因为 $\triangle ABC$ 为锐角三角形，所以 $\cos B>0$，$\cos C>0$，

所以 $\tan B+\tan C=2\tan B\tan C$。

（Ⅱ）在锐角 $\triangle ABC$ 中，

$\tan A=\tan(\pi-B-C)=-\tan(B+C)=-\dfrac{\tan B+\tan C}{1-\tan B\tan C}$，

由（Ⅰ）知 $\tan B + \tan C = 2\tan B\tan C$，于是

$$\tan A\tan B\tan C = -\frac{\tan B + \tan C}{1 - \tan B\tan C} \times \tan B\tan C = -\frac{2\left(\tan B\tan C\right)^2}{1 - \tan B\tan C}。$$

令 $\tan B\tan C = x\ (x > 1)$，则

$$\tan A\tan B\tan C = \frac{2x^2}{x-1} = 2\left(x-1\right) + \frac{2}{x-1} + 4 \geqslant 8，$$

当且仅当 $x = 2$，即 $\tan A = 4$ 时取等号，

故 $\tan A\tan B\tan C$ 的最小值为 8。

学生 13：（变式 3 的解法）

（Ⅰ）由 $\dfrac{a}{\cos C\sin B} = \dfrac{b}{\sin B} + \dfrac{c}{\cos C}$，得 $a = b\cos C + c\sin B$，

由正弦定理可得 $\sin A = \sin B\cos C + \sin C\sin B$。

在 $\triangle ABC$ 中，$A = \pi - B - C$，所以

$$\sin A = \sin\left(B + C\right) = \sin B\cos C + \cos B\sin C。$$

由以上两式得 $\sin B = \cos B$，即 $\tan B = 1$，

又 $B \in (0,\ \pi)$，所以 $B = \dfrac{\pi}{4}$。

所以 $y = \sin\left(A + B\right) + \sin A\cos A + \cos\left(A - B\right)$

$$= \sqrt{2}\left(\sin A + \cos A\right) + \sin A\cos A。$$

令 $t = \sin A + \cos A$，则 $t = \sqrt{2}\sin\left(A + \dfrac{\pi}{4}\right) \in (0,\ \sqrt{2}\,]$，

$$y = \sqrt{2}t + \frac{1}{2}\left(t^2 - 1\right) = \frac{1}{2}\left(t + \sqrt{2}\right)^2 - \frac{3}{2}，$$

当且仅当 $t = \sqrt{2}$，即 $A = \dfrac{\pi}{4}$ 时，上式取最大值，

所以 $\sin\left(A + B\right) + \sin A\cos A + \cos\left(A - B\right)$ 的最大值为 $\dfrac{5}{2}$。

（Ⅱ）$\triangle ABC$ 的面积 $S = \dfrac{1}{2}ac\sin B = \dfrac{\sqrt{2}}{4}ac$，

由 $b = \sqrt{2}$ 及余弦定理得 $2 = a^2 + c^2 - 2ac\cos B = a^2 + c^2 - \sqrt{2}ac$，

因为 $a^2 + c^2 \geqslant 2ac$，所以 $2 \geqslant 2ac - \sqrt{2}ac$，

即 $ac \leqslant \dfrac{2}{2 - \sqrt{2}} = 2 + \sqrt{2}$，

当且仅当 $a = c = \sqrt{2 + \sqrt{2}}$ 时，上式取等号，

此时 $\triangle ABC$ 的面积取最大值 $\dfrac{\sqrt{2}+1}{2}$，

所以当 $\triangle ABC$ 的面积最大时，$\triangle ABC$ 的周长为

$a + b + c = 2\sqrt{2 + \sqrt{2}} + \sqrt{2}$。

环节 4：回顾反思

教师：对于"三角形中求最值问题"，同学们有何解题感悟？

学生 14：求解"三角形中的最值问题"涉及正弦定理、余弦定理、三角形面积公式、三角变换公式、三角函数性质、基本不等式等数学基础知识。

学生 15：求解"三角形中的最值问题"的常用数学方法有目标函数法、基本不等式法。

学生 16：三角形中的最值问题，一般转化为条件最值问题：先根据正弦定理、余弦定理、三角形面积公式并结合已知条件灵活转化边和角之间的关系，再利用基本不等式或函数求最值。在利用基本不等式求最值时，要特别注意"拆"、"凑"等技巧，使其满足基本不等式中的"正"（条件中的参数为正数）、"定"（不等式的另一边必须为定值）、"等"（取得等号的条件）这三个条件。

学生 17：求解"三角形中的最值问题"涉及到化归与转化（边角互化）、函数与方程等数学思想方法，以及"目标导航，条件开道"的解题思考策略。

环节 5：专题演练

接下来，教师提供下面几道题目让学生独立求解。

（1）（2012 年高考数学陕西卷理科第 9 题）在 $\triangle ABC$ 中，角 A，B，C 所对边长分别为 a，b，c，若 $a^2 + b^2 = 2c^2$，则 $\cos C$ 的最小值为（　　　）

A. $\dfrac{\sqrt{3}}{2}$　　　　B. $\dfrac{\sqrt{2}}{2}$　　　　C. $\dfrac{1}{2}$　　　　D. $-\dfrac{1}{2}$

（2）（2011 年高考数学课标卷理科第 16 题）在 $\triangle ABC$ 中，$B = 60°$，$AC = \sqrt{3}$，则 $AB + 2BC$ 的最大值为_____。

（3）（2018 年高考数学江苏卷第 13 题）在 $\triangle ABC$ 中，角 A，B，C 所对应的边分别为 a，b，c，$\angle ABC = 120°$，$\angle ABC$ 的平分线交 AC 于点 D，且 $BD = 1$，则 $4a + c$ 的最小值为_____。

（4）（据 2014 年高考数学课标 I 卷理科第 16 题改编）已知 a，b，c 分别

为△ABC的三个内角A，B，C的对边，（$b-2$）（$\sin B+\sin C$）$=$（$b-a$）$\sin A$，$c=2$。

（Ⅰ）求C；

（Ⅱ）求△ABC周长的最大值。

（5）（据2016年高考数学北京卷理科第15题改编）在△ABC中，已知$\cos 2B-\cos 2C=2\sin^2 A-2\sqrt{3}\sin A\sin B$。

（Ⅰ）求C的大小；

（Ⅱ）求$\sqrt{3}\sin A-\sin B$的最大值。

（6）（2016年高考山东卷理科数学第16题）在△ABC中，内角A，B，C的对边分别为a，b，c，已知2（$\tan A+\tan B$）$=\dfrac{\tan A}{\cos B}+\dfrac{\tan B}{\cos A}$。

（Ⅰ）证明：$a+b=2c$；

（Ⅱ）求$\cos C$的最小值。

三、教学反思

上述教学案例既注重完善学生的数学认知结构，又注重提升学生的数学核心素养，较好地体现了高考数学专题复习课的教学特征，教学效果优良。其中的主要亮点如下：

（1）目标定位恰当。从上述教学过程来看，教师目标定位准确：运用正弦定理、余弦定理、三角形面积公式、三角变换基本公式、三角函数性质及基本不等式求解"三角形中的最值问题"。学生复习目标明确，目标达成良好，积累了处理"三角形中的最值问题"的解题经验。

（2）突出主体地位。在教学过程中，教师引导学生深度思考，学生深度参与教学活动。本节课以"三角形中的最值问题"为载体，以师生互动交流方式，形成了运用正弦定理、余弦定理、三角形面积公式、三角变换基本公式、三角函数性质及基本不等式解题的认知结构和解题模式。

（3）教学过程有序。执教者先让学生演练高考真题，明确学习任务，梳理知识；然后，通过典型例题的学习，让学生积累求解"三角形中的最值问题"的解题经验；再通过变式深化与回顾反思，让学生固化这类问题的解题方法；最后通过专题演练，让学生掌握这类问题的解题方法。整节课通过有层次推进的解题活动，让学生经历处理"三角形中的最值问题"的思维过程，形成"三角形中的最值问题"的解题模式。

（4）提升核心素养。执教者注重问题驱动，既探究不同解法，又探究问题变式，充分暴露学生的思维过程；注重在问题变式中揭示数学知识间的内在联系，构建数学知识结构，完善处理"三角形中的最值问题"的数学认知结构，着力提升学生的推理、运算等数学核心素养。这样的教学处理，有利于学生体验探究的过程，感受成功的乐趣，而且对于培养学生思维的变通性、灵活性、流畅性、深刻性、发散性等多种思维品质也是十分有益的。

教学实践表明：高考数学专题复习课有利于完善学生的数学认知结构，提升学生的数学核心素养。

（本文发表在《中小学数学》（下旬）2019 年第 1 - 2 期）

让试卷讲评课优质高效

高中数学测试讲评课"讲评什么"和"如何讲评",不少教师仍感困惑。教学实践中,"核对答案,逐题讲解"的讲评方式十分盛行。这种讲评方式,忽视学生的主体性和学习行为的矫正,缺乏有效的激励与反馈,教师独揽讲评大权,机械地对答案,面面俱到而不突出重点,导致课堂气氛沉闷、学生参与意识淡薄、测试讲评效果较差。试卷讲评课具有时效性、反馈性、矫正性、针对性、激励性的课型特点,为了提高试卷讲评的有效性,教师要掌握试卷讲评课的有效教学策略和操作要领。

一、做好统计分析,关注整体评价

对试卷的整体评价,基于对整份试卷的统计与分析,这是测试讲评的基础工作。但是,有些教师由于工作忙或思想上不重视,试卷批改后没有及时地进行统计与分析,缺乏对试卷的整体评价,导致讲评效果欠佳。

1. 分类统计

分类统计就是将学生的典型错误、独特解法、得分情况,按题型和题号分别进行统计。从而了解学生对每类题型的掌握情况,分析试卷中各试题所考查的知识点,掌握知识点的分类及在试卷中的分布情况,判断试题的难易程度,对试题做出总体评价。

2. 错因分析

教师要对学生的典型错误进行分析,对普遍性错误的原因进行反思。教师要多问"为什么学生会在这道题(这类问题)上出错?"并找出学生在理解概念、规律上存在的问题,在思维方式、方法上存在的缺陷,这样的讲评才会击中要害。

二、发挥主体作用,注重合作交流

试卷讲评本身就是一种反思性的教学活动,若没有学生的积极参与,就收不到好的讲评效果。因此，讲评课要以学生为主体，引导学生自主学习。应将学生"自主纠错、自我反思、变式练习"这条主线贯穿于讲评课的始终，把学习的主动权真正还给学生。

1. 引导学生自我评价

在作好分析统计后，教师应把试卷及时发给学生，让学生先独立纠错。学生通过查阅课本、作业或与同学交流，就能够对试卷中的部分错误自行纠正。同时，要求学生对失分原因进行恰当归因（如概念理解偏差、公式定理记忆不牢、审题不仔细、解题欠规范、计算有差错、速度慢时间不够、难题放弃等），明白自己的薄弱环节，以便在讲评课中带着问题听讲，有重点地参与课堂讨论。

2. 引导学生合作交流

课堂中教师应尽量提供学生自己总结、自行讲评的机会，让学生进行自我反思，展示个人的思维过程。让学生充分暴露自己的错误，然后由其他学生指出错误的原因及解决方法，使学生掌握正确的解题方法。在学生分析自己解题思路的基础上，教师进行适当的评价，对创造性思维进行呵护与鼓励，并引导学生选择简捷的解法。

三、研究学生心理，注重分类指导

试卷讲评是数学教学的重要环节，教师要仔细研究试卷讲评课上的学生心理，切实提高讲评的有效性。学生在讲评课上有羞愧、怨恨、放任、自满、探究等五种心理。对于羞愧心理的学生，教师要多加鼓励，帮助他们改进学习方法、树立学习信心。对于怨恨心理的学生要帮助他们消除不良情绪，从学生实际水平和教师教学情况去合理评价并分析原因。一方面，对学生学习态度、方法上存在的问题要实事求是地指出，并给予热情帮助和引导；另一方面，对考试中暴露出的教学方面的不足，进行自我反思和检讨，及时与学生沟通以争取学生的配合和支持。对于放任心理的学生要强化学习动机，帮助他们树立合适的学习目标。对于自满心理的学生要严格要求，引导他们通过自身的实践活动来主动获取知识，消除自满心理。要留足师生和生生探讨交流的时间，要给学生表述思维过程的机会，允许学生对试题发表"评价"。对于探究心理强的学生要注意激励和强化，让他们始终保持旺盛的求知欲，努力维持这种探究心态，让学生主动探究学习。

四、突出讲评重点，力戒逐题讲解

在数学测试讲评课实践中，很多教师采用"核对答案，逐题讲解"的教学方法。这种注入式满堂评讲的做法，忽视学生的主体参与，忽视学生的答题情况，忽视测试讲评的激励功能，只告知答案，不重视思考，讲得辛苦，听得痛苦，针对性不强，讲评效益低，必须彻底摒弃！测试讲评课要精心设计，突出重点，有效评讲。毫无疑问，知识、方法型错误的纠正和学会解题应是讲评的重点。

如高考复习中的模拟测试讲评课，教师可从四个方面突出讲评重点：一是讲评解题思路的形成过程，强化审题训练，引领学生学会解题；二是讲评知识间的联系，关注"在知识交汇处命题"的高考命题方向，突出高考考查重点；三是讲评出错原因，夯实基础知识，优化数学认知结构；四是讲评答题技巧，教给学生得分策略，让学生"少丢分、多得分"。

五、分清错误类型，力争对症下药

一般地，学生答题时的错误可概括为：知识型错误、方法型错误和计算型错误。对于不需呈现解题过程的选择题和填空题，从学生答卷中不易发现其错误类型，得分率低的试题往往属于知识或方法型错误，可通过让学生再现其解题的思维过程来发现其错误类型；对于有解题过程的解答题，可通过审阅学生的解答过程发现其错误类型。对于知识型或方法型错误，仅靠公布答案是于事无补的，只有追根溯源，才是讲评的有效方法。引导学生反思错误原因，查漏补缺，完善认知结构，是克服错误的有效途径。

六、展示思维成果，优化认知结构

数学教学中，适时适度的测试，既是检查知识掌握情况的手段，又是展示学生能力的平台。讲评课上，要展示学生的思维成果（主要解法），激发学生的思维。通过对解题方法的总结与提炼，梳理知识脉络，追求解题过程的简洁与朴实，优化学生的认知结构。

七、发挥试题功能，突出变式探究

为提高讲评课的效果，教师要避免"就题论题，浅尝辄止"的做法，要抓住试题的本质，进行变式教学。变式是促进数学理解的有效手段，应针对主干知识内容适度变式，加深学生对数学知识的理解，完善学生的数学认知结构。教师要充分发挥试题功能，尽量扩大试题的辐射面，以满足不同学生的发展需求，培养学生的应变能力和创新意识。

1. 一题多解，拓宽解题思路

一题多解应成为测试讲评课的亮点，讲评时要有效合理地发挥一题多解的教学功能，摆脱片面追求多解的桎梏，展现丰富的数学方法，洋溢火热的数学思考，寻求试题解法的改进与优化。

2. 一题多变，发展应变能力

一题多变是变式教学的重要形式，它有助于学生抓住问题的本质，建立知识之间的内在联系，探索出一般规律，从而提高学生的思维品质，增强学生的应变能力。讲评课中，通过对试题的内容变式，在"变"的现象中发现"不变"的本质，在"不变"的本质中探索"变"的规律，从而深化理解，发展学生思维的变通性，强化问题探究意识，培养创新能力。

题案：（2009 年广州"一模"文科第 19 题）设点 A（x_1，y_1），B（x_2，y_2）是抛物线 $x^2 = 4y$ 上不同的两点，且该抛物线在点 A，B 处的两条切线相交于点 C，并且满足 $\overrightarrow{AC} \cdot \overrightarrow{BC} = 0$。

（Ⅰ）求证：$x_1 x_2 = -4$。

（Ⅱ）判断抛物线 $x^2 = 4y$ 的准线与经过 A，B，C 三点的圆的位置关系，并说明理由。

讲评实录：

教师点评：本题主要考查直线、圆、抛物线、导数等基础知识，考查数形结合的数学思想方法，以及推理论证能力、运算求解能力和创新意识。

学生思考：

（1）一题多解（略）。

（2）一题多变。将考题一般化，学生 1 得到：

变式 1：设点 A，B 是抛物线 $x^2 = 2py$（$p > 0$）上不同的两点，且该抛物线在点 A，B 处的两条切线相交于点 C，并且满足 $\overrightarrow{AC} \cdot \overrightarrow{BC} = 0$。

（Ⅰ）求证：点 C 在抛物线 $x^2 = 2py$（$p > 0$）的准线上；

（Ⅱ）判断抛物线 $x^2 = 2py$（$p > 0$）的准线与经过 A，B，C 三点的圆的位置关系，并说明理由。

由变式 1 可见，考题的背景是抛物线焦点弦的性质。

对抛物线焦点弦的性质作进一步探究，学生 2、3 分别得到：

变式 2：若 AB 是抛物线 $x^2 = 2py$（$p > 0$）的焦点弦，过 A，B 分别作该抛物线的切线，则这两条切线的交点 M 在该抛物线的准线上。

变式 3：由抛物线 $x^2 = 2py$（$p > 0$）的准线上任意一点 M 分别作该抛物线的两条切线，则切点的连线段是该抛物线的焦点弦。

改变考题的条件和结论，学生 4 得到：

变式 4：设 F 是抛物线 G：$x^2 = 4y$ 的焦点。

（Ⅰ）过点 P（0，-1）作抛物线 G 的切线，求切线方程；

（Ⅱ）设 A，B 为抛物线 G 上异于原点的两点，且满足 $\overrightarrow{FA} \cdot \overrightarrow{FB} = 0$，延长 AF，BF 分别交抛物线 G 于点 C，D，求四边形 $ABCD$ 面积的最小值。

由"焦点弦"联想到"定点弦"，学生 5 得到：

变式 5：在平面直角坐标系 xOy 中，过 y 轴正半轴上一点 C（0，c）任作一直线，与抛物线 $x^2 = 4y$ 相交于 A，B 两个不同点，一条垂直于 x 轴的直线，分别与线段 AB 和直线 l：$y = -c$ 交于 P，Q。

（Ⅰ）若 $\overrightarrow{OA} \cdot \overrightarrow{OB} = 5$，求 c 的值；

（Ⅱ）若 P 为线段 AB 的中点，求证：QA 为此抛物线的切线；

（Ⅲ）试问（Ⅱ）的逆命题是否成立？请说明理由。

将变式 5 一般化，学生 6 得到：

变式 6：过定点 C（0，c）（$c > 0$）任作一直线与抛物线 $x^2 = 2py$（$p > 0$）相交于 A，B 两个不同点，一条垂直于 x 轴的直线，分别与线段 AB 和直线 l：$y = -c$ 交于 P，Q。

（Ⅰ）若 P 为线段 AB 的中点，求证：QA 为此抛物线的切线；

（Ⅱ）试问（Ⅰ）的逆命题是否成立？请说明理由。

试卷讲评课要依据课型特点和学生实际，确定具体的教学目标，选择恰当的教学策略，努力追求讲评课的优质高效。

（本文发表在《中国数学教育（高中版）》2010 年第 6 期，稍作删节）

识得庐山真面目 只缘关注真问题

——基于中学数学课堂实践的教学研究与论文写作

每一位数学教师都是一位数学教育研究工作者，数学教学过程也应该是数学教研的过程。中学数学教学研究具有一定的建构性，研究成果对数学教学具有引领价值；中学数学教学研究具有一定的超前性，研究成果影响教师的教学观念和教学实践；中学数学教学研究基于课堂教学实践，研究成果对中学数学教学实践具有现实的指导意义。

中学数学教研论文写作源于兴趣驱动，基于专业成长，专注问题解决。中学数学教研论文写作与中学数学教学研究密不可分，撰写教研论文是为了分享教研成果，是中学数学教师专业发展的需要，也是教学工作的需要。中学数学教研论文是中学数学教育工作者从事教学实践和研究的结晶。笔者认为，课堂教学实践为中学数学教学研究与论文写作提供了直接的营养，"困惑—学习—感悟—实践—撰稿—发表"是教学研究与论文写作的六重境界。

一、咬定青山不放松——文题选取

文题即论文题目，反映研究主题，体现论文宗旨。文题宜用高度概括、含义确切的语言表达出来，一般不超过25个字符，不宜出现"初探"、"浅谈"、"浅论"等文字。文题选取，指论文题目的选择与确立。撰写中学数学教研论文，首先要认真选题。论文题目要反复斟酌，甚至可先自拟几个题目，然后从中选择最恰当的。一个有价值、有意义的主题，在很大程度上决定了整篇论文的价值，决定了论文具体写作的可行性和有效性。文题选得"真"、选得"小"、选得"热"、选得"新"、选得"深"、选得"美"，容易出成果，容易交流发表。相反，"虚""大""冷""陈""浅""丑"，低位重复，事倍功半，难以交流。"真""小""热""新""深""美",理应成为文题选取的基本原则。

1. 选题崇"真"

"真"指"真问题"。选题崇"真",指选题关注数学课堂教学的"真问题"。这样的论文提供"真问题"解决的思路和办法,对课堂教学有现实指导价值,操作性强。在新课程教学改革中,根据教学过程中所遇到的问题,如学生的数学学习方式、数学探究教学的策略、数学课堂教学的有效性等都是好的论题。

2. 选题宜"小"

"小"指"小问题"。选题宜"小",指选题关注数学课堂教学的"小问题"。这样的选题,易于驾驭,针对性强。选题过大是中学数学教研论文写作的"大忌"。例如,一个中学数学教师要写一篇题为《论中国中学数学教育》的论文,这个题目太大,不是一个普通中学数学教师的视野和能力所能驾驭的,何况几千字的文章很难把这个问题彻底阐述清楚。对于"大问题",应该缩小范围,宜把"大问题"分解为"小问题",从某个层面或某个角度去论述。

3. 选题跟"热"

"热"指"热门话题"。选题跟"热",指选题关注当前的热门论点或某个时期内的热点问题。这类选题,时效性强。在新课程背景下,有很多热门话题,如初高中数学教学内容的衔接、数学学困生的转化、新的教学模式的建构等都是好的选题。对于初学中学数学教研论文写作的老师来说,重视研读中学数学教研期刊的同步教学和中考、高考栏目,是十分有益的。

4. 选题求"新"

"新"指"新的创意"。选题求"新",指选题言他人未言之言,补他人之所不足,有"新意"。具体表现为观念新、角度新、感受新、方法新等。观念新,就是关注新矛盾,总结经验,补充前说,纠正通说,完善新理念。角度新,就是从新的角度探讨教学问题,提供新问题。感受新,就是探讨新问题,提出新见解。方法新,就是提炼新方法,推陈出新。有"新意",才有灵气,文贵求新!

5. 选题追"深"

"深"指"揭示本质"。选题追"深",指在某个问题的研究中深入探究,挖掘本质,以小见大,剖析透彻。具体表现为对数学问题的类比、联想、推广,变位思考，深度思维，建构联系，揭示本质。在中学数学教研论文写作中，选题追"深"的论文多见于初等数学研究类文章，这类论文短少精悍、一事一议、言之有据，有真知，有灼见，有深度。

6. 选题尚"美"

"美"指"致善尽美"。选题尚"美"，指在阅读数学文献时质疑纠偏，追求完美；在提炼标题时，追求美感。由于作者知识的缺陷或疏漏，编辑工作的繁忙或校对不细，在中学数学教研论文中，难免出现一些错误或瑕疵。在点明论文主题时，巧用诗词，借代明确，喻意深邃。选题尚"美"表现为求真求美，发人深省。这类论文引人入胜，感人肺腑，可读性强，美轮美奂。

无论教学研究，还是论文写作，选题都是不可或缺的第一个步骤。选题要注意方法与技巧，多学习，勤研究，尽量体现研究与写作的价值。中学数学教研论文的选题可以解题方法研究、易错问题研究、教学内容研究、高考试题研究、教法学法研究为抓手，选取适合自己写作的主题。选题不在大，小问题就行；问题不在小，深入就可行；斯是选题，唯求真美。

二、他山之石可攻玉——文献综述

文献综述主要是对一定时期内期刊上发表的围绕某个主题的研究文章进行综合总结与评述。在中学数学教学研究与论文写作中，要学会对文献进行综述研究。文献确实能反映数学教育某一课题的研究现状。综述研究要收集一定时期内大量的文献，要在驾驭相关文献的基础上，揭示某一课题的研究现状，并评述研究中的成就、存在的问题与不足以及发展的方向，指明尚待解决的问题与建议，最后形成综述报告。

案例1：高中数学有效教学研究综述。

笔者的综述摘要如下：在新课程背景下，高中数学有效教学的问题已成为课程与教学改革的核心话题之一。高中数学有效教学的研究取得了一定成效，已有研究对高中数学有效教学的意义、概念、特征、策略、评价等问题进行了探讨。但也存在一些亟待深入研究的问题，如高中数学有效教学的课堂教学结构体系的构建、高中数学课堂教学有效性的评价、高中数学有效教学的心理机制等问题都值得深入研究。

三、众里寻他千百度——案例分析

案例分析，基于课堂实践，关注教学反思。在中学数学教学研究与论文写作中，撰写案例分析是一种重要的写作方式。数学教学案例分析包括课堂整体分析和课堂局部分析。课堂整体分析是对课堂教学各要素的分析，如教学目标、教学模式、核心概念、过程设计和教学导向等。课堂局部分析是课堂教学的局部特征、技术细节的分析，如课题引入、环节过渡、师生交往、媒体使用、课堂总结和课堂节奏等。数学教学案例分析的写作结构，一般包括案例呈现、案例点评和改进方案、反思等三部分。

案例2：让数学教学设计优质高效——基于等比数列新授课教学设计的案例分析。

笔者认为：数学教学设计是依据课程标准的要求、数学教学的基本原则和学生身心发展的特点，在研究教材编写意图的基础上，确定教学目标，明确重点难点，选择教学方法和手段，设计师生互动交往的活动方式，使教师的主导作用和学生的主体地位都得到充分发挥，使学生能有效学习并获得发展的过程。等比数列新授课教学设计的案例分析旨在追求教学设计的优质高效。

四、柳暗花明又一村——专题研究

专题研究是对数学教育热点问题的探索与思考过程。专题研究是数学教育的"草根"研究，不受"人浮于事"的干扰，静下心来研究真问题，给出某些问题的个人答案。专题研究也是点燃数学教育思想火花的过程，火花一闪而过，纵然带来风雨，却能润泽万物。如果研究成果能发表，哪怕只是无人重视的流星，但却留下对数学教育思索的痕迹。专题研究，通过个人思索，反思教育实践，调整教学行为，提高教学质量，是一种问心无愧的实践探索。

案例3：等比数列求和公式的变式教学。

笔者围绕"等比数列求和公式的变式教学"，提出了个人的思考和做法：变位思考，探求方法；逆向思考，深化结论；逆向变形，双向思维；变换命题，探求规律。该文着眼于"逆向思维"和"变位思维"，加深了学生对等比数列求和公式的理解，培养了学生的发散思维和探索能力，促进了知识和能力的正迁移，优化了学生的数学思维品质。

案例4：关于等差数列的变式教学。

就"等差数列"的复习教学，笔者阐述了变式教学的几点做法：变式设问，培养思维的深刻性；提炼通法，培养思维的敏捷性；逆向探求，培养思维的互逆性；数形变换，培养思维的创新性；变用公式，培养思维的灵活性。

案例5："变式创新模式"的理论建构。

在这篇文章中，笔者构建了变式创新模式的基本框架。

案例6：高中数学有效教学的几点思考。

笔者认为：高中数学"有效教学"既要具有高中数学教学的特点，又要践行"有效教学"的理念。该文提炼出高中数学"有效教学"的主要特征：目的性—促进学生发展；有效性—追求高效率轻负担；思想性—学会数学思考。同时阐述了提高数学课堂教学有效性的具体策略：面向全体，问题驱动，展示过程，变式探究。还提出了高中数学"有效教学"的课堂评价标准：教学目标有效，教学过程有效，教学效率较高。

案例7：高中数学"优效教学"的研究与思考。

该文提出了高中数学优效教学的基本观点。

五、纸上得来终觉浅——行动反思

"君子只学，贵乎行。行则明，明则有功。"知识贵在实践，重在行动，躬行践履。对于中学数学教学研究与论文写作而言，行动反思是一种切实有效的方法。

案例8：高中数学概念教学的基本特征与操作模式。

该文基于文献综述和行动反思，探讨了数学概念的基本特征，建构了数学概念教学的一种操作模式。

六、精雕细刻臻佳境——论文修改

写作数学教研论文要经过定标题、拟提纲、写初稿、修改文稿等过程。写好初稿后，并不代表一篇论文已经完成。写文章能够做到"下笔如有神"的人毕竟凤毛麟角，修改文稿是论文写作不可缺少的环节。不改不成文，好论文都是通过修改而成的。修改论文不仅仅是文字润色，而且是思想的提高和认识的深化。在写初稿时，要"深信不疑"，"七分材料，三分写"，力争一气呵成；在修改文稿时，要"吹毛求疵"，力戒"自我欣赏"。论文的主题、素材和结构犹如人的灵魂、血肉和骨骼，主题使文章言之有理，素材使文章言之有据，结构使文章言之有序。好文章不可缺此"三要素"。综观中学数学教研论文写作中的常见毛病，主要有：论文题目不当，观点不鲜明，重点不突出，论述不力（佐证乏力，有据无理，逻辑混乱，词句不当）。因此，中学数学教研论文的修改宜采用趁热打铁与冷处理相结合的方法，要有严肃认真的科学态度，要有耐心有毅力，要把握修改技巧。论文修改的主要内容包括审查观点、审查结构、审查素材、审查语句。

（1）审查观点。论文的观点是作者表达自己研究成果的结晶，是论文的核心价值所在。在修改初稿时，应审查观点是否正确、客观，是否符合教与学的规律。若观点不妥，要立即修改。

（2）审查结构。论文结构要科学合理。根据不同类型中学数学教研论文的体例要求审查论文的结构，检查论点与论据的联系。如果论点与论据之间的逻辑关系有问题，要立即修改。

（3）审查素材。对论点进行论证的材料要真实可靠，要有说服力。如果所用材料代表性和典型性不够，要立即修改。

（4）审查语句。论文语句的流畅性和科学性是论文质量高低的基础。中学数学教研论文的语句要简炼、规范。如果语句啰嗦欠规范，要立即修改。

案例9：抛物线对称轴上点的"相关弦"性质的变式探究。

2008年高考数学湖南卷理科第20题是一道存在型探索性问题，通过变式探究，笔者得出圆锥曲线对称轴上点的"相关弦"的性质。初稿完成于2008年6月，应某刊"我所喜爱的一道高考题"特约编辑约稿而作，因时间匆促，论文只有抛物线部分的核心内容，可惜半年后未能如愿发表。2010年3月，笔者重新关注到该课题，自以为有进一步研究的价值。几何直观告诉我，由抛物线推广到椭圆和双曲线是有可能的。于是修改整理成文，另投《中国数学教育（高中版）》。承蒙审稿老师的4次指教，遂有发表文稿。笔者深受《中国数学教育（高中版）》的编辑和审稿老师精益求精作风的感染，每次读完审稿建议，不敢懈怠，夜不能寐，终于领悟问题的实质——圆锥曲线中关于直线的对称问题，终得文中性质5—性质10的完整证明，特别是性质6、性质9中的构造性证明，颇费周折，最后由"相关弦"中点在椭圆内部、双曲线内部，终于获得斜率k的取值范围的限制。

国学大师王国维用"昨夜西风凋碧村，独上高楼，望尽天涯路"、"衣带渐宽终不悔，为伊消得人憔悴"、"众里寻她千百度，蓦然回首，那人却在灯火阑珊处"三句词表达"悬思—苦索—顿悟"的治学三种境界。我要用"不识庐山真面目，只缘身在此山中"、"问渠哪得清如许，为有源头活水来"、"山重水复疑无路，柳暗花明又一村"、"纸上得来终觉浅，绝知此事要躬行"、"千淘万漉虽辛苦，吹尽黄沙始见金"、"鸳鸯绣取凭君看，愿把金针度与人"六句诗来比喻"困惑—学习—感悟—实践—撰稿—发表"的数学教学研究与论文写作的六重境界。

数学教学研究与论文写作要耐住寂寞，非淡泊无以明志，非宁静难以致远。若为"五斗米"，不可为之；若为"专业化"，尽力为之。"教不研则浅，研不著则失"，"心宁智生，智生事成"。在新课程背景下，有很多方面都需要一线教师去实践、去研究，只要教师把自己在教学中的所思所想付诸文字，就能写好文章；只要静下心来研究教学实践中的真实问题，就能生成数学教育的真知灼见。识得庐山真面目，只缘关注真问题；独留巧思传千古，嬉笑怒骂皆文章。

（本文发表在《中国数学教育（高中版）》2013年第6期，中国人民大学复印报刊资料《高中数学教与学》2013年第9期全文转载，稍作删节）

参 考 文 献

一、著作类

[1] 施良方. 学习论——学习心理学的理论与原理 [M]. 北京: 人民教育出版社, 1989.

[2] 曹才翰, 蔡金法. 数学教育学概论 [M]. 南京: 江苏教育出版社, 1989.

[3] 青浦县数学教改实验小组. 学会教学——青浦教改实验过程 [M]. 北京: 人民教育出版社, 1991.

[4] 郑君文, 张恩华. 数学学习论 [M]. 南宁: 广西教育出版社, 1991.

[5] 齐民友. 数学与文化 [M]. 长沙: 湖南教育出版社, 1991.

[6] 郑毓信. 数学教育哲学 [M]. 成都: 四川教育出版社, 1995.

[7] [荷兰] 弗赖登塔尔. 作为教育任务的数学 [M]. 陈昌平, 唐瑞芬, 译. 上海: 上海教育出版社, 1995.

[8] 周学海. 数学教育学概论 [M]. 长春: 东北师范大学出版社, 1996.

[9] 皮连生. 学与教的心理学 (修订本) [M]. 上海: 华东师大出版社, 1997.

[10] 郑毓信, 梁贯成. 认知科学、建构主义与数学教育 [M]. 上海: 上海教育出版社, 1998.

[11] 张奠宙. 数学教育研究导引 [M]. 南京: 江苏教育出版社, 1998.

[12] 朱水根, 王延文. 中学数学教学导论 [M]. 北京: 教育科学出版社, 1998.

[13] 吴立岗. 教学的原理、模式和活动 [M]. 南宁: 广西教育出版社, 1998.

[14] 林崇德. 学习与发展——中小学生心理能力发展与培养 [M]. 北京: 北京师范大学出版社, 1999.

[15] 阎立钦. 创新教育——面向 21 世纪我国教育改革与发展的抉择 [M].

北京：北京教育科学出版社，1999.

[16] 黄秦安．数学哲学与数学文化［M］．西安：陕西师范大学出版社，1999.

[17] 郑毓信，王宪昌，蔡仲．数学文化学［M］．成都：四川教育出版社，2000.

[18] 皮连生．教学设计——心理学的理论与技术［M］．北京：高等教育出版社，2000.

[19] ［苏］巴班斯基．教育教学过程最优化［M］．吴文侃，译．北京：教育科学出版社，2001.

[20] 钟启泉，等．基础教育课程改革纲要（试行）解读［M］．上海：华东师范大学出版社，2001.

[21] ［美］鲍里奇．有效教学方法［M］．南京：江苏教育出版社，2002.

[22] 刘志军．课堂评价论［M］．桂林：广西师范大学出版社，2002.

[23] 中华人民共和国教育部．普通高中数学课程标准（实验）［M］．北京：人民教育出版社，2003.

[24] 马云鹏，张春莉．数学教育评价［M］．北京：高等教育出版社，2003.

[25] 万伟，秦德林，吴永军．新课程教学评价方法与设计［M］．北京：教育科学出版社，2004.

[26] 张奠宙，宋乃庆．数学教育概论［M］．北京：高等教育出版社，2004.

[27] 喻平．数学教育心理学［M］．南宁：广西教育出版社，2004.

[28] 张奠宙．中国数学双基教学［M］．上海：上海教育出版社，2006.

[29] 沈德立．高效率学习的心理学研究［M］．北京：教育科学出版社，2006.

[30] 曹才翰，章建跃．数学教育心理学［M］．2版．北京：北京师范大学出版社，2006.

[31] 曹才翰，章建跃．中学数学教学概论［M］．2版．北京：北京师范大学出版社，2008.

[32] 皮连生．智力心理学［M］．2版．北京：人民教育出版社，2008.

[33] 安德森，克拉斯沃克，艾雷辛，等．学习、教学和评估的分类学——

布卢姆教育目标分类学修订版（简缩本）［M］．皮连生，主译．上海：华东师范大学出版社，2008.

[34] 徐利治．徐利治谈数学哲学［M］．大连：大连理工大学出版社，2008.

[35] 曹一鸣．数学教学论［M］．北京：高等教育出版社，2008.

[36] 何小亚，姚静．中学数学教学设计［M］．北京：科学出版社，2008.

[37] 鲍建生，周超．数学学习的心理基础与过程［M］．上海：上海教育出版社，2009.

[38] 皮连生．学与教的心理学［M］．5版．上海：华东师范大学出版社，2009.

[39] 王光明．数学教育研究方法与论文写作［M］．北京：北京师范大学出版社，2010.

[40] 李炳亭．高效课堂九大教学范式［M］．济南：山东文艺出版社，2010.

[41] 张维忠．数学教育中的数学文化［M］．上海：上海教育出版社，2011.

[42] 杨向东，崔允漷．课堂评价：促进学生的学习和发展［M］．上海：华东师范大学出版社，2012.

[43] 肖凌戆．高中数学教学方式的探索与创新——从变式教学到优效教学［M］．广州：新世纪出版社，2011.

[44] 谭国华．高中数学教学设计的理论与实践［M］．北京：人民教育出版社，2012.

[45] 鲍建生，徐斌艳．数学教育研究导引（二）［M］．南京：江苏教育出版社，2013.

[46] 冯虹，王光明，岳宝霞．新理念数学教学论［M］．北京：北京大学出版社，2014.

[47] 肖凌戆．高中数学"优效教学"的理论与实践［M］．西安：陕西师范大学出版总社有限公司，2015.

[48] 罗增儒．数学解题学引论［M］．3版．西安：陕西师范大学出版总社有限公司，2016.

[49] 肖凌慤, 张先龙. 高中数学"优效课堂"研究 [M]. 西安: 陕西师范大学出版总社有限公司, 2017.

[50] 中华人民共和国教育部. 普通高中数学课程标准 (2017 年版) [M]. 北京: 人民教育出版社, 2018.

二、论文类

[1] 肖凌慤. 等比数列求和公式的变式教学 [J]. 湖南数学通讯, 1994 (5): 1-3.

[2] 肖凌慤. 关于等差数列的变式教学 [J]. 中学数学 (湖北), 1994 (12): 3-5.

[3] 肖凌慤. "变式创新模式"的理论建构 [J]. 中学数学 (湖北), 2000 (9): 4-5.

[4] 肖凌慤. 关于公式学习的变式探究 [J]. 数学通讯, 2001 (24): 18.

[5] 鲍建生, 等. 变式教学研究 (再续) [J]. 数学教学, 2003 (3): 6-12.

[6] 肖凌慤. 从被动接受学习走向变式创新学习 [J]. 中学数学, 2003 (10): 5-8.

[7] 王光明. 重视数学教学效率, 提高数学教学质量 [J]. 数学教育学报, 2005, 14 (3): 43-46.

[8] 郑毓信. 数学教学的有效性与开放性 [J]. 课程·教材·教法, 2007 (7): 28-32.

[9] 肖凌慤. 高中数学有效教学的几点思考 [J]. 中国数学教育 (高中版), 2007 (12): 13-15.

[10] 肖凌慤. 高中数学"优效教学"的研究与思考 [J], 中国数学教育 (高中版), 2009 (3): 12-14.

[11] 王光明, 刁颖. 高效数学学习的心理特征研究 [J]. 数学教育学报, 2009, 18 (5): 51-55.

[12] 肖凌慤. 关注学生发展, 追求"优效教学"——"直线与平面平行的判定"案例分析 [J]. 中国数学教育 (高中版), 2010 (1/2): 39-44.

[13] 肖凌慤. 让试卷讲评课优质高效——谈数学试卷讲评课的有效教学策

略［J］. 中国数学教育（高中版），2010（6）：9 – 12.

［14］肖凌戆. 抛物线对称轴上点的"相关弦"性质的变式探究［J］. 中国数学教育（高中版），2010（11）：34 – 37.

［15］肖凌戆. 高中数学有效教学研究综述［J］. 中国数学教育（高中版），2011（1/2）：9 – 11.

［16］王光明. 高效数学教学行为的特征［J］. 数学教育学报，2011，20（1）：35 – 38.

［17］章建跃. 方程的根与函数的零点的教学［J］. 中国数学教育（高中版），2012（1 – 2）：16 – 18.

［18］肖凌戆. 让数学教学设计优质高效［J］. 中国数学教育（高中版），2012（4）：22 – 25.

［19］肖凌戆. 高中数学概念教学的基本特征与操作模式［J］. 中学数学教学参考（上旬），2012（4）：6 – 9.

［20］肖凌戆. 识得庐山真面目，只缘关注真问题——基于中学数学课堂实践的教学研究与论文写作［J］. 中国数学教育（高中版），2013（6）：4 – 7.

［21］肖凌戆. 高中数学"优效教学"的基本特征与教学策略［J］. 中国数学教育（高中版），2013（12）：14 – 17.

［22］肖凌戆. 高中数学"优效教学"的规则课型研究——以等差数列性质的探究为例［J］. 中国数学教育（高中版），2014（6）：22 – 25.

［23］肖凌戆. 高中数学"优效教学"的课堂评价研究［J］. 中国数学教育（高中版），2014（10）：2 – 5.

［24］张立昌. 基于核心知识导图的高效课堂创建［J］. 课程·教材·教法，2014（8）：26 – 31.

［25］顾亚东. 从高效课堂的本质探索如何构建高效课堂［J］. 中国数学教育（高中版），2015（1/2）：65 – 69.

［26］郑毓信. 数学教师专业成长的6个关键词［J］. 中学数学教学参考（上旬），2015（4，5，6）：4 – 10，60 – 63.

［27］肖凌戆. 基本不等式的教学导入研究［J］. 中国数学教育（高中版），2015（4）：58 – 59，64.

［28］肖凌戆. 高中数学"优效课堂"的理论建构［J］. 中国数学教育

（高中版），2015（12）：2-5，10.

［29］肖凌戆．数学教学要"为思维而教"［J］．中学数学教学参考（上旬），2016（1/2）：132-135.

［30］肖凌戆．数学教育要以理性思维育人——我的数学教学主张［J］．中国数学教育（高中版），2016（5）：9-14.

［31］孙宏安．数学素养概念的精确化［J］．中学数学教学参考（上旬），2016（9）：1-5.

［32］童晓群．关于"方程的根与函数的零点"教学的若干问答［J］．中小学数学（高中版），2017（1/2）：27-30.

［33］张先龙，肖凌戆．基于数学核心素养的教学设计——以函数的单调性新授课为例［J］．中学数学教学参考（上旬），2017（1/2）：16-19.

［34］张艳霞，龙开奋，张奠宙．数学教学原则研究［J］．数学教育学报，2007，16（2）：24-27.

［35］史宁中，林玉慈，陶剑，等．关于高中数学教育中的数学核心素养——史宁中教授访谈之七［J］．课程·教材·教法，2017（4）：8-14.

［36］章建跃．核心素养统领下的数学教育变革［J］．数学通报，2017，56（4）：1-4.

［37］张先龙，肖凌戆．高中数学教学如何培养学生的创新素养［J］．中国数学教育（高中版），2017（5）：5-9.

［38］肖凌戆．基于核心素养的高中数学优效课堂的基本特征［J］．中国数学教育（高中版），2017（12）：25-29.

［39］李昌官．追寻知识发展的内在逻辑——以"方程的根与函数的零点"的教学为例［J］．中国数学教育（高中版），2017（12）：30-33.

［40］胡革新，肖凌戆．高中数学优效课堂的好课味道［J］．中国数学教育（高中版），2018（3）：18-20.

［41］肖凌戆．构建优效课堂，实施优效教学［J］．中小学数学（高中版），2018（5）：1-6.

［42］肖凌戆．高中数学"优效课堂"的解题课评价研究［J］．数学通讯（下半月教师），2019（1）：27-31.

［43］肖凌戆，陈石鑫．在变式探究中培育数学核心素养——以圆锥曲线对称轴平分"焦点弦张角"问题为例［J］．中国数学教育（高中版），2019（1－2）：94－99．

［44］肖凌戆．完善认知结构，提升核心素养——以"三角形中的最值问题"专题复习课为例［J］．中小学数学（高中版），2019（1－2）：72－76．

［45］肖凌戆．核心素养导向的高中数学定理课的评价研究——以"正弦定理"新授课的课堂评价为例［J］．中学数学教学参考（上旬），2019（6）：21－25．

后 记

　　我的数学教学主张，秉持"以理性思维育人"的数学教育观，崇尚"为思维而教"的数学教学观，经历了从"数学思维教育"到"数学素质教育"的过程。从教 35 年以来，我把研究作为一种生活方式，敬畏数学，敬畏教学，敬畏学生，敬畏教师，学思结合，崇尚实证，敢于求新，逐渐形成了变式创新、优效教学、优效课堂和优效备考的教学主张。

　　变式创新的主张，源于高中数学变式教学的实践探索（1992 年 9 月至 1995 年 7 月），得益于广州市教育科学"十五"规划课题研究。1994 年 9 月至 2004 年 7 月，我围绕变式教学和创新教育，公开发表了以《"变式创新模式"的理论建构》为代表的研究文章 10 余篇。本书选入的 5 篇文章阐述了变式创新主张的实践与探索。

　　优效教学的主张，源于《普通高中数学课程标准（实验）》的教学实践和有效教学的反思（2004 年 9 月至 2007 年 7 月），得益于两项广州市、广东省教育科学"十一五"规划课题研究。为了追求"质量优、效率高、效益佳、负担轻"的教学质量，我提出了"优效教学"的主张。为期 8 年的优效教学的实践与探索，发表了以《高中数学"优效教学"的研究与思考》为代表的研究论文 20 余篇，出版教学专著两部。本书选入的 9 篇文章诠释了优效教学主张的探索与实践。

　　优效课堂的主张，源于高效课堂的反思和优效教学的推广，基于"中国学生发展核心素养"研究，我提出了"优效课堂"的主张。2015 年 6 月，我主持的"高中数学'优效课堂'的实证研究"获得广东省教育科学"十二五"规划 2015 年度一般研究项目立项（2018 年 4 月结题，鉴定等级：优秀）。为期 5 年的优效课堂的建构与探索，公开发表了以《基于核心素养的高中数学优效课堂的基本特征》为代表的研究论文 22 篇，出版专著 1 部：《高中数学"优效课堂"研究》（2017 年 11 月）。本书选入的 12 篇文章诠释了优效课堂主张的建构与实践。

优效备考的主张，源于高三数学教学的 10 年实践和指导区域高考备考的 13 年经验。我认为，高考数学复习课要建构数学知识体系、完善数学认知结构、优化数学思维素质、提升数学核心素养；高考数学复习备考要把握课型特征，明确基础复习课、专题复习课、试卷讲评课的操作模式；要研究高考试题，精选讲练材料；要注重题案分析，呈现思维过程，注重变式探究，着力培养学生的独立思考习惯和创新意识；要注重解题反思，优化解题策略，建构解题模块，着力提升学生的解题能力。本书选入的 3 篇文章阐述了优效备考主张的实践与反思。

最后要对给予支持和帮助的单位与学者表示感谢。本书的出版得到了广州市中小学名教师工作室专项经费资助，特此说明。为阐明教学主张的认同度，本书收集了笔者公开发表的 28 篇论文，在此对相关数学期刊的主编和编辑及参考文献的作者表示衷心感谢！在本书出版过程中，得到东北师范大学出版社编辑的悉心指导，在此表示感谢！

肖凌戆

2019 年 10 月于广州天雅居